MANFRED HARDER

Zuwendungen unter Lebenden auf den Todesfall

Berliner Juristische Abhandlungen

unter Mitwirkung von

Walter G. Becker, Karl August Bettermann, Hermann Blei, Arwed Blomeyer, Gustav Boehmer, Erich Genzmer, Ernst Heinitz, Heinrich Herrfahrdt, Ernst E. Hirsch, Hermann Jahrreiß, Emil Kießling, Wolfgang Kunkel, Richard Lange, Walter Meder, Dietrich Oehler, Werner Ogris, Ludwig Schnorr von Carolsfeld, Erwin Seidl, Karl Sieg, Klaus Stern, Wilhelm Wengler, Fritz Werner, Franz Wieacker, Hans Julius Wolff (Freiburg i. Br.)

herausgegeben von

Ulrich von Lübtow

Band 18

Zuwendungen unter Lebenden auf den Todesfall

Von

Dr. Manfred Harder

DUNCKER & HUMBLOT / BERLIN

Gedruckt mit Unterstützung der Stiftung Volkswagenwerk

Gedruckt 1968 bei Alb. Sayffaerth, Berlin 61
Printed in Germany

Vorwort

Die gemeinhin sogenannten „Zuwendungen unter Lebenden auf den Todesfall" gehören zu denjenigen Rechtsgebilden, mit denen sich die Juristen der Wissenschaft sowohl wie der Praxis in allen Epochen der Rechtsgeschichte und in der Gegenwart immer wieder beschäftigt haben. Die üblicherweise durch diesen Begriff bezweckte schlagwortartige Zusammenfassung der mit der „Schenkung von Todes wegen" und dem „Vertrag zugunsten Dritter auf den Todesfall" verbundenen Rechtsfragen ist jedoch wenig exakt. Denn einmal handelt es sich bei § 2301 BGB und bei § 331 BGB um rechtlich ganz verschieden strukturierte Institute, und zum anderen werden schließlich auch durch Erbeinsetzungen und Vermächtnisse Zuwendungen auf den Todesfall gemacht, die in einem Rechtsgeschäft zu Lebzeiten des Erblassers ihren Entstehungsgrund und ihre kausale Rechtfertigung finden. Es hat sich jedoch der Eindruck breit gemacht, als handele es sich bei den „Zuwendungen unter Lebenden auf den Todesfall" um einen juristischen Zwitter: halb Zuwendung unter Lebenden, halb Verfügung von Todes wegen. Aufzuzeigen, welche verschiedenartigen Rechtsfiguren sich in Wahrheit hinter dieser Sammelbezeichnung verbergen, ist die Aufgabe der hier vorliegenden Abhandlung.

Mein hochverehrter Lehrer, Herr Professor Dr. *Ulrich von Lübtow*, hat die Arbeit durch zahlreiche wissenschaftliche Gespräche und mancherlei Hinweise gefördert. Ihm danke ich auf das herzlichste.

Wertvolle Ratschläge verdanke ich auch Herrn Professor Dr. *Arwed Blomeyer*.

Mein Dank gilt schließlich der „Stiftung Volkswagenwerk" für einen beträchtlichen Zuschuß zu den Druckkosten.

Berlin-Dahlem, im Januar 1968

Manfred Harder

Inhalt

Zweiter Teil

Das Schenkungsversprechen von Todes wegen (§ 2301 I S. 1)

Dritter Teil

Der Vertrag zugunsten Dritter auf den Todesfall

Einleitung

Das bürgerliche Recht kennt Zuwendungsgeschäfte unter Lebenden und solche von Todes wegen[1]. Während jene dazu bestimmt sind, die Wertbewegungen zu Lebzeiten der Parteien zu regeln, sollen diese zur Ordnung der Vermögensverhältnisse einer Person nach deren Tod dienen. Sind die den Rechtsverkehr unter Lebenden betreffenden Normen vornehmlich im zweiten und dritten Buch des BGB (Recht der Schuldverhältnisse, Sachenrecht) enthalten, so liegt die sedes materiae der Zuwendungen von Todes wegen im fünften Buch (Erbrecht).

Auf den ersten Blick scheint es so, als gebe damit das Gesetz ein zuverlässiges Mittel an die Hand, die lebzeitigen Zuwendungsgeschäfte klar von denjenigen auf den Todesfall zu trennen. Es sieht so aus, als ob Kauf, Schenkung, Miete oder Gesellschaft und die dazugehörigen Verfügungsgeschäfte stets lebzeitige Rechtsgeschäfte seien, die den Normen des Schuld- oder Sachenrechts unterstehen, während Erbeinsetzung und Vermächtnis den Regeln des Erbrechts folgen. Das BGB enthält jedoch zwei Rechtsinstitute, bei denen die klare systematische Trennung zwischen lebzeitigen und erbrechtlichen Zuwendungsgeschäften aufgehoben ist. Es handelt sich um die Schenkung von Todes wegen (§ 2301) und um den Vertrag zugunsten Dritter auf den Todesfall (§ 331 I).

§ 2301 lautet:

> „Auf ein Schenkungsversprechen, welches unter der Bedingung erteilt wird, daß der Beschenkte den Schenker überlebt, finden die Vorschriften über Verfügungen von Todes wegen Anwendung. Das gleiche gilt für ein schenkweise unter dieser Bedingung erteiltes Schuldversprechen oder Schuldanerkenntnis der in den §§ 780, 781 bezeichneten Art.
>
> Vollzieht der Schenker die Schenkung durch Leistung des zugewendeten Gegenstandes, so finden die Vorschriften über Schenkungen unter Lebenden Anwendung.“

---

[1] Zum Begriff der Zuwendung: *von Tuhr*, Allgemeiner Teil II 2, 49 ff.; insbesondere zur Zuwendung unter Lebenden: *Liebisch*, Das Wesen der unentgeltlichen Zuwendungen unter Lebenden, 1927, 2 ff., 6 ff. Mit dem Begriff der Zuwendung von Todes wegen befaßt sich *Liebisch* nicht (a.a.O. 1 f.).

In § 331 I heißt es:

> „Soll die Leistung an den Dritten nach dem Tode desjenigen erfolgen, welchem sie versprochen wird, so erwirbt der Dritte das Recht auf die Leistung im Zweifel mit dem Tode des Versprechensempfängers."

Demnach gibt es offenbar *lebzeitige* Zuwendungsgeschäfte, auf die *Erbrechtsregeln* anzuwenden sind (§ 2301 I), und umgekehrt Zuwendungsgeschäfte *von Todes wegen*, die schuldrechtlichen Normen, also solchen des *Lebendenrechts* folgen (§§ 331 I, 2301 II). Trifft diese Vermutung zu, dann können einmal unter Ausschaltung des formellen und materiellen Erbrechts Rechtswirkungen durch Geschäfte unter Lebenden erzeugt werden, die sonst das Gesetz den Verfügungen von Todes wegen beilegt und vorbehält. Auf der anderen Seite ist es dann erforderlich, Rechtsgeschäfte unter Lebenden in den Formen erbrechtlicher Verfügungen vorzunehmen.

Für solche Zuwendungen hat sich in der Privatrechtswissenschaft der Begriff der *„Zuwendung unter Lebenden auf den Todesfall"*[2] als eine Sammelbezeichnung für die Schenkung von Todes wegen und den Vertrag zugunsten Dritter auf den Todesfall eingebürgert.

Welche Unklarheiten jedoch bei der systematischen Einordnung und dogmatischen Analyse dieser „Zuwendungen unter Lebenden auf den Todesfall" bestehen, zeigt ein Blick in die Lehrbücher des Erbrechts.

In Anlehnung an das Gesetz, das die „Schenkung von Todes wegen" im § 2301 als vorletzte Bestimmung der Normen über den Erbvertrag (§§ 2274 bis 2302) regelt, bringt *Boehm* in seinem Lehrbuch des Erbrechts[3] die Darstellung der „Schenkung auf den Todesfall" im fünften Abschnitt „Vertragsmäßige Verfügungen von Todes wegen" unter.

Im zweiten Abschnitt („Verfügungen von Todes wegen") seines Lehrbuchs behandelt auch *Strohal*[4] die mit § 2301 zusammenhängenden Fragen im dritten Kapitel unter der Überschrift „Rechtliche Natur und Wirkungen" des Erbvertrages.

---

[2] Vgl. die Kapitelüberschriften bei: *Endemann* III 1, 210 („Rechtsgeschäfte auf den Todesfall ohne erbrechtlichen Inhalt"); *Lange*, Erbrecht, § 31, S. 322 („Rechtsgeschäfte unter Lebenden auf den Todesfall"); *Kipp-Coing*, § 81, S. 347 („Zuwendungen von Todes wegen durch Rechtsgeschäft unter Lebenden"); *Bartholomeyczik*, Erbrecht, § 59, S. 388 („Rechtsgeschäfte unter Lebenden auf den Todesfall"); *Brox*, § 44, S. 489 („Zuwendungen auf den Todesfall durch Rechtsgeschäfte unter Lebenden"). Vgl. ferner die Titel der Abhandlungen von *Wieacker*, Festschrift für H. Lehmann I, 271, und *Rötelmann*, NJW 1959, 661.

[3] Das Erbrecht des Bürgerlichen Gesetzbuchs, 2. Auflage, 1900.

[4] Das deutsche Erbrecht auf Grundlage des Bürgerlichen Gesetzbuchs I, 3. Auflage, 1903.

Landsberg analysiert den § 2301 in seinem Lehrbuch[5] in dem Abschnitt „Vermächtnisverfügung“, den er folgendermaßen einteilt: I. Testamentarisches Vermächtnis, II. Erbvertragliches Vermächtnis, III. Vermächtnis durch Schenkungsversprechen.

Bei *Dernburg-Engelmann*[6] sind die mit der Schenkung von Todes wegen verbundenen Probleme im 3. Kapitel über das „Vermächtnis“ unter der Überschrift „IV. Inhalt der Vermächtnisse“ dargestellt.

Unter der Überschrift „Von den verschiedenen Berufungsgründen zum Erwerb von Todes wegen“ behandelt *Crome* in seinem „System des Deutschen Bürgerlichen Rechts“[7] die „Schenkung auf den Todesfall“ im Zusammenhang mit „Begriff, Inhalt und Arten des Erbvertrages“.

Kretzschmar[8] erläutert die Schenkung von Todes wegen in der „Übersicht“ zum II. Abschnitt „Verfügungen von Todes wegen“.

Engelmann[9] bildet einen Abschnitt „Vermächtnisse, Schenkungen von Todes wegen und Auflagen“.

Endemann[10] erörtert im Anschluß an das erste und zweite Kapitel („Allgemeine Grundlagen der Erbfolge“, „Gesetzliche Erbfolge“) die „Rechtsgeschäfte auf den Todesfall ohne erbrechtlichen Inhalt“ zunächst am Anfang des dritten Kapitels „Verfügungen von Todes wegen“. Er stellt sie hinter seine Darlegungen über den „Geschichtlichen Überblick“ sowie „Verfügungen von Todes wegen, Begriff und Anwendungsgebiet“ und vor die „Allgemeinen Grundsätze über Testament und Erbvertrag“ sowie „Bedeutung und Zweck der Rechtsformen erbrechtlicher Verfügungen, Formgebot und Auslegung“. Er behandelt an dieser Stelle kurz den Tatbestand des § 2301 und unter anderem hauptsächlich den Vertrag zugunsten Dritter auf den Todesfall (§ 331). Ausführlicher befaßt sich *Endemann* mit der Schenkung von Todes wegen an anderer Stelle, nämlich im Zusammenhang mit den „Verfügungen von Todes wegen durch Vertrag“, jedoch immer noch innerhalb des dritten Kapitels.

Paul Meyer bringt in seinem unvollendet gebliebenen Lehrbuch des Erbrechts[11] die Schenkung von Todes wegen als „Anhang“ zum Erbvertrag.

---

[5] Das Recht des Bürgerlichen Gesetzbuches, ein dogmatisches Lehrbuch, zweite Hälfte, 1904.

[6] Deutsches Erbrecht, 3. Auflage, 1911.

[7] Fünfter (Schluß-)Band, Erbrecht, 1912.

[8] Das Erbrecht des Deutschen Bürgerlichen Gesetzbuchs, 2. Auflage, 1913.

[9] Das Bürgerliche Recht Deutschlands, 6. Auflage, 1913.

[10] Lehrbuch des Bürgerlichen Rechts, 8. und 9. Auflage, III. Band: Erbrecht, 1. Hälfte, 1919; 2. Hälfte, 1920.

[11] Das Erbrecht des Bürgerlichen Gesetzbuchs für das Deutsche Reich, 1904 bis 1921 (7. Lieferung 1921).

Bei *Cosack*[12] finden die „Schenkungen auf den Todesfall“ ihren selbständigen Platz hinter den „Erbverträgen“ unter der gemeinsamen Überschrift „Vertragliches Erbrecht“.

In seinen „Grundrissen zu Vorlesungen über Deutsches bürgerliches Recht“ behandelt *Siber*[13] die „Schenkung auf den Todesfall“ am Schluß seines Kapitels über „Erbverträge“.

Unter dem Abschnitt „Erbrechtliche Verträge“ stellt *Krückmann*[14] zunächst den „Erbvertrag“ und sodann die „Schenkung von Todes wegen“ dar.

Binder behandelt in seinem „Erbrecht“[15] die mit § 2301 zusammenhängenden Rechtsfragen in dem Abschnitt „Rechtliche Natur und Rechtsfolgen“ des Erbvertrages.

Im zweiten Hauptteil („Berufung zum Nachlaß“) seines Grundrisses erläutert *Dietz*[16] die „Schenkung von Todes wegen“ als selbständiges Kapitel hinter der Darstellung des Testaments, des gemeinschaftlichen Testaments und des Erbvertrages und vor der Eröffnung von Testamenten und Erbverträgen, dem Erbverzichtsvertrag und der Erbunwürdigkeit. Den Vertrag zugunsten Dritter auf den Todesfall stellt *Dietz* in einem dem zweiten Hauptteil angefügten „Anhang“ dar.

Rudolf Schmidt untersucht in seinem Grundriß[17] die Schenkung von Todes wegen sowie den Vertrag zugunsten Dritter auf den Todesfall am Ende des Abschnitts „Erbvertrag“.

Kipp-Coing[18] gruppieren die „Zuwendungen unter Lebenden auf den Todesfall“ als vierten und letzten Abschnitt („Erbrechtlich bedeutsame Rechtsgeschäfte unter Lebenden“) am Ende des zweiten Teils „Die Zuweisung des Erbgutes kraft Rechtsgeschäfts“. Sie werden darin im Anschluß an die „Allgemeinen Regeln über die Verfügungen von Todes wegen“ (erster Abschnitt), die „Form und Wirkung der Verfügungen von Todes wegen“ (zweiter Abschnitt) und die „Inhaltlichen Gestaltungsmöglichkeiten bei Verfügungen von Todes wegen“ (dritter Abschnitt: I. Erbeinsetzung, II. Vor- und Nacherbschaft, III. Vermächtnis, IV. Auflagen und Bedingungen, V. Testamentsvollstreckung und Verwandtes,

---

[12] Lehrbuch des Bürgerlichen Rechts, zweiter Band, zweite Abteilung: Gemeinschaftsrecht, Familienrecht, Erbrecht, 7. und 8. Auflage, 1924.

[13] Erbrecht mit Berücksichtigung des Erbschaftssteuerrechts, 1928.

[14] Institutionen des Bürgerlichen Gesetzbuchs, 5. Auflage, 1929.

[15] 2. Auflage, 1930.

[16] Erbrecht, ein Grundriß, 1949. Dazu *von Lübtow*, JR 1951, 94 ff.

[17] Bürgerliches Recht, ein Lehrbuch seiner Grundzüge, fünfter Band: Erbrecht, 2. Auflage, 1955.

[18] Erbrecht, 12. Bearbeitung, 1965. Dazu *Wiedemann*, JZ 1966, 367 f.; *Fabricius*, FamRZ 1967, 59 ff.

VI. Besondere Gestaltungen) behandelt und damit den übrigen drei Abschnitten dieses Teils selbständig, koordiniert an die Seite gestellt.

Ganz an das Ende seines Lehrbuches verbannt *Bartholomeyczik*[19] die „Rechtsgeschäfte unter Lebenden auf den Todesfall“, indem er sie innerhalb des zwölften Teils „Anderweitige Vorsorge auf den Todesfall“ im Anschluß an die „Übergabeverträge“ abhandelt[20].

Lange[21] erörtert die „Rechtsgeschäfte unter Lebenden auf den Todesfall“ als letztes Kapitel innerhalb des fünften Abschnitts „Die Anordnungen des Erblassers“. In diesem Abschnitt weist er ebenso wie *Kipp-Coing* den Zuwendungen ihren Platz im System gleichgeordnet den Gebieten „Erbeinsetzung“, „Vorerbe und Nacherbe“, „Vermächtnis“, „Auflage“, „Testamentsvollstrecker“, „Sonstige letztwillige Anordnungen“ zu.

Brox, der sein Lehrbuch[22] in acht Abschnitte einteilt[23], stellt die „Zuwendungen auf den Todesfall durch Rechtsgeschäfte unter Lebenden“ ebenfalls an das Ende innerhalb des achten Abschnitts „Erbrecht und andere Rechtsgebiete“. Er läßt ihnen lediglich noch zwei Kapitel „Erbrecht und Gesellschaftsrecht bei der Zuwendung von Mitgliedschaften“ und „Der Erbschaftskauf“ koordiniert folgen.

Die folgende Untersuchung will den Versuch unternehmen, die Zuwendungsgeschäfte unter Lebenden begrifflich-dogmatisch von denjenigen abzugrenzen, die von Todes wegen vorgenommen werden[24]. Es soll dabei der Frage nachgegangen werden, ob neben diesen beiden Kategorien von Zuwendungen nach der Systematik des BGB überhaupt Raum bleibt für eine Zuwendungsart, die man als sogenannte „Zuwendung unter Lebenden auf den Todesfall“ zu bezeichnen pflegt.

---

[19] Erbrecht, 7. Auflage, 1965.

[20] Er läßt diesen Erörterungen lediglich den 13. Teil „zeitlicher und räumlicher Geltungsbereich des deutschen Erbrechts“ folgen.

[21] Lehrbuch des Erbrechts, 1962.

[22] Erbrecht, 1966.

[23] „Allgemeiner Teil des Erbrechts“, „Die Berufung zum Erben“, „Die Anordnungen des Erblassers“, „Die Miterbengemeinschaft“, „Das Pflichtteilsrecht“, „Der Schutz des Erben, der Erbschaft und des Rechtsverkehrs“, „Die Erbenhaftung“, „Erbrecht und andere Rechtsgebiete“.

[24] Zur Abgrenzung für das Schweizerische Recht siehe die Berner Dissertation von *Moser* (1926).

Erster Teil

Die „Zuwendung unter Lebenden auf den Todesfall"

A. Der Begriff

Unter Zuwendung versteht man ein Rechtsgeschäft, durch das jemand einem anderen einen Vermögensvorteil verschafft[1]. Das Bürgerliche Gesetzbuch verwendet den Begriff sowohl im Recht unter Lebenden als auch im Erbrecht[2]. Eine Zuwendung kann nicht nur durch Übereignung, Übertragung einer Forderung oder eines dinglichen Rechts, also durch ein Verfügungsgeschäft[3], sondern auch auf die Weise vorgenommen werden, daß zum Beispiel A dem B gegenüber eine Verpflichtung übernimmt, indem er etwa durch Abgabe eines Schenkungsversprechens und Annahme dieses Versprechens durch B jenem ein Forderungsrecht auf Übereignung des Leistungsgegenstandes einräumt[4]. Eine Zuwendung von Todes wegen liegt beispielsweise dann vor, wenn der Vermächtnisnehmer die Forderung auf Leistung des vermachten Gegenstandes gegen den Erben erwirbt[5].

Dem Bürgerlichen Gesetzbuch ist dagegen der Begriff des *Rechtsgeschäfts* oder der *Zuwendung unter Lebenden auf den Todesfall* nicht bekannt. Die I. Kommission war der Ansicht[6], die Formen der testamentarischen und der vertraglichen Zuwendung von Todes wegen einerseits sowie der Vorschriften über Schenkungen unter Lebenden andererseits genügten, um der Betätigung jeder Willensmeinung der Beteiligten Raum zu lassen.

In Rechtsprechung und Literatur wird gleichwohl behauptet, es bestehe ein rechtlich schutzwürdiges Interesse daran, Zuwendungen von Todes wegen in den Formen lebzeitiger Rechtsgeschäfte vornehmen zu können[7]. Man glaubt an das Dogma, die Ordnung des Erbrechts habe

---

[1] *von Tuhr* II 2, 49; *Enneccerus-Nipperdey*, § 147 III, S. 913.
[2] Siehe *Gradenwitz*, Wortverzeichnis, 182.
[3] *von Tuhr* II 2, 50 f.; *Enneccerus-Nipperdey* a.a.O.
[4] *von Tuhr* II 2, 53; *Liebisch*, 17, 25; *Enneccerus-Nipperdey* a.a.O.
[5] *von Tuhr* a.a.O.
[6] Motive V, 350.
[7] RGZ 80, 175 (177); 88, 137 (138); BGHZ 8, 23 (32); *Endemann* III 1, 218; *Boehmer*, Grundlagen II 2, 83; *Rötelmann*, NJW 1959, 661; *Brox*, Randnr. 871, bemerkt, die im Erbrecht ausgebildeten Typen des Rechtsgeschäfts von Todes

keine exklusive Geltung[8]. Rechtsprechung und Lehre fühlen sich daher berechtigt, formfreie Zuwendungen unter Lebenden anzuerkennen[9], die nicht nur den gleichen Zweck verfolgen wie die Verfügungen von Todes wegen, sondern sogar die Vermögensverhältnisse einer Person über ihren Tod hinaus bereits zu ihren Lebzeiten *bindend* regeln[10].

Die rechtliche Zulässigkeit solcher *Zuwendungen unter Lebenden auf den Todesfall* wird aus § 2301 und aus § 331 hergeleitet. Denn nach § 2301 II finden auf Schenkungen unter der „Bedingung", daß der Beschenkte den Schenker überlebt, die Formen der Schenkung unter Lebenden Anwendung, wenn die Schenkung bereits vor dem Tode „vollzogen" ist. Hat dagegen der Erblasser die unentgeltliche Zuwendung bis zu seinem Tode bloß versprochen, so verlangt das Gesetz hierfür die Einhaltung der Vorschriften über die Verfügungen von Todes wegen (§ 2301 I S. 1). Aufgrund dieser Unterscheidung des Gesetzgebers beschäftigt man sich im wesentlichen mit dem Problem, wann eine Schenkung im Sinne des § 2301 als vollzogen zu erachten sei, ein Problem, das *Boehmer* als „eine der kompliziertesten und erbittertsten Streitfragen des BGB" bezeichnet[11].

Die dogmatischen Schwierigkeiten setzen jedoch schon früher ein. Denn dem Gesetz läßt sich nicht entnehmen, ob ein *Schenkungsversprechen* unter der „Bedingung", daß der Beschenkte den Schenker überlebt, seine rechtliche Struktur als Zuwendungsgeschäft unter Lebenden behält[12], ob es in Wahrheit eine Verfügung von Todes wegen darstellt oder ob es sich um die besondere Art eines *Rechtsgeschäfts unter Lebenden auf den Todesfall* handelt[13]. § 2301 I S. 1 ordnet lediglich an, auf ein

---

wegen seien nicht die einzigen Gestaltungsmittel, durch die der Erblasser auf das Schicksal seines Vermögens nach seinem Tod Einfluß nehmen könne. — Demgegenüber meint *Boehmer* (*Staudinger-Boehmer*, Einleitung § 26, Randnr. 1), die Auffassung, daß die Regelung der Vermögensverhältnisse kein Monopol der Verfügungen von Todes wegen sei, sondern auch durch gewisse Geschäfte unter Lebenden erreicht werden könne, stehe, in dieser Allgemeinheit ausgesprochen, mit den gesetzlichen Motiven nicht im Einklang.

[8] *Endemann* III 1, 218; *Boehmer*, Grundlagen II 2, 83; *Hinz*, JuS 1965, 304. *Lange*, Erbrecht, § 31 I 6 a, S. 325: „Die Geschlossenheit des Erbrechts ist nicht Selbstzweck".

[9] *Lange*, Erbrecht, § 31 II 1 b und c, S. 329 f., plädiert dafür, die Ansprüche an den Leistungsvollzug (§ 2301 II) niedriger zu stellen, um Zuwendungen unter Lebenden auf den Todesfall in weiterem Umfang aufrechterhalten zu können.

[10] *Boehmer* a.a.O. 82.

[11] Grundlagen II 2, 82.

[12] So *Endemann* I, 581; *Staudinger-Coing*, Einleitung zum III. Abschnitt: Rechtsgeschäfte, Randnr. 55; *Boehmer*, Festschrift für H. Lehmann I, 464.

[13] *Erman-Westermann*, A. 9 vor § 104, und *Wiedemann*, Die Übertragung und Vererbung von Mitgliedschaftsrechten bei Handelsgesellschaften, 1965, 182, bezeichnen dieses Rechtsgebilde als „Mischform". Nach *Brox*, Randnr. 871, stehen die lebzeitigen Zuwendungen auf den Todesfall zwischen den Rechtsgeschäften unter Lebenden und den formgebundenen Rechtsgeschäften von Todes wegen.

solches Versprechen „finden die Vorschriften über Verfügungen von Todes wegen Anwendung“.

Um ein „Rechtsgeschäft unter Lebenden auf den Todesfall“ soll es sich nach *Endemanns* Ansicht[14] bei solchen Zuwendungen handeln, bei denen der Vollzug der Rechtsänderung oder die Bewirkung der Leistung durch Bedingung oder Befristung auf die Zeit nach dem Tode eines Beteiligten hinausgeschoben worden ist. Der *lebzeitigen* Struktur eines solchen Rechtsgeschäfts stehe nicht entgegen, daß Verpflichtungen begründet werden, die auf Leistung *für den Todesfall* eines der Vertragschließenden gerichtet sind[15]. Entscheidend sei lediglich, daß der Berechtigte während der Dauer seiner Rechtsherrschaft den sein Vermögen verhaftenden rechtsgeschäftlichen Tatbestand hergestellt hat. Dazu gehöre regelmäßig die rechtsgeschäftliche Beteiligung eines bestimmten Rechtsgenossen, meistens eines Vertragsgegners. Dieser erwerbe noch bei Lebzeiten des Erblassers und vor dem Erbfall ein dingliches Recht an dessen Vermögensbestandteilen oder ein Forderungsrecht auf Leistung aus dessen Vermögen. Rechtsgeschäfte „unter Lebenden auf den Todesfall“ unterschieden sich von den Verfügungen von Todes wegen dadurch, daß bei ihnen die Gebundenheit nach der Absicht der Beteiligten und dem Inhalt des Leistungsversprechens sofort und mit bindender Kraft für das gegenwärtige Vermögen begründet werden, bei den erbrechtlichen Verfügungen sich die Haftung dagegen erst auf den Nachlaß erstrecken soll[16].

Endemann gibt für ein solches „lebzeitiges Rechtsgeschäft auf den Todesfall“ folgendes Beispiel:

> E leiht und übergibt seine Uhr dem K und beide verabreden, daß die Uhr mit dem Tode des E in das Eigentum des K übergehen soll, wenn dieser dann noch in E's Diensten steht[17].

Brox[18] definiert die lebzeitige Zuwendung auf den Todesfall als ein Rechtsgeschäft, dessen Wirksamwerden durch den Tod des Zuwendenden befristet und durch das Überleben des Leistungsempfängers bedingt sei. Die rechtsgeschäftliche Leistungspflicht müsse nicht nur durch den Tod des Leistenden aufschiebend befristet, sondern auch entweder durch das Überleben des Bedachten aufschiebend oder durch dessen Tod zu Lebzeiten des Verpflichteten auflösend bedingt sein.

---

[14] III 1, 204.

[15] *Endemann* I, 581. Ebenso *Staudinger-Coing* a.a.O.: „Auch das Geschäft des Todes wegen kann also durch Vertrag unter Lebenden begründet werden.“; *Boehmer* a.a.O. 464 fügt noch den Fall hinzu, daß das Rechtsgeschäft durch das Überleben des Leistungsempfängers „bedingt“ ist.

[16] I, 582.

[17] Vgl. *Endemann*, III 1, 205.

[18] Randnr. 872.

Es ist jedoch zweifelhaft, ob sich generell sagen läßt, Zuwendungen unter Lebenden, die durch das Überleben des Empfängers bedingt sind, behielten stets ihre Struktur als lebzeitige Rechtsgeschäfte. Denn das Gesetz ordnet jedenfalls für ein Schenkungsversprechen unter dieser Bedingung die Anwendung der Vorschriften über die Verfügungen von Todes wegen an (§ 2301 I).

Zur Beantwortung der Frage, ob im System des Bürgerlichen Gesetzbuchs überhaupt Raum bleibt für die Rechtsfigur einer „Zuwendung unter Lebenden auf den Todesfall" und welche rechtliche Struktur ihr gegebenenfalls zukommt, muß zunächst der Unterschied zwischen Zuwendungen unter Lebenden und Zuwendungen von Todes wegen festgestellt werden[19].

B. Die Unterscheidung zwischen Zuwendungen unter Lebenden und Zuwendungen von Todes wegen

I. Die in der Literatur vertretenen Auffassungen

An einer befriedigenden Begriffsbestimmung der Zuwendung von Todes wegen fehlt es bisher[20]. In der Literatur findet sich zur Unterscheidung zwischen Geschäften unter Lebenden und von Todes wegen im allgemeinen die Bemerkung, Rechtsgeschäfte von Todes wegen wirkten sich lediglich auf den Nachlaß des Verfügenden aus und verfolgten den Zweck, die Rechtsverhältnisse des Verfügenden für die Zeit nach seinem Tode zu regeln[21]. Sie könnten entweder als einseitige, wider-

---

[19] Die Arbeit behandelt nur *Zuwendungsgeschäfte* unter Lebenden und von Todes wegen. Die mit der *Vollmacht* auf den Todesfall oder über den Tod hinaus zusammenhängenden Rechtsfragen gehören deshalb nicht hierher. Denn durch die Vollmachtserteilung erlangt der Bevollmächtigte kein subjektives Recht, da die Vollmacht weder einen Vermögensbestandteil für den Bevollmächtigten noch ein Befriedigungsobjekt für dessen Gläubiger bildet (*Stampe*, Das Causa-Problem des Zivilrechts, 13 A. 3). Durch die Vollmachtserteilung wird dem Bevollmächtigten kein Vermögenswert zugewendet (*von Tuhr* II 2, 50). Vgl. auch *Müller-Freienfels*, 70 A. 24. — Zur Vollmacht auf den Todesfall und über den Tod hinaus siehe *Heldrich*, IherJahrb. 79, 315 ff.; *Spielmans*, Recht 1924, 401 ff.; *Hemmersbach*, 41 ff.; *Ettlinger*, 82 ff.; *Müller-Freienfels*, 309 ff., 319 ff.; die im Literaturverzeichnis aufgeführten Dissertationen von *König*, *Eule* und *Heinz*.

[20] *Ehlers*, JR 1950, 86 rechte Spalte oben.

[21] *Kipp*, Festschrift für Luitpold von Bayern, 136 f. (Eine Verfügung von Todes wegen „muß sich grundsätzlich auf den Nachlaß beziehen"); *Windscheid-Kipp I*, 316; III, 730; *Dernburg*, Pandekten II, 369; *Crome*, System I, 325; *Planck-Flad*, A. VII 1 zum III. Abschnitt: Rechtsgeschäfte, S. 231; *Heck*, Interessenjurisprudenz, 35 A. 26; *Schlegelberger-Vogels*, Randnr. 28 vor § 104; *Staudinger-Coing*, Einleitung zum III. Abschnitt: Rechtsgeschäfte, Randnr. 55; *Staudinger-Lehmann*, Vorbem. vor § 1937, Randnr. 9; RGRK-*Krüger-Nieland*, A. 7 vor § 104; RGRK-*Kregel*, A. 2 vor § 1937; *Enneccerus-Nipperdey*, § 147 I,

rufliche Geschäfte (Testamente) oder als zweiseitige und dann regelmäßig unwiderrufliche Rechtsgeschäfte (Erbverträge[22]) vorgenommen werden[23]. Ihre Wirksamkeit erlangten sie erst mit dem Tode derjenigen Person, auf deren Verhältnisse nach dem Tode sich das Geschäft bezieht[24].

Ausführlicher befaßt sich *Endemann*[25] mit dieser Frage. Er unterscheidet die Rechtsgeschäfte unter Lebenden und von Todes wegen folgendermaßen: Die *Rechtsgeschäfte unter Lebenden* begründeten Rechtsfolgen für das gegenwärtige Vermögen. Sie bewirkten entweder eine unmittelbare dingliche Rechtsänderung am gegenwärtigen Vermögen oder erzeugten eine das gegenwärtige Vermögen verstrickende Verbindlichkeit[26]. Der am Rechtsgeschäft beteiligte Vertragsgegner erwerbe zu Lebzeiten des Verfügenden ein dingliches Recht an dessen Vermögensbestandteilen oder ein Forderungsrecht auf Leistung aus diesem Vermögen.

Für ein Rechtsgeschäft unter Lebenden gibt *Endemann* folgendes Beispiel:

> A kauft von B ein Auto unter der Vereinbarung, daß der Kaufpreis bis zum Tode des A gestundet sei und erst aus dem Nachlaß berichtigt werden soll[27].

Die rechtliche Eigenart der *Geschäfte von Todes wegen* besteht nach *Endemanns* Auffassung[28] demgegenüber darin, daß sie erst beim Tode des Verfügenden für den alsdann vorhandenen Nachlaß in Wirkung treten. Der Erbfall bilde eine zwingende Voraussetzung des *Verfügungs-*

S. 912; *Erman-Westermann*, A. 9 vor § 104; *F. Leonhard*, A. II A zu § 1937; *Lehmann-Hübner*, § 25 II a, S. 144; *Hemmersbach*, 27; *Gieben*, 33 f.; *Poischen*, 11; *Mook*, 34 f.; *König*, 38; *Schaefer*, 28, 31; *Heinz*, *11* („Das betreffende Rechtsgeschäft muß objektiv, d. h. nach seinem Inhalt, und subjektiv, d. h. nach der Absicht des Erblassers, eine Einwirkung des Erblassers auf sein Vermögen für die Zeit nach seinem Tode zum Gegenstand haben, und zwar muß das Rechtsgeschäft ausschließlich den Nachlaß betreffen."). Zu dieser Ansicht mit Recht kritisch *Ettlinger*, 22 ff.

[22] *Staudinger-Coing* a.a.O. zählt hierzu auch den Erbverzichtsvertrag. Indessen ist der Erbverzichtsvertrag zwar ein erbrechtliches Rechtsgeschäft, aber keine Verfügung von Todes wegen (*Planck-Flad* a.a.O.; *Lange*, Erbrecht, § 7 I 2, S. 65).

[23] *Staudinger-Coing* a.a.O.; *Planck-Flad* a.a.O.; *Enneccerus-Nipperdey* a.a.O. 912 f.; *Crome* a.a.O.

[24] *Planck-Flad* a.a.O.; *von Tuhr* II 1, 150 f.; *Cosack-Mitteis*, Lehrbuch I[8], 1927, 155; *Schlegelberger-Vogels* a.a.O.; *Enneccerus-Nipperdey*, § 147 I, S. 912; *Staudinger-Coing* a.a.O.

[25] I, 284, 581; III 1, 204 f.

[26] Vgl. auch *Boehmer*, Festschrift für H. Lehmann I, 464.

[27] Hier ist die schuldrechtliche Verbindlichkeit bereits mit Kaufabschluß entstanden (vgl. *Endemann* III 1, 205).

[28] I, 581; III 1, 205.

tatbestandes. Durch den Todesfall gelange nicht etwa bloß die Leistungsbewirkung oder die Rechtsänderung, sondern die Verfügung selbst *als Rechtsgeschäft* erst zur Entstehung. Erst dann sei ein Gegenstand der Verfügung vorhanden; denn vor dem Erbfall gebe es keinen Nachlaß. *Endemann* fährt dann fort[29]: Verfügung über Nachlaßrechte bedeute nicht eine Verfügung unter Lebenden über künftige Rechte; die Nachlaßrechte, über die der Erblasser verfügt, sollen nicht erst künftig entstehen, sondern sie werden als beim Erbfall bestehende vorausgesetzt und ergriffen. Vor allem erzeuge das erbrechtliche Rechtsgeschäft keine rechtliche Gebundenheit für das gegenwärtige Vermögen, auch nicht durch den Erbvertrag[30]. Die erbrechtliche Verfügung habe keinen Gegner, der an dem rechtsgeschäftlichen Tatbestande materiell-rechtlich beteiligt wäre; sie sei ihrem inneren Wesen nach einseitig und nur auf den Willen des Erblassers begründet, selbst wenn sie äußerlich in der Form eines Erbvertrages auftrete. Der durch die Verfügung von Todes wegen berufene Erbe habe daher vor dem Eintritt des Erbfalles weder ein künftiges Erbrecht noch eine rechtlich begründete Erbanwartschaft, die den Gegenstand irgendeiner obligatorischen Verpflichtung oder dinglichen Verfügung bilden könnte. Solche Rechte entständen erst mit dem Erbfall und nur an dem dann noch vorhandenen Nachlasse.

Als Beispiel für ein Rechtsgeschäft von Todes wegen bildet *Endemann* folgenden Fall:

> X bestimmt, daß die von ihm zu seinen Lebzeiten an Y gezahlten jährlichen freiwilligen Unterstützungen von seinen Erben weitergezahlt werden sollen, solange Y lebt[31].

Diese Verpflichtung entstehe den Erben im Zeitpunkt des Erbfalles neu und belaste den Nachlaß.

Heck[32] ist der Ansicht, durch das Fehlen eines Vermögensopfers zu Lebzeiten des Zuwenders unterscheide sich die Verfügung von Todes wegen von einer Zuwendung unter Lebenden.

Für *Heinrich Lehmann*[33] liegt die Eigenart letztwilliger Verfügungen darin, daß der Erblasser selbst von ihnen nicht betroffen werde.

Boehmer[34] hält einerseits die *verschiedene Art der rechtlichen Bindung* für das Kriterium, das allgemein Rechtsgeschäfte unter Lebenden und Verfügungen von Todes wegen unterscheide. Andererseits[35] sieht er

---

[29] III 1, 205.
[30] *Endemann* a.a.O. 205 A. 3; *Boehmer* a.a.O.
[31] *Endemann* III 1, 206.
[32] Schuldrecht, § 95, 2, S. 298 f.
[33] *Staudinger-Lehmann*, Vorbemerkungen vor § 1937, Randnr. 14.
[34] Festschrift für H. Lehmann I, 461 ff. (464).
[35] *Staudinger-Boehmer*, Einleitung § 27, Randnr. 2.

in § 2301 hinsichtlich der Abgrenzung der Zuwendungen unter Lebenden von den Verfügungen von Todes wegen den gesetzlichen Schlüssel unseres heutigen Rechts[36]. Es ändere sich, so meint *Boehmer*, an der rechtlichen Struktur eines lebzeitigen Rechtsgeschäfts auch dann nichts, wenn es durch das Überleben des Leistungsempfängers „bedingt" sei.

Heinrich Lange[37] erblickt das entscheidende Merkmal der lebzeitigen Rechtsgeschäfte einerseits und derjenigen von Todes wegen andererseits ebenfalls darin, daß die letztgenannten erst nach dem Tode des Verfügenden bindend werden und rechtliche Wirkung entfalten[38]. Gleichwohl könnten auch Geschäfte unter Lebenden „auf den Todesfall abgestellt" sein[39].

Flume[40] ist der Ansicht, bei den Rechtsgeschäften von Todes wegen bestimme der Verfügende (Erblasser) aus eigenem Recht über sein Vermögen für die Zeit nach seinem Tode. Dabei handele es sich um Zuwendungen, welche der Erblasser aus seinem Vermögen mit Wirkung nach seinem Tode mache. Ein Rechtsverhältnis entstehe hier erst mit dem Tode. Demgegenüber begründe ein Rechtsgeschäft unter Lebenden bereits bei seiner Vornahme ein Rechtsverhältnis, auch wenn die rechtsgeschäftliche Regelung auf den Tod „abgestellt" sei, mögen die Rechte, die durch das Geschäft begründet würden, auch durch den Tod befristet oder bedingt sein. Bei Rechtsgeschäften unter Lebenden verfüge der Betreffende nicht über sein Vermögen für die Zeit nach seinem Tode. Vielmehr sei der Tod nur ein Datum der rechtsgeschäftlichen Regelung, das von den Vertragspartnern aus ihrer beiderseitigen gegenwärtigen Zuständigkeit hinsichtlich des zu regelnden Rechtsverhältnisses gesetzt werde[41].

---

[36] Zustimmend *Dorow*, 4 A. 1.

[37] Erbrecht, § 1 V e, S. 8; VI 3, S. 9; Allgemeiner Teil, § 41 II 3, S. 252 f.

[38] Erbrecht, § 31 I 6 b, S. 326: „Das Kennzeichen der Verfügung von Todes wegen gegenüber Rechtsgeschäften unter Lebenden ist die Unverbindlichkeit und Wirkungslosigkeit zu Lebzeiten des Erblassers und die Von-selbst-Wirkung mit dem Tode."

[39] Erbrecht a.a.O.; Allgemeiner Teil a.a.O. 252.

[40] Rechtsgeschäft, § 11, 6 b, S. 149.

[41] Unter Hinweis auf § 312 bemerkt *Flume* (Rechtsgeschäft, § 11, 6 b, S. 149), der Tod einer Person könne auch zur aufschiebenden oder auflösenden Bedingung eines Rechtsgeschäfts unter Lebenden erhoben werden. Was zunächst dieses letzte Argument betrifft, so ordnet § 312 I an, daß ein Vertrag über den Nachlaß eines noch lebenden Dritten nichtig ist. Das berücksichtigt auch *Flume* (a.a.O.). Soweit § 312 II S. 1 hingegen einen solchen Vertrag unter künftigen gesetzlichen Erben über den gesetzlichen Erbteil oder über den Pflichtteil zuläßt, kann diese Vorschrift gleichfalls nicht als Beleg dafür dienen, daß der Tod als rechtsgeschäftliche Bedingung vereinbart werden dürfe. Denn die Wirksamkeit dieses Vertrages ist vom Tod des Erblassers und erst recht vom Überleben der künftigen Berechtigten, mithin davon gänzlich unabhängig, ob die Vertragschließenden später tatsächlich gesetzliche Erben werden oder nicht (RGZ 98, 330; BGH NJW 1956, 1152).

Wiedemann[42] sieht den Unterschied zwischen Zuwendungen unter Lebenden und Verfügungen von Todes wegen darin, daß sich bei diesen in aller Regel „der Rechtswechsel und damit die Änderung von Zuordnung und Wert mit dem Tode des Erblassers vollzieht“, während dies bei jenen früher geschehe. Den Zuordnungswechsel indessen hält *Wiedemann* selbst als Kriterium für entwertet, weil § 2301 II die vollzogene Schenkung von Todes wegen den Normen des Lebendenrechts unterstellt, obwohl hier die Zuordnung auch erst auf den Todesfall verlegt sei. Als einziger, „noch dazu unsicherer Anhaltspunkt“ bleibe der Unterschied zwischen der gegenwärtigen und zukünftigen „Wertverlagerung“. Eine unentgeltliche Zuwendung unter Lebenden liege demnach vor, wenn der Schenker sein Vermögen bereits zu Lebzeiten sofort und unmittelbar mindere. Dazu genüge zwar nicht eine schuldrechtliche Bindung auf zukünftige Leistung, wie § 2301 I zeige. Wohl aber reiche es aus, wenn der Schenker etwa im Wege eines unwiderruflichen Verfügungsvertrages „den Weg des Gegenstandes festgelegt hat“. Denn wer, so meint *Wiedemann*[43], über die Substanz eines Rechts nicht mehr zu verfügen vermag, weil er es an niemanden mehr abtreten kann, erleide eine Vermögenseinbuße, selbst wenn er sich den Nutzungswert vorbehalte.

Geht man einmal davon aus, daß sich Rechtsgeschäfte von Todes wegen ausschließlich auf den Nachlaß der verfügenden Person beziehen und rechtliche Wirksamkeit erst mit dem Erbfall erlangen, lebzeitige Zuwendungen dagegen sofort bei Geschäftsabschluß das gegenwärtige Vermögen ergreifen und rechtlich binden, so taucht die Frage auf, ob es außerdem überhaupt Rechtsgeschäfte geben kann, die das gegenwärtige Vermögen des Verfügenden dinglich mindern oder obligatorisch verstricken, zugleich aber durch den Tod des Gebers und das Überleben des Bedachten „bedingt“ sind. Bejaht man diese Frage, so steht es in der Tat im Belieben der Parteien, den Tod der einen und das Überleben der anderen wahlweise entweder zur bloßen „Bedingung“ eines lebzeitigen Rechtsgeschäfts zu erheben oder so zu kontrahieren, daß die Überlebensklausel das Geschäft als Zuwendung von Todes wegen charakterisiert.

II. Der Tod des Verfügenden als das charakteristische Abgrenzungsmerkmal der Zuwendungen unter Lebenden und von Todes wegen

Der Unterschied zwischen Zuwendungen unter Lebenden und solchen von Todes wegen könnte darin bestehen, daß im Gegensatz zu den lebzeitigen die Zuwendungen von Todes wegen in ihrer Wirksamkeit vom Tode des Verfügenden abhängig sind. Dann wäre der Meinung zuzustim-

---

[42] Die Übertragung und Vererbung von Mitgliedschaftsrechten bei Handelsgesellschaften, 1965, 180.

[43] a.a.O. 181.

men, die entscheidend darauf abstellt, daß Rechtsgeschäfte von Todes wegen den Zweck verfolgen, die Rechtsverhältnisse des Verfügenden für die Zeit nach seinem Tode zu regeln[44].

Ob dieses Kriterium indessen brauchbar ist, soll folgendes Beispiel erläutern:

> V verkauft seine Bibliothek an K mit der Maßgabe, daß die Bücher erst nach seinem Tode an K übereignet werden sollen und K auch den Kaufpreis dann erst begleichen soll.

Obwohl hier sofort bei Abschluß des Vertrages ein betagter[45], das heißt zwar bereits bestehender, aber noch nicht fälliger Anspruch des K auf Übereignung der Bücher und eine Forderung V's auf Zahlung des Kaufpreises entstehen (§ 433 I, II), hat sich doch am Vermögensbestande des V bis zu seinem Tode dinglich nichts geändert. V hat vielmehr seine Rechtsverhältnisse für die Zeit nach seinem Tode geregelt. Wenngleich er also bis zu seinem Tode Eigentümer bleibt, hat er sich doch zur Übereignung *verpflichtet*. Es bedarf keiner weiteren Ausführungen darüber, daß es sich bei dem Kaufvertrag, obwohl er auf den Tod des V abgestellt ist, um ein Geschäft unter Lebenden handelt.

Daß auch bei Zuwendungen von Todes wegen (Erbeinsetzung, Vermächtnis) der bloße Tod des Verfügenden nicht das maßgebende Wirksamkeitserfordernis darstellt, zeigt folgender Fall:

> E vermacht in einem notariellen Testament seinem Nachbarn N die Rasenmähmaschine. E stirbt am 23. März. Tags zuvor war N auf einer Baustelle tödlich verunglückt.

Hier ist das Vermächtnis, obwohl der Erbfall eingetreten ist, unwirksam, weil N den Tod des Erblassers nicht erlebt hat (§ 2160).

Der bloße Tod einer Person kann folglich nicht das alleinige Charakteristikum der Zuwendung von Todes wegen sein[46]. Wird etwa bei einem notariell beurkundeten Schenkungsversprechen (§ 518 I) vereinbart, die Forderung auf Leistung des zugedachten Gegenstandes solle erst mit dem Tode des Schenkers wirksam werden, so erwirbt der Beschenkte mit Abschluß des Geschäfts eine aufschiebend befristete Schenkungsforderung.

Die rechtsgeschäftliche Bindung der Parteien tritt — wenn auch befristet — sofort ein, weil feststeht, daß der Verfügende irgendwann einmal stirbt. Die Voraussetzungen der Wirksamkeit sind ganz gewiß

---

[44] Siehe oben Seite 19 mit A. 21.

[45] Zum Begriff der betagten Schenkung siehe *Giesen*, 20 ff. mit weiteren Nachweisen (21 A. 1).

[46] *Kipp*, Festschrift für Luitpold von Bayern, 136 f.; *Ettlinger*, 22; *Ehlers*, JR 1950, 86 rechte Spalte oben; *Heinz*, 8 A. 1; *König*, 39 f.

irgendwann einmal erfüllt, die Parteien können sich danach einrichten. Unsicher ist lediglich, *wann* der Verfügende stirbt. Deshalb handelt es sich um ein befristetes lebzeitiges Rechtsgeschäft, nicht um ein bedingtes[47].

Bedingung und Befristung stimmen zwar insoweit überein, als durch sie beide die Wirksamkeit des Rechtsgeschäfts von einem *künftigen* Ereignis abhängig gemacht wird[48]. Sie unterscheiden sich aber grundlegend dadurch, daß bei der Befristung das maßgebende Ereignis sicher eintrifft (dies certus an), während bei der Bedingung der Eintritt des Ereignisses überhaupt ungewiß ist (dies incertus an); es bleibt möglicherweise ganz aus[49]. Der Termin kann dabei in der Weise bestimmt sein, daß feststeht, wann er eintritt (dies certus an et quando: z. B. Weihnachten 1977) oder daß insoweit Unsicherheit bleibt (dies certus an, incertus quando). Musterbeispiel für den zweiten Fall ist der Tod einer Person[50].

Angenommen, eine Versprechensschenkung wird vom Tode des Schenkers abhängig gemacht, dann ändert sich an der rechtlichen Struktur des Geschäfts als einer Zuwendung unter Lebenden nichts[51]. Stirbt in diesem Falle der Beschenkte vor dem Schenker, so können die Erben des Beschenkten nach dem Tode des Schenkers die Vollziehung der Schenkung verlangen.

Stellt nach alledem der Umstand, daß eine Zuwendung lediglich vom Tode des Verfügenden abhängt, kein geeignetes Abgrenzungsmerkmal der Verfügung von Todes wegen gegenüber der lebzeitigen Zuwendung dar, so bietet sich hierfür im Hinblick auf die §§ 1923 I, 2160 die Überlebensklausel an.

III. Die Abhängigkeit einer Zuwendung vom Überleben des Bedachten als das charakteristische Abgrenzungsmerkmal der Zuwendungen unter Lebenden und von Todes wegen

Nach § 1923 I kann Erbe nur werden und gemäß § 2160 eine Vermächtnisforderung nur erwerben, wer zur Zeit des Erbfalles lebt. Zwar formuliert das Gesetz im § 2160 diesen Grundsatz negativ: ein Vermächt-

---

[47] *König* a.a.O.; *Heinz,* 8 A. 4; K. *Fischer,* 22; OLG Karlsruhe OLG 39, 238; RG SeuffArch 91 Nr. 116; KG KGJ 41, 162 ff.; RGZ 53, 296. Unzutreffend *Eule,* 53, *Poischen,* 11, *Melsheimer,* 2, und *Hinz,* JuS 1965, 304 A. 60, die hier von einer „Bedingung" reden. Verfehlt auch *J. Lehmann,* ArchBürgR 36,86: „Bedingung oder Befristung".

[48] *Flume,* § 38, 1 a, S. 678.

[49] *von Tuhr* II 2, 323; *Flume* a.a.O.

[50] *von Tuhr* a.a.O.; *Flume* a.a.O.

[51] RG Recht 1911 Nr. 353; *F. Leonhard,* A. II A zu § 2301; *Kipp,* Erbrecht, § 41 A. 10 a, S. 143.

nis ist unwirksam, wenn der Bedachte zur Zeit des Erbfalles nicht mehr lebt[52]. Inhaltlich stimmt diese Vorschrift aber mit § 1923 I völlig überein[53].

Die II. Kommission[54] hielt es für notwendig, den Grundsatz, wonach der von Todes wegen Bedachte den Erblasser überleben muß und dem besonders im Hinblick auf die Erbeinsetzung „materielle Bedeutung" zugemessen wurde[55], in den allgemeinen Vorschriften des 5. Buches hervorzuheben. Man war der Meinung, daß die Streichung dieses Paragraphen nicht geraten sei, weil dessen Inhalt als leitender Grundsatz ausgesprochen zu werden verdiene[56]. Durch § 1923 I sollte zweifelsfrei bestimmt werden, daß das dem Erben Zugedachte nicht auf dessen Erben übergehe, wenn er den Erblasser nicht überlebt habe[57].

Es taucht nun die generelle Frage auf, ob man angesichts der beiden genannten Paragraphen die Folgerung ziehen kann, daß es sich immer dann, wenn eine Zuwendung vom Überleben des Bedachten abhängig gemacht ist, notwendigerweise begrifflich um eine Verfügung von Todes wegen handelt.

Endemann verneint sie[58]. Er hält es im Zusammenhang mit der Erörterung des § 2301 I S. 1 für „klar, daß es sicherlich nicht diese Bedingung ist, die den Rechtsgrund für die Einordnung des Versprechens unter die erbrechtlichen Rechtsgeschäfte abgeben kann". Er meint, jedes Schenkungsversprechen trage im Zweifel die Beschränkung in sich, daß die Zuwendung gerade und nur dem Beschenkten persönlich zugute kommen solle, er also Anfall und Fälligkeit der Leistung erleben müsse. Diese Begründung verdient indessen keinen Beifall. Es handelt sich nämlich nicht darum, daß der Beschenkte Anfall und Fälligkeit der Leistung erleben muß. Entscheidend ist vielmehr, daß er bei einem Rechtsgeschäft

---

[52] Es treten nicht etwa die Erben des Vermächtnisnehmers an dessen Stelle. *Staudinger-Seybold*, Randnr. 2 zu § 2160. — Ob andere Personen beim Vorversterben des Bedachten Ersatzvermächtnisnehmer werden, spielt hier keine Rolle.

[53] Motive V, 181, wo ausdrücklich auf § 1923 I (§ 1752 des I. Entwurfs) Bezug genommen wird. Es fehlt nur eine dem § 1923 II entsprechende Regelung beim Vermächtnis, weil hier im Gegensatz zur Erbeinsetzung das Bedürfnis der Koexistenz von Erblasser und Erben nicht obwaltet. Vgl. §§ 2162 II, 2163; *Palandt-Keidel*, A. 1 zu § 2160; *Ehard-Eder* in Soergel-Siebert, Randnr. 1 zu § 2160; RGRK-*Johannsen*, Anm. 2 zu § 2160; *Staudinger-Seybold*, Randnr. 1 zu § 2160.

[54] Protokolle V, 4.

[55] Motive V, 5.

[56] Protokolle V, 4.

[57] Motive V, 5. — Im Hinblick darauf ist der Begriff einer zu Lebzeiten des Erblassers „vorweggenommenen Erbfolge" (vgl. *Knur*, 3—22) ein juristisch ganz untauglicher.

[58] III 1, 660.

nach § 2301 länger lebt als der Schenker. Wenn er damit notwendigerweise *auch* den Anfall der Forderung erlebt, so ist das eine zwangsläufige Begleiterscheinung. In diesem Sinne sind zwar Schenkung einerseits und Erbeinsetzung sowie Vermächtnis andererseits zugleich persönliche Zuwendungen. Keinesfalls aber hängen die *Tatbestände* beider Geschäftstypen begrifflich vom Überleben des Beschenkten ab.

Endemann[59] weist ferner darauf hin, daß die Abhängigkeit eines Versprechens vom Überleben des Bedachten bei einem Rechtsgeschäft unter Lebenden als echte Bedingung vereinbart werden könne. Bei einer Verfügung von Todes wegen dagegen bilde das Überleben des Bedachten keine Bedingung, sondern eine zwingende gesetzliche, essentielle erbrechtliche Voraussetzung des *Erwerbstatbestandes*. Diese Bemerkung hilft indessen nicht weiter. Denn die Schwierigkeit besteht gerade darin zu erkennen, wann es sich um eine Zuwendung unter Lebenden und wann um eine solche von Todes wegen handelt.

Wenig zu gewinnen ist auch aus *Endemanns* Bemerkung[60], § 2301 I S. 1 sei falsch gefaßt: Liege eine Verfügung von Todes wegen vor, so könne das Überleben des Bedachten höchstens als condicio iuris[61] ausgegeben werden, mithin als unwahres Rechtsgebilde.

Wieacker[62] sieht in der Überlebensklausel des § 2301 I S. 1 die „dogmatische Figur für die Vermögensvorsorge nach dem Tode". Sie sei keineswegs eine Art Wette darüber, ob der Schenker den Beschenkten oder dieser jenen überlebe[63]. Das Schenkungsversprechen von Todes wegen stelle deshalb ebenso wie die Erbeinsetzung und die Vermächtnisanordnung nichts anderes dar als eine Vergabung im Hinblick auf den eigenen Tod. Ihr liege — wie überall bei erbrechtlichen Anordnungen — das Bedürfnis zugrunde, dem Vermögen des Sterbenden einen neuen Träger zu suchen[64].

Boehmer[65] führt aus, daß eine zu Lebzeiten nicht vollzogene Zuwendung für den Fall, daß der Empfänger den Zuwendenden überlebt, zweifellos alle charakteristischen Merkmale einer Verfügung von Todes

---

[59] III 1, 660; Grundriß, 22, 72.

[60] III 1, 660 A. 16. Ebenso unergiebig *Matthiesen*, 4.

[61] So auch *Ebmeyer*, 18.

[62] Festschrift für H. Lehmann I, 276.

[63] *Wieacker* a.a.O.

[64] Im Zusammenhang mit dem Problem der analogen Anwendung des § 2301 I auf den Fall, daß Schenker und Beschenkter gleichzeitig versterben, bemerken *Planck-Greiff*, A. 1 zu § 2301, eine solche Analogie sei nicht möglich, „da die Erbeinsetzung und das Vermächtnis das Überleben des Bedachten zur Voraussetzung ihrer Wirksamkeit haben (§ 1923 I, § 2160)".

[65] Reichsgerichtspraxis III, 293 f.

wegen trage. Ein Rechtserwerb, der erst mit dem Tode des Gebers existent werden solle, habe eben „spezifisch erbrechtlichen Charakter"[66]. Wer nun eine Zuwendung unter die Klausel stelle, daß der Bedachte den Schenker überlebe, mache diejenigen Momente zur rechtsgeschäftlichen Bedingung, die kraft Gesetzes „Rechtsbedingung" für den Erwerb von Todes wegen seien.

Die Überlebensklausel läßt sich indessen schon aus dem Grunde nicht als „die dogmatische Figur für die Vermögensvorsorge nach dem Tode" bezeichnen, weil das Gesetz in § 2301 II ein Geschäft unter eben dieser Klausel ganz zutreffend als ein lebzeitiges erachtet. *Boehmer* gegenüber muß bemerkt werden, daß ein erst mit dem Tode des Erblassers existent werdender Rechtserwerb zwar spezifisch erbrechtlichen Charakter trägt. Dies ist aber nicht deshalb der Fall, weil die Zuwendung objektiv unter der Überlebensklausel steht, sondern weil subjektiv, nach dem Willen der Parteien, der Rechtserwerb des Bedachten erst mit dem Tode des Verfügenden eintreten soll. Ohne diesen Willen des Erblassers (Testament) oder mehrerer Beteiligter (Erbvertrag) wäre es nämlich rechtlich durchaus denkbar, daß trotz der Überlebensklausel bereits vor dem Erbfall Rechte des Begünstigten entstehen, nämlich aufschiebend oder auflösend bedingte. In § 2301 II läßt das Gesetz diese Wirkung ausdrücklich zu. Nur bei einem unentgeltlichen Versprechensgeschäft (§ 2301 I) versagt es jeden lebzeitigen Rechtserwerb[67].

Mit einer solchen Feststellung wird jedoch die Problematik nicht gelöst, die darin liegt, ob die Überlebensklausel, die im Erbrecht nach *Endemanns* Ansicht die „essentielle Voraussetzung" des Erwerbstatbestandes bildet, daneben im Recht unter Lebenden als rechtsgeschäftliche Bedingung einer Wertbewegung zulässig ist.

Das Gesetz enthält zwar weder eine Definition der Bedingung[68] noch eine Vorschrift, wonach eine Schenkung als Rechtsgrundgeschäft (§§ 516 ff.) unter einer Bedingung unzulässig wäre. Ähnlich wie beim Kauf steht auch bei der Schenkung nichts im Wege, die Zuwendung eines Gegenstandes nach den Bestimmungen der §§ 158 ff. unter einer Bedingung vorzunehmen. Unter einer Bedingung versteht man nach herrschender Lehre einen künftigen, ungewissen Umstand, von dem nach dem Parteiwillen die Wirkung eines Rechtsgeschäfts beliebig abhängig gemacht werden kann[69].

---

[66] *Boehmer* a.a.O. 294.

[67] Dazu unten Seite 96, 98.

[68] *Flume*, § 38, 1 a, S. 677.

[69] *Enneccerus-Nipperdey*, § 193 I, § 194 I, S. 1184 f.; *von Tuhr* II 2, 270; *Flume* a.a.O. 678.

Infolgedessen ist *nicht jeder* künftige, ungewisse Umstand, von dessen Eintritt oder Nichteintritt die Wirksamkeit eines Rechtsgeschäfts abhängt, eine Bedingung im Sinne der §§ 158 ff. Erklärt jemand die Annahme einer Erbschaft unter der „Bedingung", daß er zum Erben berufen ist, oder verkauft A dem B ein Grundstück unter der „Bedingung", daß sich B verpflichtet, an A den Kaufpreis zu zahlen, oder tritt X dem Y eine Forderung ab unter der „Bedingung", daß ihm, X, die Forderung zusteht, dann handelt es sich nicht um eine bedingte Erbschaftsannahme, einen bedingten Kaufvertrag oder eine bedingte Abtretung. Selbst wenn der Inhalt dieser Klauseln im Einzelfall ein künftiges, ungewisses Ereignis darstellt, so sind die genannten Umstände doch *notwendiges Erfordernis für den Tatbestand* des betreffenden Rechtsgeschäfts[70]. Es ist irreführend, sie als „uneigentliche Bedingung"[71] oder „Rechtsbedingung"[72] zu bezeichnen. Mit Recht hat schon *Savigny*[73] bemerkt, solche „Bedingungen" seien bloß überflüssige Wiederholungen dessen, was ohnehin gilt, also unschädlich, aber auch unnütz und wirkungslos[74].

Der Begriff der Bedingung wird daher genauer als die *Hinzufügung* eines künftigen, ungewissen Ereignisses zu den typus- und strukturbildenden *Tatbestandsmerkmalen* eines Rechtsgeschäfts umschrieben. Das betreffende Rechtsgeschäft, dem die Bedingung als *Wirksamkeitserfordernis* hinzugefügt ist, muß dabei als solches selbständig denkbar sein und bestehen *können*, wenn man die Bedingung hinwegdenken würde[75]. Mit anderen Worten ist die Bedingung ein möglicher, von den Parteien gewollter *Zusatz* zu den Essentialen eines Rechtsgeschäfts[76], der einen zukünftigen, ungewissen Umstand zum Inhalt hat[77].

Als essentiell sind diejenigen Tatbestandsteile eines Rechtsgeschäfts zu bezeichnen, die notwendig vorhanden sein müssen und die nicht fehlen dürfen, ohne daß das Geschäft von vornherein unvollständig sein

---

[70] Vgl. *Windscheid-Kipp* I, 459.

[71] So *Windscheid-Kipp* I, 459 f. mit A. 7 und 8.

[72] So *Oertmann*, Die Rechtsbedingung (condicio iuris), 1924, passim.

[73] System III, 123.

[74] Vgl. auch *Flume*, § 38, 1 c, S. 680; *Endemann* III 1, 660 A. 16, nennt die sogenannte Rechtsbedingung treffend ein „unwahres Rechtsgebilde".

[75] Nach *E. I. Bekker*, System II, 290, sind Bedingungen als „Nebenbestimmungen" aufzufassen bei solchen Geschäften, wo den Naturalien eine unbedingte Dauer der Rechtsfolgen entspricht.

[76] *Savigny*, System III, 121; *Flume*, § 38, 4 c, S. 691; *R. Leonhard*, Allgemeiner Teil, 382, 383, 386 f.

[77] Damit ist nicht gesagt, daß die Bedingung als Zusatz ein „selbständiges" Rechtsgebilde neben der Willenserklärung darstellt, zu der sie gehört. So richtig *Flume* a.a.O. — Gegen den Charakter der Bedingung als „selbständige Nebenbestimmung" bereits *Windscheid-Kipp* I, § 86, A. 3, S. 451 f.; *Enneccerus*, Rechtsgeschäft, Bedingung und Anfangstermin I, 1888, 175 ff.; *Enneccerus-Nipperdey*, § 194 I 1, S. 1185.

würde und seine Abwicklung demgemäß überhaupt nicht erzwungen werden könnte[78]. Die essentiellen Voraussetzungen eines Rechtsgeschäfts kann man deshalb als dessen Existenzminimum bezeichnen[79].

Ein bestimmtes Ereignis kann nur solange Inhalt einer Bedingung sein, wie es noch nicht selbst zum *notwendigen Tatbestandsteil* eines Rechtsgeschäftstyps geworden ist. Wenn A dem B ein Buch „leiht" unter der „Bedingung", daß B dafür an A monatlich 5 DM zahlt, so liegt in Wahrheit keine bedingte Leihe, sondern eine unbedingte Miete vor. Wenn X dem Y verspricht, ihm 1 000 DM zu „schenken" unter der „Bedingung", daß Y den Betrag nach zwei Jahren zurückzahlt, handelt es sich nicht um eine bedingte Schenkung, sondern um ein unbedingtes zinsloses Darlehen. Ein begriffsnotwendiges Tatbestandsmerkmal kann nämlich nicht in dem Sinne zur Disposition der Parteien stehen, daß sie es zur Bedingung eines anderen ausgestalten. Ein bestimmter Umstand ist entweder stets und ausnahmslos möglicher Inhalt einer Bedingung oder immer und ausschließlich das Essentiale eines Rechtsgeschäfts.

Aufgrund der soeben dargelegten Grundsätze dürfte es nun zweifelhaft erscheinen, ob die Überlebensklausel Inhalt der Bedingung eines lebzeitigen Rechtsgeschäfts sein kann. Diese Frage müßte verneint werden, wenn das Überleben des Bedachten ein essentielles *Tatbestandsmerkmal* einer jeden Verfügung von Todes wegen darstellte.

Endemann[80] vertritt diesen Standpunkt. Er meint, bei einem erbrechtlichen Rechtsgeschäft sei der *Tatbestand* überhaupt erst erfüllt, wenn der Bedachte den Eintritt des Erbfalles erlebt[81]. Im Widerspruch dazu bemerkt er jedoch in einem anderen Zusammenhang[82], zur Perfektion des rechtsgeschäftlichen Tatbestandes einer Verfügung von Todes wegen, der mit der formgültigen Errichtung des Testaments oder Erbvertrages vollendet ist, bedürfe es weder des Eintritts des Erbfalles noch des Überlebens des Bedachten.

Auch *von Tuhr*[83] und *Nipperdey*[84] rechnen das Überleben des Bedachten zum *Tatbestand* der Verfügung von Todes wegen.

Aber dagegen spricht schon, daß bereits verschiedene Normen, wie zum Beispiel die Vorschriften über Testierfähigkeit, die Unzulässigkeit

---

[78] *Henle*, Allgemeiner Teil, 46 f.

[79] Vgl. *Henle* a.a.O. 47.

[80] III 1, 205.

[81] Auch *von Lübtow* (JR 1951, 94), dem der Verfasser gerade in dieser Frage wertvolle Hinweise zu verdanken hat, hielt bisher das Überleben des Bedachten für ein „Tatbestandserfordernis". Er hat inzwischen — mündlicher Mitteilung zufolge — diese Meinung aufgegeben.

[82] III 1, 247, 506.

[83] II 1, 274.

[84] *Enneccerus-Nipperdey*, § 202 I 3, S. 1210.

der Stellvertretung und die Testamentsformen, anwendbar sind, bevor die Wirkung des Testaments eintritt. Man muß nämlich unterscheiden zwischen der Verfügung von Todes wegen *als Rechtsgeschäft*[85], das nach dem Willen des Erblassers erst mit seinem Tode wirksam werden soll[86], und dem *Eintritt seiner Wirkungen*[87]. Die *Wirkungen* einer Verfügung von Todes wegen beginnen erst mit dem Tode des Erblassers und dem Überleben des Bedachten: Hereditas viventis non datur[88]. Diese beiden Erfordernisse gehören jedoch nicht dem rechtsgeschäftlichen Tatbestand an[89]. Man kann sie als Wirksamkeitserfordernisse oder Wirksamkeitsvoraussetzungen bezeichnen[90]. Das Überleben des Bedachten ist ein *gesetzliches Erfordernis der Wirksamkeit* des Testaments (§§ 1923 I, 2160), weil der Bedachte weder Erbe noch Vermächtnisnehmer werden kann, wenn er nicht mehr lebt.

Überall bei erbrechtlichen Zuwendungsgeschäften setzt also der Erwerb als Wirksamkeitserfordernis voraus, daß der Bedachte den Erblasser überlebt (§§ 1923 I, 2160). Denn daß Erbe oder Vermächtnisnehmer nur derjenige werden kann, der den Erblasser überlebt, ist eine allgemeine Regel[91]. Sollen für den Fall, daß der Bedachte vor dem Erblasser stirbt, die Erben des Bedachten den Erblasser beerben, dann müssen sie als Ersatzerben (§§ 2096 ff.) oder, wenn es sich um ein Vermächtnis handelt, als Ersatzvermächtnisnehmer (§ 2190 in Verbindung mit den §§ 2097 bis 2099) eingesetzt werden[92]. Denn die Anwartschaft, Erbe zu werden, ist höchstpersönlich und daher unvererblich[93]. Hat der Erblasser einen

---

[85] Dazu *Endemann* III 1, 247.

[86] *von Tuhr* II 2, 75 f. Vgl. auch *Flume*, § 11, 6 a, S. 145 ff.

[87] *Lange*, Erbrecht, § 32 I 3, S. 347, trennt die Verfügung von Todes wegen, die bereits im Zeitpunkt ihrer Errichtung ein förmliches Rechtsgeschäft sei, von den einzelnen Anordnungen des Erblassers, die Rechtsgeschäfte erst mit seinem Tode, dem Eintritt der Rechtswirkung, würden.

[88] Paulus D. 18, 4, 1; Pomponius D. 29, 2, 27. — Siehe *Strohal I*, § 18 I, S. 82; *P. Meyer*, Erbrecht, 137; *F. Leonhard*, A. 2 A zu § 1937; *Kretzschmar*, § 14 I 1, S. 61; *von Tuhr* II 1, 150 f., 177, 274; *Planck-Flad* I, 231 VII 1; V, 41, 1; *Cosack* II 2, 303; RGRK-*Kregel*, Vorbemerkungen vor §§ 1937—1941, A. 2; *Palandt-Keidel*, A. 2 zu § 1937; *Erman-Bartholomeyczik*, A. 2 zu § 1937; *Bartholomeyczik*, Erbrecht, § 14 II 2, S. 76; *Staudinger-Lehmann*, Vorbemerkungen zu §§ 1937—1941, Randnr. 12; *Dietz*, Erbrecht, 41; *Kipp-Coing*, § 81 I 2, S. 347; *Brox*, Randnr. 22; *Enneccerus-Nipperdey*, § 147 I 1, S. 912; *Lehmann-Hübner*, 156; *Lange*, Allgemeiner Teil, 252 f.; *Flume*, § 2, 3 c, S. 27.

[89] *Flume* a.a.O.

[90] Zu diesem Begriff *Oertmann*, Rechtsbedingung, 14 ff.; *Manigk*, HdR V, Artikel „Tatsachen", 855 f.; Das rechtswirksame Verhalten, 1939, 118 f.

[91] Motive V, 4; Protokolle V, 4 („leitender Grundsatz"); *Staudinger-Lehmann*, Randnr. 1 zu § 1923; *Planck-Flad*, A. 4 b zu § 1922, A. 1 zu § 1923.

[92] Vgl. Motive V, 351; *Staudinger-Dittmann*, Randnrn. 12 und 13 zu § 2301; *Erman-Hense*, A. 2 zu § 2301.

[93] Motive V, 332; Protokolle V, 398.

seiner Abkömmlinge bedacht und stirbt dieser vor dem Erblasser, so treten im Zweifel die als gesetzliche Erben des Verstorbenen in Frage kommenden Abkömmlinge an dessen Stelle (§ 2096 in Verbindung mit § 2279 I).

Knüpft dagegen ein Zuwendungsgeschäft den Rechtserwerb lediglich an den Tod des Gebers an, unabhängig davon, ob der Nehmer diesen Zeitpunkt erlebt oder nicht, so handelt es sich niemals um ein erbrechtliches Rechtsgeschäft, sondern stets um ein befristetes lebzeitiges[94]. Deshalb kann auch der Ansicht *Rudolf Leonhards*[95] nicht zugestimmt werden, wonach für die vorliegende Frage allein die Bezugnahme auf den Tod des Erklärenden maßgebend sein soll[96]. Es kommt nicht darauf an, ob der Verfügende seine Vermögensverhältnisse verbindlich erst für die Zeit nach seinem Tode (Rechtsgeschäft von Todes wegen) oder schon vorher, wenn auch „durch den Tod befristet oder bedingt" (Rechtsgeschäft unter Lebenden), regeln will. Denn eine *bloß vom Tode des Gebers abhängige* Vermögensverschiebung stellt ausnahmslos ein befristetes lebzeitiges Rechtsgeschäft dar. Bei einem erbrechtlichen Geschäft tritt dagegen seine Wirkung überhaupt erst ein, wenn der Bedachte den Eintritt des Erbfalles erlebt.

Gehört also das Überleben des Bedachten nicht begrifflich zum Tatbestand, das heißt zu den Essentialen eines erbrechtlichen Zuwendungsgeschäfts, sondern nur, wenn auch kraft Gesetzes notwendigerweise (§§ 1923 I, 2160), zu dessen Wirksamkeitserfordernissen, so besteht kein rechtslogischer Hinderungsgrund, auch eine Zuwendung unter Lebenden an die Bedingung des Überlebens des Empfängers zu knüpfen. Wie jede rechtsgeschäftliche Bedingung, zählt auch das Überleben des Zuwendungsempfängers bei einem Rechtsgeschäft unter Lebenden ebensowenig zum Tatbestand[97] wie bei einer Verfügung von Todes wegen. Denn wie schon der Wortlaut des § 158 zeigt, hängt lediglich die *Wirkung* des Rechtsgeschäfts vom Eintritt der Bedingung ab. Daß der rechtsgeschäftliche Tatbestand nämlich schon vor Eintritt der Bedingung vollendet ist, geht aus den §§ 160, 161 hervor, die bereits vorher bestimmte Vorwirkungen des Tatbestandes begründen.

Bei einer Schenkung zum Beispiel bildet die Überlebensklausel eine echte rechtsgeschäftliche Bedingung, weil sie vom Gesetz weder dispo-

---

[94] Dies zu *J. Lehmann*, ArchBürgR 36, 86.

[95] Allgemeiner Teil, 268 unter IV.

[96] Unvollkommen insoweit auch *von Tuhr* II 1, 150 f.

[97] *Oertmann*, A. 1 zu § 158; *Staudinger-Coing*, Vorbemerkungen vor den §§ 158 ff., Randnr. 5; *Flume*, § 38, 4 b, S. 689. Dagegen rechnen *von Tuhr* II 1, 485; II 2, 76 A. 91, und *A. Blomeyer*, Bedingungslehre I, 1 ff., 3, die Bedingung eines Rechtsgeschäfts zum Tatbestand. Dazu das im Text Folgende.

sitiv noch im Sinne einer bloßen Auslegungsregel vorgesehen ist[98]. Davon geht auch das Gesetz aus, das im § 2301 II selbst auf eine Zuwendung unter der Überlebensklausel das Recht unter Lebenden anwendet.

Da andererseits für ein *Schenkungsversprechen unter derselben Bedingung* erbrechtliche Vorschriften gelten (§ 2301 I S. 1), eignet sich trotz alledem die Überlebensklausel nicht zu einer allgemeinen, für jeden Vertragstyp passenden, dogmatischen Abgrenzung lebzeitiger und erbrechtlicher Rechtsgeschäfte[99].

IV. Der Leistungsvollzug als das charakteristische Abgrenzungsmerkmal der Zuwendungen unter Lebenden und von Todes wegen und der Tatbestand des § 2301 II

Hat sich mithin die Überlebensklausel nicht als geeignetes Kriterium für die Abgrenzung lebzeitiger und erbrechtlicher Zuwendungsgeschäfte erwiesen, so könnte sich indessen der *Vollzug* der Leistung des Zuwendungsgegenstandes hierfür verwenden lassen. Denn wie ein Vergleich des § 2301 I mit § 2301 II zeigt, finden auf *unentgeltliche Zuwendungen*, die vom Überleben des Bedachten abhängen, die Vorschriften über die Verfügungen von Todes wegen Anwendung, wenn die Zuwendung lediglich versprochen ist[100]. Demgegenüber greifen die Bestimmungen über die Schenkung unter Lebenden ein, falls die Zuwendung durch Leistung des versprochenen Gegenstandes „vollzogen" wird.

Bevor die Frage beantwortet werden kann, ob der Vollzug eines Rechtsgeschäfts ganz *generell* das Kriterium für die Abgrenzung zwischen lebzeitigen und erbrechtlichen Zuwendungen darstellt, das heißt ob dieses Merkmal nicht nur für unentgeltliche, sondern auch für entgeltliche Geschäfte unter der Überlebensbedingung maßgebend ist, muß zunächst erörtert werden, was man unter dem Begriff des Vollzuges im Sinne des § 2301 II zu verstehen hat.

1. Der Begriff des Vollzuges im Sinne des § 2301 II

§ 2301 II bestimmt:

> „Vollzieht der Schenker die Schenkung durch Leistung des zugewendeten[101] Gegenstandes, so finden die Vorschriften über Schenkungen unter Lebenden Anwendung."

---

[98] So *Oertmann*, Rechtsbedingung, 44 f.

[99] *König*, 36.

[100] Dazu unten Seite 95 ff.

[101] *Endemann* III 1, 658 A. 10, rügt die schlechte Fassung des § 2301 II. Statt

Die I. Kommission verlangte für den Vollzug, daß der Erblasser sein Vermögen „sofort und unmittelbar mindere"[102].

Nach Ansicht des Reichsgerichts kommt es beim Vollzug nach § 2301 II darauf an, daß der Schenker eine bestimmte Gestaltung der Dinge nicht nur verheißt, sondern „schon etwas zu ihrem tatsächlichen Eintritt tut"[103].

In der Literatur wird das Fehlen eines „Vermögensopfers" zu Lebzeiten des Erblassers für das entscheidende Merkmal einer Verfügung von Todes wegen gehalten[104]. Man stellt darauf ab, ob der Erblasser selbst, nicht erst sein Erbe, das Vermögensopfer bringt, ob mit anderen Worten der Zuwendungsgegenstand durch ein Verfügungsgeschäft des Erblassers bereits zu dessen Lebzeiten aus seinem Vermögen ausgeschieden ist[105]. Die Leistung soll aber auch schon dann bewirkt und damit der Vollzug eingetreten sein, wenn der Erblasser alles für den Erwerb durch den Bedachten Erforderliche veranlaßt habe und sich der Rechtserwerb selbst vollende[106].

Dietz[107], *Boehmer*[108] und *Bartholomeyczik*[109] fordern, daß für den Bedachten ein gegen tatsächliche und rechtliche Beeinträchtigungen durch den Erblasser oder dessen Gläubiger geschütztes dingliches Erwerbs- oder Anwartschaftsrecht begründet wird[110], das sich nach dem Erbfall nicht nur ohne Mitwirkung, sondern sogar gegen den Willen der Erben zum Vollrecht „entwickeln" kann. Denn damit sei die erforderliche Aussonderung aus dem Vermögen des Erblassers und Überführung in das des Bedachten hergestellt.

---

von dem Vollziehen der Schenkung durch Leistung des „zugewendeten" Gegenstandes zu sprechen, sollte man besser wie im § 518 II vom „Bewirken der versprochenen Leistung" reden.

102 Motive V, 352.

103 RG WarnRspr. 1921 Nr. 95 = Recht 1921 Nr. 2766 = SeuffArch 76, 333 Nr. 202. Ebenso OLG Jena ZAkDR 1939, 617 = DRW 1939, 1535.

104 *Heck*, Schuldrecht, 298 f.; *Staudinger-Dittmann*, Randnr. 20 zu § 2301; *Kipp-Coing*, § 81 III C, S. 355 mit A. 31; *Wieacker*, Festschrift für H. Lehmann I, 279; *Brox*, Randnr. 873; *Giesen*, 26; *Boller*, 51 A. 2; *Ettlinger*, 24 ff.; *Reinicke*, NJW 1957, 562.

105 *Staudinger-Dittmann* a.a.O.

106 *Rötelmann*, NJW 1959, 661; *Staudinger-Dittmann* a.a.O.; *Wieacker* a.a.O.; *Bartholomeyczik*, Erbrecht, § 59 III 2 b, S. 391; so offenbar auch KG JR 1959, 101. *Lange*, Erbrecht, § 31 II 1 b, S. 329 A. 6, bezeichnet dieses Kriterium als zu eng.

107 Erbrecht, § 14 III, S. 93.

108 *Staudinger-Boehmer*, Einleitung § 26, Randnr. 13.

109 Erbrecht, § 59 III 2, S. 390.

110 Ebenso *Staudinger-Lehmann*, Randnr. 13 vor § 1937.

Coing[111], *Reinicke*[112] und *Brox*[113] verlangen im Anschluß an die Auffassung der I. Kommission[114], daß noch der Erblasser selbst, nicht erst sein Erbe, das Vermögensopfer bringt. Wie *Boehmer*[115] zutreffend bemerkt, unterscheidet sich diese Ansicht jedoch nicht von der vorerwähnten. Denn das „Vermögensopfer", das der Erblasser bringen muß, besteht eben in der für den Bedachten bindenden dinglichen Erwerbsanwartschaft[116].

Wieacker[117] stellt ebenfalls auf das „Opfer definitiver Entäußerung" ab, schränkt dies aber dahin ein, daß es für den Vollzug genüge, wenn der Erblasser „nicht mehr damit rechnet", daß er eine von ihm eingeleitete Zuwendung noch aufhalten könne oder sie sogar ohne sein weiteres Zutun ihren Lauf nehmen werde. Dann müsse die Zuwendung „als inter vivos bewirkt gelten".

Rötelmann[118], *Bartholomeyczik*[119], *Th. Keidel*[120] und *Ehard-Eder*[121] halten eine lebzeitige Zuwendung dann für gegeben, wenn der Erblasser zu Lebzeiten alles zur Verwirklichung der Zuwendung Erforderliche getan habe, hieran bis zu seinem Tode gebunden sei[122] und sich das Rechtsgeschäft selbst vollende.

Während *Lange*[123] im Interesse möglich umfangreicher Aufrechterhaltung lebzeitiger Zuwendungen auf den Todesfall die Anforderungen an das Vollziehen der Leistung niedriger stellen möchte und deshalb die von den genannten Autoren aufgestellten Erfordernisse als „zu eng" bezeichnet, wendet sich *Brox*[124] insbesondere gegen die von *Wieacker* und *Rötelmann* geprägte Formel, daß es genüge, wenn sich der Rechtserwerb des Bedachten ohne weiteres Zutun des Erblassers oder der Erben von selbst vollende. Denn damit, so meint *Brox*, werde auf das zutreffende Merkmal des gegenwärtigen „Vermögensopfers" verzichtet.

---

[111] *Kipp-Coing*, § 81 III 1 c, S. 355.

[112] NJW 1956, 1054; NJW 1957, 562.

[113] Randnr. 873, S. 493.

[114] Motive V, 352: Sofortige und unmittelbare Vermögensminderung.

[115] *Staudinger-Boehmer*, Einleitung § 26, Randnr. 13 Sternanmerkung.

[116] Zustimmend *Kipp-Coing*, § 81 III 1 c, S. 356 A. 36; *Brox* a.a.O.

[117] Festschrift für H. Lehmann I, 279; zustimmend *Hinz*, JuS 1965, 303 rechte Spalte.

[118] NJW 1959, 661.

[119] Erbrecht, § 59 III 2 b, S. 391.

[120] *Palandt-Keidel*, A. 2 a zu § 2301.

[121] in Soergel-Siebert, Randnr. 2 zu § 2301.

[122] Ebenso KG JR 1959, 101.

[123] Erbrecht, § 31 II 1 b, S. 329 A. 6.

[124] a.a.O.

Als rein wirtschaftlicher Begriff ist indessen der Ausdruck „Vermögensopfer“ wenig geeignet, einer juristischen Erläuterung des Wortes „Vollzug“ zu dienen. Es kommt vielmehr entscheidend darauf an, daß § 2301 II zum Vollzug einer durch das Überleben des Beschenkten bedingten Schenkung die „Leistung“ des Zuwendungsgegenstandes verlangt. Darunter ist ebenso wie im § 518 II (Bewirkung der versprochenen Leistung) das *abstrakte Erfüllungsgeschäft*, also ein durchaus juristisch erfaßbarer Vorgang, zu verstehen. Es liegt vor, wenn der Eintritt der vollen Verfügungswirkung *lediglich* noch davon abhängt, daß der Schenker vor dem Beschenkten stirbt.

In § 2301 II wird nun schlechthin vom Vollzug „der Schenkung“ gesprochen. Es taucht damit die Frage auf, ob es sich dabei sowohl um die sofort real vollzogene *Handschenkung* mit Überlebensklausel handelt oder ob der Tatbestand des § 2301 II auch solche Vollzugsgeschäfte betrifft, die eine vorangegangene *Versprechungsschenkung* erfüllen sollen. Im folgenden wird von der real vollzogenen Handschenkung (causa donandi) unter der Überlebensbedingung ausgegangen. Denn wenn man sich darüber klar werden will, ob und gegebenenfalls wie der lebzeitige Vollzug einer Versprechensschenkung von Todes wegen solvendi causa überhaupt denkbar ist, muß man zunächst die rechtliche Struktur des Schenkungsversprechens von Todes wegen (§ 2301 I S. 1) analysieren. Darauf wird aber erst weiter unten in anderem Zusammenhang eingegangen[125].

Zur Erläuterung des Vollzuges gemäß § 2301 II soll deshalb folgendes Beispiel einer Handschenkung dienen.

> Der Rentner R, Bewohner eines Altersheimes, überreicht seinem Zimmernachbarn, dem Pensionär P, einen Photoapparat mit den Worten: „Ich schenke dir diese Kamera für den Fall, daß du mich überlebst. Nimm sie gleich an dich, da ich doch nicht mehr photografiere.“ P erklärt sich mit allem einverstanden und nimmt den Apparat an sich.

Hier ist P sofort Eigentümer geworden (§ 929), und zwar auflösend bedingt dadurch, daß er den R nicht überlebt, das heißt vor oder gleichzeitig mit ihm verstirbt (§ 158 II). Dies reicht für den Vollzug nach § 2301 II aus[126]. Damit liegt dem Erwerb zugleich eine gültige Kausa zugrunde, nämlich eine ebenfalls durch das Vorversterben oder Nichtüberleben des P auflösend bedingte Handschenkung (§ 2301 II).

Zum Vollzug im Sinne des § 2301 II ist erforderlich, daß die schenkweise Zuwendung unter der Überlebensklausel bereits zu Lebzeiten des

---

[125] Siehe Seite 95 ff.

[126] Dazu Näheres unten Seite 39 f.

Schenkers durch Übereignung[127], Forderungsabtretung[128] oder Erlaßvertrag[129] dinglich bewirkt wird[130].

Für den Vollzug bedarf es indessen nicht einer lebzeitigen Übertragung oder Begründung des Vollrechts, sondern es reicht die Verschaffung einer durch das Überleben des Beschenkten bedingten Rechtsposition aus[131]. Denn die Überlebensbedingung des § 2301 I S. 1 gilt nicht nur für

---

[127] Bei *Grundstücken* sind Auflassung und Eintragung (§§ 873, 925) oder Auflassung und Eintragungsantrag (vgl. § 873 II) erforderlich; *Staudinger-Dittmann,* Randnr. 26 zu § 2301; *Lange,* Erbrecht, § 31 II 1 b, S. 329 mit A. 5; *Kipp-Coing,* § 81 III 1 c, S. 355; *Bartholomeyczik,* Erbrecht, § 59 III 2 b, S. 391; vgl. auch BGHZ 26, 274 (277).

Bei *beweglichen Sachen* müssen Einigung und Übergabe oder Einigung und Übergabesurrogate (§§ 929 ff.) vorliegen. Zur Übereignung nach § 929 S. 2: RG Recht 1904 Nr. 459; zur Übereignung nach § 930: RG JW 1906, 161 Nr. 5; Recht 1918 Nr. 524; zur Übereignung nach § 931: RG WarnRspr 1909, 32 Nr. 33; KG OLG 16, 50. *Staudinger-Dittmann,* Randnrn. 21—23 zu § 2301; *Staudinger-Ostler,* Randnr. 7 zu § 518, S. 489; *Lange,* Erbrecht, § 31 II 1 b, S. 329; *Planck-Greiff,* A. 4 zu § 2301; RGRK-*Kregel,* A. 11 zu § 2301; *Ehard-Eder* in Soergel-Siebert, Randnr. 2 zu § 2301.

[128] RG JW 1904, 337 Nr. 3; 1907, 73 (75) Nr. 3; 1907, 329 Nr. 5; Recht 1908 Nr. 287; JW 1910, 938 Nr. 13; WarnRspr 1916, 120 Nr. 74; OLG Jena ZAkDR 1939, 617 = DRW 1939, 1535; *Kipp-Coing,* § 81 I 3 c, S. 350; *Staudinger-Dittmann,* Randnr. 23 zu § 2301; *Staudinger-Ostler,* Randnr. 9 zu § 518; RGRK-*Kregel,* A. 11 zu § 2301. — Zur Frage des Vollzuges bei der Schenkung eines Sparguthabens *F. Leonhard,* A. V zu § 2301 mit Nachweisen; RG Gruch Beitr. 50, 1906, 651 ff.; zur vollzogenen Schenkung hinterlegter Gelder und Wertpapiere KG OLG 16, 50 ff.; RG Recht 1908 Nr. 3633.

[129] RG Recht 1908 Nr. 1165; RGZ 53, 294 (296); 76, 59 (61); RG WarnRspr 1921 Nr. 95 = Recht 1921 Nr. 2786 = SeuffArch 76, 333 Nr. 202; *Kipp-Coing,* § 81 I 3 d, S. 350; *Staudinger-Dittmann,* Randnr. 24 zu § 2301; *Ehard-Eder* in Soergel-Siebert, a.a.O. Das OLG Hamburg OLG 37, 264, will einen Erlaß für die Zeit nach dem Tode des Gläubigers nur dann als Vollzug im Sinne des § 2301 II anerkennen, wenn der Gläubiger dem Schuldner den Schuldschein vor dem Erbfall zur Vernichtung übergeben hat; *Staudinger-Dittmann,* Randnr. 25 zu § 2301, hält diese Auffassung für „zu streng". In seinem Beschluß vom 16. 2. 1960 (NJW 1961, 76) hat das OLG Hamburg ausgeführt, ein schenkweise geschlossener Erlaßvertrag schließe den Vollzug der Schenkung auch dann in sich, wenn die Schuld des Beschenkten erst beim Tode des Schenkers erlöschen soll; dagegen *Wiedemann,* Übertragung, 184 A. 6. Für den Erlaß auf den Todesfall des Gläubigers verlangt das OLG Stuttgart JR 1949, 383 (384), die Form des Erbvertrages; dagegen *Stachels,* JR 1949, 385 f., und *Ehlers,* JR 1950, 86 f. Demgegenüber hält *Wiedemann* a.a.O. das Urteil des OLG Stuttgart für zutreffend, weil bei einem Erlaß auf den Todesfall der Gläubiger vor seinem Tode auf die Forderung gerade nicht verzichten wolle. Zum Erlaß auf den Todesfall vgl. ferner *Müllerheim,* 14 f. Zur Konstruktion des auflösend bedingten Erlasses einer Forderung neuestens *von Lübtow,* Festschrift für Fragistas, 1966, 270 A. 87.

[130] Dazu *Planck-Greiff,* A. 4 zu § 2301; *Erman-Böhle-Stamschräder,* A. 6 zu § 518; *Erman-Hense,* A. 3 zu § 2301; *Esser,* Schuldrecht, 512; *Palandt-Keidel,* A. 3 zu § 2301; *Staudinger-Dittmann,* Randnrn. 21 ff. zu § 2301; *Lange,* Erbrecht, § 31 II 1 b, S. 329; *Kipp-Coing,* § 81 III 1 c, S. 355; *Boller,* 35—57.

[131] Motive V, 352; *Staudinger-Dittmann,* Randnr. 19 zu § 2301; *Wieacker,* Festschrift für H. Lehmann I, 282 A. 30; *Kipp-Coing* a.a.O.; *Bartholomeyczik,* Erbrecht, § 59 III 2 a, S. 391; *Boehmer,* ZAkDR 1939, 611; *Staudinger-Boehmer,* Einleitung § 26, Randnrn. 15 und 16; *Lange* a.a.O. 329 f.; *Staudinger-*

das Schenkungsversprechen (Abs. 1), sondern auch für die zu Lebzeiten des Schenkers vollzogene Schenkung (Abs. 2)[132]. Andernfalls wäre § 2301 II schon im Hinblick auf die §§ 516, 518 II überflüssig.

Die Abgabe eines Schuldversprechens oder Schuldanerkenntnisses dagegen genügt zum Vollzug nicht, wie § 2301 I S. 2 zeigt[133]. Denn sie stellen keine Verfügungs-, sondern nur schuldrechtliche Verpflichtungsgeschäfte dar (§§ 780, 781). Dementsprechend ist ein Vollzug nicht gegeben, wenn sich jemand lediglich verpflichtet, den Leistungsgegenstand noch vor seinem Tode auf den Beschenkten zu übertragen. Denn eine Verpflichtung zur Vollziehung läßt sich dem Vollzug nicht nur nicht gleichstellen[134], sondern entsteht, wie § 2301 I zeigt, vor dem Tode des Schenkers überhaupt nicht[135].

Der Vorbehalt des Widerrufs des Erfüllungsgeschäfts indessen hindert die Wirksamkeit des Vollzuges im Sinne des § 2301 II nicht[136]. Bei den Beratungen der II. Kommission wurde ein Antrag eingebracht, der in bezug auf die vollzogene Schenkung von Todes wegen folgendes vorsah:

> „Hat der Schenker die Schenkung durch Leistung des zugewendeten Gegenstandes vollzogen, so finden die Vorschriften über Schenkungen unter Lebenden Anwendung. Die Schenkung ist jedoch nur als Verfügung von Todes wegen wirksam, wenn der Schenker sich das Recht vorbehalten hat, sie nach Belieben zu widerrufen[137]."

Zur Begründung machte der Antragsteller geltend[138]: Werde eine Schenkung von Todes wegen unter der Bedingung des beliebigen Widerrufs vollzogen, so fehle jede Garantie dafür, daß der Widerruf nicht in der Weise erfolge, daß nur das dingliche Geschäft widerrufen werde, dagegen das Kausalgeschäft bestehen bleibe und nach dem Tode des Erb-

---

Lehmann, Randnr. 13 vor § 1937; OLG Jena ZAkDR 1939, 617. Eine befristete Übereignung genügt erst recht: BGH BB 1960, 1147 Nrn. 2085 und 2088.

[132] RG WarnRspr 1909, 32 Nr. 33; 1921 Nr. 95; *Hellwig*, 593 A. 212; *Strohal* I, § 45 III 2, S. 380 f.; *Planck-Greiff*, A. 4 zu § 2301; *F. Leonhard*, A. II C zu § 2301; RGRK-*Kregel*, A. 13 zu § 2301; *Staudinger-Dittmann*, Randnr. 19 zu § 2301; *Staudinger-Boehmer*, Einleitung § 26, Randnr. 14; *Erman-Hense*, A. 3 zu § 2301; *Bartholomeyczik*, Erbrecht, § 59 III 2, S. 390; *Kipp-Coing*, § 81 III 1 c, S. 355; *M. R. Schulze*, 8; *Aberer*, 3; *Dorow*, 16; *K. Fischer*, 18 f.; *Giesen*, 29 ff.; *Boller*, 43.

[133] *F. Leonhard*, A. VI zu § 2301; *Staudinger-Boehmer*, Einleitung § 26, Randnr. 4; *Lange*, Erbrecht, § 31 II 1 b, 329 A. 5; *Kipp-Coing* a.a.O.; *Giesen*, 27.

[134] Motive V, 352; *Staudinger-Dittmann*, Randnr. 17 zu § 2301. Unrichtig *Endemann* III 1, 204 f., 212 f., 659.

[135] Näheres dazu unten Seite 96, 98.

[136] Das hat *Hinz*, JuS 1965, 303 rechte Spalte, an Hand der Protokolle V, 460, überzeugend dargetan. Im Ergebnis ebenso RGRK-*Kuhn*, A. 12 zu § 518; *Wieacker*, Festschrift für H. Lehmann I, 279, 280 f.; *Staudinger-Ostler* Randnr. 9 zu § 518; *Staudinger-Dittmann*, Randnr. 18 zu § 2301.

[137] Protokolle V, 460.

[138] Protokolle V, 461.

lassers von neuem zu erfüllen sei. Es würde mithin die Möglichkeit bestehen, dem praktischen Ergebnis nach Schenkungen von Todes wegen — wenn auch auf einem Umweg — formlos vorzunehmen. Dem müsse der Gesetzgeber entgegentreten, um einer Umgehung der Formvorschriften vorzubeugen.

Die Mehrheit der Kommissionsmitglieder dagegen lehnte den Antrag ab[139]. Sie war der Meinung: Die bloße Möglichkeit, daß gesetzliche Bestimmungen auf Umwegen umgangen werden könnten, dürfe den Gesetzgeber nicht veranlassen, komplizierte, dem geltenden Recht fremde Rechtssätze aufzunehmen. Denn wie die Erfahrung lehre, könne der Gesetzgeber jede Umgehung des Gesetzes doch nicht verhindern. Im übrigen sei eine dem Antrag entsprechende Bestimmung für die Schenkungen unter Lebenden nicht beschlossen worden. Es erscheine mithin nur konsequent, auch für die Schenkung von Todes wegen von einer unterschiedlichen Behandlung widerruflicher und unwiderruflicher Erfüllung abzusehen[140].

a) Der Vollzug unter einer auflösenden Bedingung

A und B sind Juristen. A übergibt und übereignet schenkweise seine goldene Uhr dem B, und beide vereinbaren formlos, daß B zwar sofort Eigentümer werden, das Eigentum aber automatisch an A zurückfallen soll, wenn B vor A verstirbt.

Anders als bei einer testamentarischen oder erbvertraglichen Erbeinsetzung oder Vermächtnisanordnung geht hier das Eigentum sofort mit Vertragsabschluß auf B über. Man könnte zwar daran denken, daß es zwischen B und A insoweit eines Vermächtniserbvertrages bedarf, als A für den Fall, daß er den B überlebt, die Uhr automatisch zurückerwerben soll. Ein erbvertragliches Vermächtnis liegt jedoch deshalb nicht vor, weil das BGB nur ein Damnationsvermächtnis, nicht dagegen ein Vindikationsvermächtnis zuläßt (§§ 2147, 2174)[141], im Beispielsfall dagegen A ipso iure das Eigentum zurückerhält (§ 158 II). Es wird nicht erst eine Verpflichtung der Erben des B begründet, die Uhr dem A zu übereignen. Es handelt sich demnach um eine schenkweise Übereignung der Uhr von A an B unter einer auflösenden Bedingung[142].

---

[139] Protokolle V, 462.

[140] Dazu *Hinz* a.a.O. mit A. 53—55. *Wiechel*, 39 f., hält die Befürchtung einer Umgehung des Gesetzes für unbegründet, weil bei bloßem Widerruf des dinglichen Geschäfts das Kausalgeschäft in denselben Zustand versetzt werde, in dem es sich vor dem Vollzug befand, bei einem Formmangel also nichtig sei.

[141] Dazu *Endemann* III 1, 675 f.; *Staudinger-Boehmer*, Randnrn. 240—243 zu § 1922; *Bartholomeyczik*, Erbrecht, § 4 I 3 a, S. 16; § 43 I 2, S. 279; *Kipp-Coing*, § 53 II 1, S. 250; *Lange*, Erbrecht, § 27 II 1, S. 258 f.

[142] Zum auflösend bedingten Vollzug im Sinne des § 2301 II: *Giesen*, 35 f. mit weiteren Nachweisen (36 A. 1).

Es hätte nun wahrlich nicht der Anordnung des § 2301 II bedurft, um zu erkennen, daß die schenkweise Übereignung unter einer auflösenden Bedingung ein Rechtsgeschäft unter Lebenden darstellt. Denn die Wirkung eines Rechtsgeschäfts, das unter einer auflösenden Bedingung vorgenommen wird, *endigt* mit dem Eintritt der Bedingung (§ 158 II); dies setzt voraus, daß eine solche Wirkung vorher eingetreten war. Die Wirkungen einer Verfügung von Todes wegen dagegen *entstehen* überhaupt erst in dem Moment, in dem der Erblasser stirbt und der Bedachte noch lebt. Es kann sich also niemals um ein Zuwendungsgeschäft *von Todes wegen* handeln, wenn die rechtlichen Wirkungen *vor dem Erbfall* in Kraft treten. Bei einer durch das Vorversterben des Bedachten auflösend bedingten Rechtsübertragung läßt sich also nicht mehr von einer Zuwendung von Todes wegen, das heißt einer solchen sprechen, die frühestens mit dem Tode des Gebers wirksam wird. Das in dieser Weise „bedingte" Zuwendungsgeschäft der Wertbewegung ist bereits zu Lebzeiten des Erblassers sofort mit seiner Vornahme vollwirksam geworden und schon deshalb ein Rechtsgeschäft unter Lebenden. Insofern ist also § 2301 II eine ganz überflüssige Norm.

b) Der Vollzug unter einer aufschiebenden Bedingung

Einen Vollzug im Sinne des § 2301 II, der die Einhaltung erbrechtlicher Vorschriften erspart, erkennen Literatur[143] und Rechtsprechung[144] nicht nur im Falle auflösender Bedingung, sondern auch dann an, wenn der Leistungsgegenstand *aufschiebend bedingt* zu Lebzeiten des Schenkers in das Vermögen des Beschenkten übergeht[145]. Bereits die I. Kom-

---

[143] *P. Meyer*, Erbrecht, 471 A. 9; *Planck-Greiff*, A. 4 zu § 2301; *F. Leonhard*, A. II C zu § 2301; *Dietz*, Erbrecht, 93 f.; *Staudinger-Dittmann*, Randnr. 19 zu § 2301; *Staudinger-Lehmann*, Randnr. 13 vor § 1937; RGRK-*Kregel*, A. 13 zu § 2301; *Erman-Hense*, A. 3 zu § 2301; *Palandt-Keidel*, A. 3 c zu § 2301; *Lange*, Erbrecht, § 31 II 1 b, S. 329 f.; *Bartholomeyczik*, Erbrecht, § 59 III 2 a, S. 391; *Kipp-Coing*, § 81 III 1 c, S. 355; *Ortloff*, ArchBürgR 21, 1902, 381 ff.; *Kohlbach*, 70. In der 10. Auflage des Kommentars von Staudinger, Einleitung § 27, Erläuterung 16, wollte *Boehmer* nur die unter der auflösenden Bedingung des Vorversterbens des Beschenkten erfolgte Leistung als Vollzug gelten lassen, weil sich nur in diesem Falle der Schenker bereits zu Lebzeiten seines Rechts am zuzuwendenden Gegenstand wirksam entäußert habe und dieses in das Vermögen des Beschenkten dinglich eingegliedert worden sei; ebenso *Palandt-Seibert*[6], A. 3 b und c zu § 2301. Angesichts der Argumente des OLG Jena ZAkDR 1939, 617, hat *Boehmer* seine Ansicht aufgegeben: *Staudinger-Boehmer*[11], Einleitung § 26, Randnrn. 13 und 16; *Boehmer*, ZAkDR 1939, 611; Grundlagen II 2, 86.

[144] RG WarnRspr 1921 Nr. 95 = Recht 1921 Nr. 2786 = SeuffArch 76, 333 Nr. 202; OLG Jena ZAkDR 1936, 617 = DRW 1939, 1535; OLG Düsseldorf NJW 1954, 1041; OLG Hamburg NJW 1961, 76.

[145] *Kohlbach*, 73, meint, als Rechtsgeschäft unter Lebenden zur Erreichung letztwilliger Zuwendungen komme überhaupt nur die aufschiebend bedingt vollzogene Schenkung in Frage.

mission war der Ansicht, es bestehe kein Anlaß, die aufschiebend bedingt vollzogene Schenkung von Todes wegen von der Befreiung erbrechtlicher Vorschriften auszuschließen[146]. Entsprechend der Regelung in § 158 I können die Parteien dahin übereinkommen, daß bis zum Tode des Zuwendenden der betreffende Gegenstand noch dessen Eigentum bleiben, sich aber mit dem Erbfall von dem Vermögen des Schenkers trennen, also nicht in seinen Nachlaß fallen, sondern ipso iure Eigentum des überlebenden Beschenkten werden soll. In der Zeit zwischen Vornahme des aufschiebend bedingten Leistungsgeschäfts und dem Erbfall hat dann der Bedachte ein durch die §§ 160—162 geschütztes *Anwartschaftsrecht*[147], das der Schenker nicht mehr zerstören oder beeinträchtigen kann und das sich zwangsläufig zum Vollrecht „entwickelt"[148]. Für den Vollzug kommt es allerdings entscheidend darauf an, daß die Leistung wirklich bereits bewirkt worden ist, wenn auch aufschiebend bedingt. Eine bloße *Vorbereitung* der Leistung genügt nicht[149].

---

[146] Motive V, 352.

[147] *Boehmer*, Grundlagen II 2, 86; *Staudinger-Boehmer*, Erbrecht, Einleitung, § 26 Randnr. 16; *Boehmer*, Reichsgerichtspraxis III, 293; *Kipp-Coing* a.a.O. 355. — *Henke*, Bedingte Übertragungen im Rechtsverkehr und Rechtsstreit, 1959, der sich im Anschluß an *A. Blomeyer*, Bedingungslehre II, 166 ff., überhaupt gegen den Begriff des Anwartschaftsrechts richtet (a.a.O. 4—6), es vielmehr als ein das Eigentum belastendes beschränktes dingliches Verfallrecht konstruiert (a.a.O. 50), kommt bei der „Schenkung von Todes wegen" in Schwierigkeiten. Da Schenker und Beschenkter keinen Einfluß auf Tod oder Überleben haben, bleibe es unbekannt, wem die „bedingt abgetretene Forderung" endgültig zustehe. Es gehe nicht an, meint *Henke* a.a.O. 52, sie etwa dem Beschenkten zuzusprechen und dem Schenker nur einen Nießbrauch oder ein Pfandrecht vorzubehalten. Ein solches Ergebnis würde dem Sinn und Zweck der Zuwendung widersprechen. Denn falls der Beschenkte unerwartet vor dem Schenker stirbt, so solle doch das Geschenk nicht zu seinem Nachlaß gehören. *Henke* bleibt jedoch die Beantwortung der Frage schuldig, welche Konstruktion in Wahrheit dem Sinn und Zweck der Zuwendung entsprechen würde.

[148] *Staudinger-Ostler*, Randnr. 9 zu § 518; *Boehmer*, Grundlagen a.a.O.; Reichsgerichtspraxis III, 296, 302; *Staudinger-Boehmer*, Einleitung § 26, Randnr. 13; *Bartholomeyczik*, Erbrecht, § 59 III 2, S. 390.

[149] Wenn weder die §§ 130 II, 153 eingreifen (dazu unten Seite 43 f.) noch ein berechtigender Vertrag zugunsten Dritter nach § 331 vorliegt (dazu unten Seite 122 ff.), was jeweils durch Auslegung zu ermitteln ist, dann handelt es sich immer in den Fällen um eine zum Vollzug nicht ausreichende, *bloße Vorbereitungshandlung*, in denen der Zuwendungsgegenstand vom Schenker einem Boten oder Stellvertreter übergeben wird mit der Maßgabe, ihn dem Beschenkten zu übereignen. Denn dann hängt es ganz vom Willen des Beauftragten ab, ob das Erfüllungsgeschäft zustandekommt oder nicht. Bewirkt dieser die Leistung noch vor dem Erbfall, ist die Schenkung vollzogen, bei Übereignung nach dem Erbfall dagegen nicht. Soll der Bote oder Vertreter das Verfügungsgeschäft von vornherein überhaupt erst nach dem Erbfall vornehmen, liegt niemals der Tatbestand des § 2301 II vor. Vgl. RGZ 83, 223 ff.; RG JW 1904, 337 Nr. 3 (Ermächtigung zu postmortaler Empfangnahme); LZ 1919, 692; JW 1917, 924 Nr. 1; Recht 1924 Nr. 169; *Planck-Greiff*, A. 4 zu § 2301; *Dietz*, Erbrecht, 93 f.; *Kipp-Coing*, § 81 I 3 a, S. 348 f. mit A. 5, § 81 III 1 c, S. 355; *Brox*, Randnr. 874 a.E., S. 494; *Ehard-Eder* in Soergel-Siebert,

§ 2301 II ist daher so zu lesen:

> „Vollzieht der Schenker die Schenkung durch Leistung des Zuwendungsgegenstandes *unter der aufschiebenden oder auflösenden Bedingung,* daß der Beschenkte den Schenker überlebt, so finden die Vorschriften über Schenkungen unter Lebenden Anwendung."

Vereinbaren A und B die unentgeltliche Zuwendung einer goldenen Uhr mit der Maßgabe, daß B zu Lebzeiten des A nur ein Anwartschaftsrecht erwerben soll, das volle Eigentumsrecht dagegen erst mit dem Tode des A, wenn B dann noch lebt, so handelt es sich sowohl um eine aufschiebend bedingte Schenkung (Kausalabrede) als auch um eine aufschiebend bedingte Übereignung (Vollzugsgeschäft)[150]. A kann also unter Lebenden nicht wirksam gegenüber B anderweitig über die goldene Uhr verfügen (§§ 929, 158 I, 161 I).

Hier liegt ein Rechtsgeschäft unter Lebenden vor; denn bei einem Testament oder Erbvertrag besteht ein solcher Schutz des „Berechtigten", wie ihn die §§ 158 ff. gewähren, nicht (§ 2286). Eine testamentarische Verfügung ist im übrigen schon deshalb nicht gegeben, weil — anders als beim Testament — ein beliebiger und grundloser Widerruf einer Schenkung nicht zulässig ist, sondern nur bei grobem Undank des Beschenkten eingreift (§§ 530 ff.). Die Vereinbarung zwischen A und B könnte zwar rechtlich einen Vermächtniserbvertrag darstellen und dementsprechend die Formen des Erbvertrages verlangen. Denn auch ein Erbvertrag begründet für den darin Bedachten eine rechtlich gesicherte Anwartschaft, da der Erbvertrag nicht beliebig widerrufen werden kann. Gleichwohl unterscheidet sich die Abrede zwischen A und B dadurch von einem Erbvertrag, daß dieser nicht vor Verfügungen unter Lebenden schützt (§ 2286)[151]. Außerdem schafft der Erbvertrag, sofern

---

Randnr. 2 zu § 2301; RGRK-*Kregel,* A. 10 zu § 2301 mit weiteren Nachweisen; *Staudinger-Dittmann,* Randnrn. 27—36 zu § 2301; *Erman-Hense,* A. 3 zu § 2301; *Palandt-Keidel,* A. 3 a zu § 2301; *Boller,* 54 ff. mit weiteren Nachweisen (55 A. 1). Bei unwiderruflicher Vollmacht wird die Wirksamkeit des Vollzuges bejaht von *Bartholomeyczik,* Erbrecht, § 59 III 2 c, S. 391 f; *Staudinger-Boehmer,* Einleitung § 26, Randnr. 18; *Eule,* 67 ff.; so offenbar auch *Lange,* Erbrecht, § 31 III 4, S. 335 ff. („keine grundsätzlichen Bedenken"). Gegen den Begriff der Vorbereitungshandlung *Wieacker,* Festschrift für H. Lehmann I, 281.

[150] Zum aufschiebend bedingten Vollzug im Sinne des § 2301 II: *Giesen,* 36 f. mit weiteren Nachweisen S. 37 A. 1.

[151] Dazu *Strohal* I, § 45 II 3, S. 368 f.; *Planck-Greiff,* A. 2 zu § 2286, A. 1 zu § 2287; *Staudinger-Dittmann,* Vorbemerkungen vor § 2274, Randnr. 7; Randnrn. 2—5 zu § 2286; RGRK-*Kregel,* A. 1—3 zu § 2286; *Kipp-Coing,* § 38 I, S. 180 f.; § 38 IV, S. 184 ff.; *Bartholomeyczik,* Erbrecht, § 25 V 2, S. 127 f.; *Lange,* Erbrecht, § 37 II, S. 403 ff.; *Brox,* Randnr. 356. — In der Rechtsprechung des BGH (Nachweise bei *Palandt-Keidel,* A. 3 zu § 2271, A. 3 zu § 2286) ist der Versuch unternommen worden, das Recht des Vertragserblassers zu freier Verfügung unter Lebenden mit Hilfe der §§ 134, 138, 826 („Aushöhlung")

nicht überhaupt der Rücktritt vorbehalten ist, zu Lebzeiten des Erblassers nur die rechtlich gesicherte Anwartschaft, *Erbe zu werden*. Auf den Erwerb irgendwelcher vermögenswerter Rechte erstreckt sich die Anwartschaft nicht, eben weil es dem Vertragserblasser freisteht, über sein gesamtes Vermögen zu Lebzeiten beliebig zu verfügen (§ 2286).

Auch hier besteht also keine Notwendigkeit, die Anwendung der Vorschriften über die lebzeitige Schenkung besonders anzuordnen (§ 2301 II), weil die rechtliche Struktur einer durch das Überleben des Bedachten aufschiebend bedingt vollzogenen Schenkung als eines lebzeitigen Rechtsgeschäfts (§§ 516, 518, 929, 398, 158 I) nicht zweifelhaft sein kann[152].

c) Die Anwendbarkeit der §§ 130 II, 153 auf vollzogene Zuwendungen nach § 2301 II

Ferner liegt eine vollzogene Schenkung im Sinne des § 2301 II in den Fällen vor, in denen der Erblasser dem Bedachten gegenüber eine nach den §§ 130 II, 153 bindende Offerte zum Abschluß des Erfüllungsgeschäfts abgegeben hat[153]. Denn auf die Wirksamkeit eines vom Erblasser einem Abwesenden erteilten Vertragsangebots ist es nach § 130 II ohne Einfluß, daß der Erblasser nach Absendung des Angebots stirbt. Es wird wirksam, auch wenn es erst nach dem Tode des Erblassers dem Beschenkten zugeht. Der Vertrag kommt dann gemäß § 153 mit den Erben des Schenkers zustande.

Boehmer ist zwar seinerzeit[154] noch der Ansicht gewesen, die bloße Erwerbsaussicht, die für den Bedachten mit dem Angebot begründet wird, stehe einem Vollzuge nicht gleich, die §§ 130 II, 153 seien durch die Sondervorschrift des § 2301 vielmehr ausgeschaltet. Später[155] kehrte er jedoch zu seiner schon in der Reichsgerichtsfestgabe 1929[156] vertretenen Auffassung zurück, wonach es durchaus mit dem Grundgedanken des § 2301 vereinbar sei, daß die für den Rechtsverkehr unter Lebenden

---

illusorisch zu machen. Dagegen mit Recht *Bartholomeyczik*, Erbrecht, § 25 V 2 e, S. 129, § 26 I 3 c, S. 139 f.; *Lange*, Erbrecht, § 37 II 2, S. 405 mit A. 8, § 38 II 5, S. 424 mit A. 3; *Brox*, Randnr. 390.

[152] Daß eine auflösend oder aufschiebend bedingte Grundstücksübereignung gemäß § 925 II unwirksam ist, hat mit der vorliegenden Frage nichts zu tun. Siehe dazu BGH NJW 1952, 1171 (Anwendbarkeit des § 313).

[153] *Wieacker*, Festschrift für H. Lehmann I, 1956, 281 ff.; *Boehmer*, Reichsgerichtspraxis III, 306 ff.; Grundlagen II 2, 89; Einführung in das Bürgerliche Recht, 197; *Staudinger-Boehmer*, Einleitung § 26, Randnr. 19; *Bartholomeyczik*, Erbrecht § 59 III 2 b, S. 391; *Giesen*, 37 ff. Dagegen *Boller*, 56 f.

[154] In der 10. Auflage des Kommentars *Staudinger-Boehmer*, Einleitung § 27, Randnr. 18.

[155] ZAkDR 1939, 610 f.; *Staudinger-Boehmer*[11], Einleitung § 26, Randnr. 19; Grundlagen II 2, 89.

[156] III, 306 ff.

aufgestellten Normen der §§ 130 II, 153 auch für vollzogene Schenkungen von Todes wegen gelten. Denn diese unterständen nun einmal dem lebzeitigen Verkehrsrecht, wenn die Schenkung bereits vor dem Tode vollzogen war. Das aber sei ja gerade der Fall, wenn der Erblasser den dinglichen Zuwendungsakt vor seinem Ableben bis zu dem Punkte fortgeführt habe, wo ein nach § 130 II bindendes Angebot vorliegt.

Boehmer spricht mit Recht von den „für den Rechtsverkehr unter Lebenden aufgestellten Normen der §§ 130 II, 153“. Die Anwendbarkeit der genannten Vorschriften setzt nämlich voraus, daß der Schenker die Schenkung auch wirklich vor seinem Tode vollziehen wollte und nur *zufällig* nach Abgabe und vor Zugang der Offerte auf Abschluß des Erfüllungsgeschäfts gestorben ist. § 130 II kann nicht dazu benutzt werden, ein *bewußt und gewollt* postmortales Zugehen einer Willenserklärung an den überlebenden Empfänger rechtlich wirksam zu machen[157]. Ein Vollzug liegt dementsprechend nicht vor, wenn zum Beispiel der Schenker die schriftliche Übereignungsofferte einem Boten mit der Weisung übergibt, sie nach seinem Tode dem Beschenkten zu übermitteln[158].

2. Die analoge Anwendung des in § 2301 enthaltenen Rechtsgedankens auf entgeltliche Zuwendungen unter der Überlebensbedingung

Der Standpunkt des Gesetzes in § 2301 ist offenbar folgender: Soll die Leistung des dem Erwerber zugedachten Gegenstandes erst mit dem Tode des Schenkers durch den Erben aus dem Nachlaß an den überlebenden Beschenkten erbracht werden, dann liegt eine Verfügung von Todes wegen vor[159]. Tritt der Erwerb des Beschenkten dagegen schon zu Lebzeiten des Schenkers ein, nämlich durch bedingte lebzeitige Leistung des Zuwendungsgegenstandes, so ist ein Rechtsgeschäft unter Lebenden gegeben. Aufgrund des § 2301 könnte man nun auf den Gedanken kommen, als seien *ganz generell* alle nicht durch Leistung vollzogenen Zuwendungen mit Überlebensklausel Verfügungen von Todes wegen, da die Erfüllung erst mit dem Tode des Gebers aus dessen Nachlaß erfolgt. Demgegenüber handele es sich rechtlich stets um Geschäfte unter Lebenden, wenn eine Zuwendung unter der Überlebensbedingung durch Leistung

---

157 *Kipp-Coing*, § 81 IV 3 b, S. 357; *Bartholomeyczik*, Erbrecht, § 59 III 2 c, S. 391: „Die Geschäfte dürfen nicht absichtlich in die Länge gezogen worden sein.“ Vgl. auch *Hellwig*, 593 A. 213: „Voraussetzung ist aber, daß die Zuwendung nicht als eine vom Überleben des Bedachten bedingte offeriert war.“; *Lange*, Erbrecht, § 31 III 1 b, S. 332; *Bärmann*, NJW 1964, 53 f. (kritische Anmerkung zu OLG Celle NJW 1964, 53 ff.); *Köster*, 66 ff., die allerdings bei ihrem Hinweis auf Motive I, 159, den Empfänger mit dem Erklärenden vertauscht; *J. Maier*, 104, 110 ff., 116, 121 f. Abweichend *Boller*, 21, 56 f.; *Verseck*, 2, 28 ff. Siehe ferner unten Seite 150 mit A. 156.

158 Vgl. RGZ 83, 223 ff. („Bonifazius“-Fall).

159 Dazu unten Seite 100 ff.

des Gebers selbst vollzogen wird, da dann die Zuwendung schon zu Lebzeiten des Zuwendenden aus dessen Vermögen erfüllt oder zumindest gegen beeinträchtigende lebzeitige Verfügungen des Gebers gesichert wird.

Endemann bemerkt[160], es bedeute für die rechtliche Struktur einer Verbindlichkeit regelmäßig keinen Unterschied, ob die Leistung noch zu Lebzeiten des Schuldners oder erst nach seinem Tode von den Erben bewirkt wird. Die Schuld bleibe eine Verbindlichkeit unter Lebenden, selbst wenn sie unter einer aufschiebenden Bedingung oder Befristung stehe und deren Erfüllung erst nach dem Tode des Schuldners eintrete.

Demgegenüber heißt es bei *Boehmer*[161] ganz allgemein, der gesetzliche Schlüssel für unser heutiges deutsches Recht liege in § 2301. Auch *Zehner*[162] vertritt die Ansicht, in § 2301 finde *ein allgemeiner Grundsatz* des bürgerlichen Rechts Ausdruck. Der Oberste Gerichtshof für die Britische Zone[163] erblickte ebenfalls, auch bei entgeltlichen Verträgen, das maßgebende Kriterium dafür, ob es sich um ein Geschäft unter Lebenden oder um einen „verschleierten" Erbvertrag handele, in der lebzeitigen Erfüllung[164]. Dieser Auffassung kann indes nicht zugestimmt werden. Folgendes Beispiel mag zur Erläuterung dienen.

> Der Junggeselle A verpflichtet sich in einem maschinengeschriebenen Vertrag, seiner Haushälterin B Wertpapiere im Werte von 15 000 DM zu übereignen, falls sie ihn überlebt. Als Gegenleistung dafür verspricht B in dem Vertrag, den A bis zu seinem Tode zu pflegen und zu unterhalten.

Dieses Abkommen könnte gemäß § 2301 nichtig sein, da es weder zu Lebzeiten des A durch Übereignung der Wertpapiere vollzogen wurde (§ 2301 II) noch den Erfordernissen eines Erbvertrages oder Testaments entspricht (§ 2301 I). Eine *direkte* Anwendung des § 2301 scheidet jedoch schon deshalb aus, weil es sich hier nicht um eine Schenkung, sondern um ein entgeltliches Verpflichtungsgeschäft handelt.

Rechtsprechung[165] und Schrifttum[166] stehen übereinstimmend — allerdings ohne jede Begründung — auf dem Standpunkt, der Rechtsgedanke des § 2301 gelte nicht für entgeltliche Geschäfte.

---

160 III 1, 659.

161 *Staudinger-Boehmer*, Einleitung § 26, Randnr. 1.

162 AcP 153, 444.

163 NJW 1949, 822.

164 Dagegen zutreffend BGHZ 8, 23 (32 f.); *Pikalo*, NJW 1950, 424; *Hieber*, DNotZ 1952, 432.

165 RG SeuffArch 79 Nr. 13; RGZ 80, 175 (177); 106, 1 (2); RG WarnRspr 1925, 126; HRR 1930 Nr. 464; BGHZ 8, 23 (31); KG in KGJ 41, 162; OLG Karlsruhe OLG 39, 238; OLG Düsseldorf NJW 1954, 1041 f.

166 *Planck-Flad*, Vorbemerkung 1 vor den §§ 1937—1941; RGRK-*Johannsen*,

In seinem Urteil vom 3. 11. 1921, wo es um die entgeltliche Übertragung von Grundstücken auf den Todesfall ging, hat das Reichsgericht[167] ausgeführt, die Bedingung, daß der Bedachte den Zuwendenden überleben müßte, spreche zwar insofern für eine Verfügung von Todes wegen, in der Regel um die Anordnung eines Vermächtnisses, als dessen Wirksamkeit kraft Gesetzes davon abhängt, daß der Bedachte zur Zeit des Erbfalls noch lebt. Daraus folge aber nicht, daß überall dort, wo eine solche Bedingung gesetzt wird, eine Verfügung von Todes wegen vorliege. Denn eine Zuwendung für den Fall, daß der Empfänger den Geber überlebt, könne auch durch ein Rechtsgeschäft unter Lebenden erreicht werden. Unter Bezugnahme auf *Endemann*[168] bemerkt das Reichsgericht zutreffend, der wesentliche Unterschied zwischen einer Verfügung von Todes wegen und einem Rechtsgeschäft unter Lebenden sei darin zur finden, daß eine lebzeitige Zuwendung eine das gegenwärtige Vermögen belastende Verbindlichkeit oder eine unmittelbare dingliche Rechtsänderung im gegenwärtigen Vermögensbestande erzeuge, der Vertragsgegner also zu Lebzeiten des Erblassers ein Forderungsrecht auf Leistung oder ein dingliches Recht an dessen Vermögensbestandteilen erlange. Bei einer Verfügung von Todes wegen dagegen sei dies nicht der Fall, da der Erblasser weder durch ein Testament noch durch einen Erbvertrag (§ 2286) daran gehindert werde, sich zu Lebzeiten schuldrechtlich zu verpflichten oder dinglich über sein Vermögen zu verfügen.

Auch in seinem Urteil vom 6. 12. 1924 hat das Reichsgericht[169] dargelegt, daß die Überlebensbedingung bei einem Kaufvertrag nicht die Annahme rechtfertige, der Vertrag sei ein Erbvertrag. Denn man könne nicht sagen, daß die Überlebensklausel mit dem Wesen eines Kaufvertrages unverträglich sei. Anders als bei einer Schenkung von Todes wegen in § 2301 sei für einen entgeltlichen Vertrag nicht vorgeschrieben, daß auf ihn wegen der darin enthaltenen Überlebensbedingung die Vorschriften über Verfügungen von Todes wegen Anwendung zu finden hätten.

Der Bundesgerichtshof vertritt in seinem Beschluß vom 12. 11. 1952[170] mit Recht den Standpunkt, die Möglichkeit, ein bindendes schuldrechtliches Versprechen für den Fall des Todes abzugeben, erfahre nur in der Bestimmung des § 2301 I eine *besondere Begrenzung*. Diese Norm gelte daher nicht für entgeltliche Verträge. Außer bei Schenkungsversprechen sei es daher zulässig, daß jemand durch Rechtsgeschäfte unter Lebenden

---

A. 3 zu § 1937; *Palandt-Keidel*, A. 4 zu § 1937; *Staudinger-Lehmann*, Randnrn. 12—18 vor § 1937; *Brox*, Randnr. 880, S. 500.

[167] SeuffArch 77 Nr. 60.

[168] III 1, 204 f.

[169] SeuffArch 79 Nr. 13.

[170] BGHZ 8, 23 (31).

für den Fall des Todes Verfügungen treffe oder Verpflichtungen eingehe, deren Vollzug bis nach dem Tode des Verfügenden hinausgeschoben wird. Auch für sogenannte Übergabeverträge, in denen der Übergeber sein gesamtes gegenwärtiges Vermögen oder ein Landgut gegen Entgelt überträgt oder zu übertragen verspricht, um damit seine Vermögensverhältnisse für den Todesfall zu ordnen, gelte nichts Abweichendes. Solche Verträge brauchten keineswegs notwendigerweise vor dem Ableben des Übergebers durch entsprechende dingliche Verfügungen vollzogen zu werden[171].

Daß § 2301 nicht auf entgeltliche Geschäfte angewendet werden kann, läßt sich unschwer erkennen, da dort nur von Schenkungen die Rede ist. Damit entfällt jedoch nur eine *direkte* Anwendbarkeit dieser Norm auf entgeltliche Zuwendungen. Es kommt aber doch, was in der Rechtsprechung und — mit Ausnahme von *Brox*[172] — auch in der Literatur bisher nicht klar genug erkannt worden ist, überhaupt nur eine *analoge* Anwendung in Betracht[173]. *Brox* meint, sie scheide deshalb aus, weil „die rechtlichen Unterschiede zwischen entgeltlicher und unentgeltlicher Zuwendung so groß" seien. Dem ist im Ergebnis zuzustimmen. Der rechtspolitische Grund, auf dem § 2301 I beruht, besteht darin, daß Verfügungen von Todes wegen *in der Regel unentgeltlich*[174] und deshalb nur der Schenkung, nicht aber entgeltlichen Verträgen vergleichbar sind.

§ 2301 bildet daher eine *singuläre Rechtserscheinung*, ist also keineswegs „der" Schlüssel für unser heutiges deutsches bürgerliches Recht. Man darf aus dieser Vorschrift nicht den Schluß ziehen, das Kriterium des lebzeitigen Vollzuges bilde generell und stets den Maßstab zur Abgrenzung lebzeitiger und erbrechtlicher Zuwendungen. Da also vom Überleben des Empfängers abhängige Rechtsgeschäfte unter Lebenden mit Ausnahme der in § 2301 geregelten Schenkung ihre Struktur als solche unabhängig davon behalten, ob die Leistung vor oder nach dem Tode des Gebers erfolgt, ergibt sich daraus, daß an Hand des Vollzugszeitpunktes nicht generell zu erkennen ist, ob es sich im jeweiligen Fall um ein lebzeitiges oder um ein erbrechtliches Zuwendungsgeschäft handelt.

---

[171] BGHZ a.a.O. 32.

[172] Randnr. 880 a.E., S. 500.

[173] *Kipp-Coing*, § 81 IV, S. 356 f., erörtert nur die „erweiterte" Anwendung des § 2301 auf *unentgeltliche* Zuwendungen.

[174] *Hellwig*, 604 ff.; *Schiffner*, Erbvertrag, 15, 38, 96 ff.; *Crome* V, 134 f.; *Dernburg-Engelmann* V, 272 f.; *Oertmann*, AcP 138, 108 ff.; *Endemann* III 1, 633, 676 A. 8; *von Tuhr* II 2, 143; *P. Meyer*, Erbrecht, 428 f.; *Planck-Greiff*, Vorbemerkung 2 vor § 2274; *Staudinger-Dittmann*, Vorbemerkungen vor § 2274, Randnrn. 5 und 10; *Kipp-Coing*, § 36 A. 14, S. 176, § 31 I 1, S. 323, § 53, S. 249; *Lange*, Erbrecht, § 27 II 2 d, S. 261, § 37 VII, S. 417 ff.; *Boehmer*, Festschrift für H. Lehmann I, 466 ff.; BGHZ 36, 65 (70 f.).

V. Der auf jeweils verschiedenartige Rechtsfolgen gerichtete Parteiwille als Merkmal zur Unterscheidung von lebzeitigen und erbrechtlichen Zuwendungsgeschäften

Als entscheidendes Kriterium zur Abgrenzung lebzeitiger und erbrechtlicher Zuwendungsgeschäfte kommen schließlich ihre unterschiedlichen Rechtsfolgen in Betracht.

Die rechtliche Wirkung besteht bei Zuwendungsgeschäften unter Lebenden (Kauf, Schenkung, Darlehen u. a.) darin, daß zwischen den Parteien sofort mit Abschluß des Geschäfts Rechtsbeziehungen zustande kommen, die subjektive Rechte erzeugen (Forderungen, dingliche Rechte, Anwartschaftsrechte) und die *unter Lebenden* nicht mehr einseitig rückgängig gemacht werden können. Wer zum Beispiel ein Schenkungsversprechen (§ 518 I) annimmt, erwirbt sofort ein Forderungsrecht[175].

Eine solche Wirkung fehlt bei Rechtsgeschäften von Todes wegen. Zu Lebzeiten des Erblassers werden Rechte und Pflichten zwischen den Beteiligten nicht begründet. Sie entstehen vielmehr erst mit dem Erbfall[176].

Dies gilt einmal für Erbeinsetzungen und Vermächtnisse in der Form des *Testaments.* Der Erblasser kann die in einer letztwilligen Verfügung enthaltene erbrechtliche Regelung zu seinen Lebzeiten jederzeit aufheben, und zwar entweder durch bloßen Widerruf des bisherigen Testaments (§§ 2253—2257) oder durch ein späteres entgegenstehendes Testament (§ 2258). Außerdem ist er berechtigt, durch spätere Rechtsgeschäfte unter Lebenden, ohne sich etwaigen Schadensersatzansprüchen auszusetzen, über sein Vermögen zu verfügen oder sich zu solchen Verfügungen entgeltlich oder unentgeltlich zu verpflichten.

Auch bei Zuwendungsgeschäften von Todes wegen in den Formen des *wechselbezüglichen gemeinschaftlichen Testaments* (§ 2270) oder des *Erbvertrages* (§§ 2274 ff.) ist der Erblasser befugt, über sein Vermögen durch Rechtsgeschäfte unter Lebenden unbeschränkt zu verfügen (§ 2286)[177]. Es tritt lediglich eine *erbrechtliche Gebundenheit* ein[178]. Beim wechselbezüglichen gemeinschaftlichen Testament besteht sie darin, daß ein Ehegatte zu Lebzeiten des anderen seine Verfügung nicht einseitig

---

[175] *Endemann* III 1, 628 f.

[176] BGHZ 8, 23 (30); *Lange,* NJW 1963, 1572 f.

[177] § 2286 ist auf wechselbezügliche Verfügungen in einem gemeinschaftlichen Testament entsprechend anwendbar; OGH 2, 160 = NJW 1949, 581; BGH DNotZ 1951, 344; *Kipp-Coing,* § 35 III 4 e, S. 173; *Ehard-Eder* in Soergel-Siebert, Randnr. 11 zu § 2271; *Palandt-Keidel,* A. 1 zu § 2286; *Staudinger-Dittmann,* Vorbemerkungen vor § 2265, Randnrn. 19 und 26. Vgl. ferner BGHZ 26, 274; 37, 319; *Boehmer,* FamRZ 1961, 254; *Mattern,* Anmerkung zu BGH LM Nr. 13 zu § 2271.

[178] Vgl. *Lange,* Erbrecht, § 37 II 2, S. 403 f.; *Kipp-Coing,* § 38 I, S. 180 f.

durch eine neue *Verfügung von Todes wegen* aufheben kann (§ 2271 I S. 2). Auch beim Erbvertrag ist nur eine spätere Verfügung *von Todes wegen* unwirksam, soweit sie das „Recht" des vertragsmäßig Bedachten beeinträchtigen würde (§ 2289 I S. 2).

Zuwendungen im Wege des *Erbvertrages* schaffen keine den lebzeitigen Rechtsgeschäften vergleichbare Wirkung. Wenn es in § 2278 II heißt, Erbeinsetzungen, Vermächtnisse und Auflagen könnten „vertragsmäßig" getroffen werden[179], so bedeutet das nicht, daß der Vertragspartner oder ein begünstigter Dritter vor späteren Rechtsgeschäften des Erblassers unter Lebenden geschützt ist[180]. Durch den Erbvertrag entstehen an den Vermögensbestandteilen des Verfügenden im allgemeinen sowie an dem Gegenstand der zugedachten Leistung im besonderen weder gegenwärtige, noch bedingte oder künftige Voll- oder Anwartschaftsrechte des Vertragspartners oder des bedachten Dritten[181]. Der Erblasser ist trotz des Erbvertrages nach wie vor berechtigt, über seine gesamten Vermögensgegenstände, auch soweit er über sie erbvertraglich disponiert hat, durch Rechtsgeschäfte unter Lebenden zu verfügen (§ 2286)[182].

Auch wenn der Erblasser etwas an einen Dritten in der Absicht verschenkt hat, den Vertragserben zu beeinträchtigen, so kann dieser *frühestens mit dem Anfall der Erbschaft* vom Beschenkten die Herausgabe des Geschenks nach den Vorschriften über die Herausgabe einer ungerechtfertigten Bereicherung verlangen (§ 2287). Dem Vermächtnisnehmer stehen ebenfalls erst *nach Eintritt des Erbfalles* gegen den Erben oder gegebenenfalls gegen den Beschenkten Ansprüche zu, wenn der Erblasser mit dem Vermächtnisgegenstand absichtlich zum Nachteil des Bedachten verfahren ist (§ 2288). Der im Erbvertrag Bedachte muß auch bei Schenkungen in Benachteiligungsabsicht warten, bis der Erblasser gestorben ist[183]. In keinem Fall hat der benachteiligte Vertragserbe oder Vermächtnisnehmer schon zu Lebzeiten des Erblassers einen Anspruch gegen diesen auf Unterlassung des schädigenden Geschäfts[184]. Denn die

[179] Nur sie sind „vertragsmäßig" zulässig (§ 2278 II). Andere Anordnungen wie Testamentsvollstreckung, Erbauseinandersetzung, Enterbung oder dergleichen können jederzeit einseitig und grundlos widerrufen werden (§ 2299). *Bartholomeyczik*, Erbrecht, § 25 V 1, S. 127; *Kipp-Coing*, § 42 V, S. 196; *Lange*, Erbrecht, § 37 VI 1, S. 415.

[180] *Bartholomeyczik*, Erbrecht, § 25 V 2, S. 127; *Lange*, NJW 1963 1572 f.

[181] BGHZ 8, 23 (30); 12, 115 (118); *Planck-Greiff*, A. 2 zu § 2286; RGRK-*Kregel*, A. 1 zu § 2286; *Bartholomeyczik*, Erbrecht, § 25 V 2, S. 128; *Kipp-Coing*, § 38 I 2, S. 180 f., § 38 IV 1, S. 184; *Lange*, Erbrecht, § 37 II 2, S. 405; NJW 1963, 1573 mit weiteren Nachweisen in A. 28, 29.

[182] Vgl. auch BGHZ 8, 23 (30); 26, 274; 31, 13 (15); *Boehmer*, FamRZ 1961, 254; *Mattern*, Anmerkung zu BGH LM Nr. 13 zu § 2271 = BGHZ 37, 319; *Lange*, NJW 1963, 1572 f.

[183] *Lange*, Erbrecht, § 37 II 2, S. 405; NJW 1963, 1573, 1577.

[184] *Kipp-Coing*, § 38 IV 2 a, S. 186 mit A. 21 (dort weitere Nachweise).

§§ 2287, 2288 setzen gerade voraus, daß die Zuwendung mit Rechtsgrund und wirksam zustande gekommen ist[185]. Dem Erblasser wird es also nicht verwehrt, trotz bestehenden Erbvertrages lebzeitige Rechtsgeschäfte vorzunehmen.

Durch den Erbvertrag entsteht, wie gesagt, weder eine schuldrechtliche Leistungspflicht des Erblassers noch eine dingliche Rechtsänderung an seinen Vermögensbestandteilen[186]. Als Verfügung von Todes wegen ist er mithin ein rein erbrechtliches Rechtsgeschäft. Er wirkt erst mit dem Erbfall und ergreift nur den dann vorhandenen Nachlaß[187]. Eine *schuldrechtliche Bindung* dahin, in bestimmter Weise von Todes wegen zu verfügen oder nicht zu verfügen, eine solche Verfügung aufzuheben oder nicht aufzuheben, ist nichtig (§ 2302).

Das entscheidende Merkmal des Erbvertrages ist also seine ausschließlich *erbrechtliche Bindung*[188]. Sie besteht darin, daß sich der Erblasser im Gegensatz zum Testament von ihm nicht einseitig lossagen kann. Sie verschafft dem Bedachten zwar eine *rechtlich gesicherte Anwartschaft, Erbe* des Vertragsgegners *zu werden* und damit seinen Nachlaß zu erwerben[189]. Der Erbvertrag begründet jedoch zu Lebzeiten des Erblassers weder eine rechtlich gesicherte noch eine bloß tatsächliche Anwartschaft des Bedachten darauf, mit dem Erbfall bestimmte *Gegenstände* zu erhalten[190]. Denn er erzeugt weder für den Erblasser noch für den anderen Teil eine Verbindlichkeit für das gegenwärtige Vermögen[191]. Vor dem Erbfall steht dem Bedachten auch kein gegenwärtiges (bedingtes oder betagtes) oder künftiges Recht auf den Erwerb von Vermögensgegenständen des Erblassers zu[192]. Aufgrund eines Erbvertrages kann deshalb nicht die Eintragung einer Vormerkung (§ 883) erwirkt werden, wenn dem Erblasser im Zeitpunkt der Vertragserrichtung ein Grundstück gehört, das er dem Bedachten vermacht hat[193]. Der Bedachte muß sich damit abfinden, das zu erwerben, was beim Erbfall vom Vermögen des Erblassers als Nachlaß vorhanden ist.

---

[185] *Bartholomeyczik*, Erbrecht, § 25 V 2 d, S. 129.

[186] *Endemann* III 1, 627; *P. Meyer*, Erbrecht, 426; RGRK-*Kregel*, A. 5 vor § 2274; RG SeuffArch 77 Nr. 60; BGHZ 8, 23 (30).

[187] *Endemann* a.a.O.

[188] *P. Meyer*, Erbrecht, 427 mit A. 11; RGRK-*Kregel*, A. 4 und 5 vor § 2274.

[189] *Lange*, NJW 1963, 1573: „rechtlich begründete Aussicht".

[190] Vgl. *Endemann* III 1, 643; Grundriß, 68.

[191] RGRK-*Kregel*, A. 5 vor § 2274; RG SeuffArch 77 Nr. 60; BGHZ 8, 23 (30).

[192] *Bartholomeyczik*, Erbrecht, § 25 II 2, S. 125, § 25 V 2 c, S. 129; BGHZ 12, 115 (118); BayObLG MDR 1953, 424.

[193] *Endemann* III 1, 643; *Bartholomeyczik*, Erbrecht, § 25 V 2 c, S. 129; BGHZ 12, 115 (122); OLG Hamm DNotZ 1956, 151; unrichtig daher OLG Celle NJW 1953, 27; *Holthöfer*, JR 1955, 11. Vgl. im übrigen *Dernbach*, Die dingliche Sicherung erbrechtlicher Ansprüche, Diss. Frankfurt am Main 1954; *F. Schönfeld*, Die Vormerkbarkeit erbrechtlicher Ansprüche, Diss. Tübingen 1956.

Nach § 2286 wird durch den Erbvertrag das Recht des Erblassers, über sein Vermögen durch Rechtsgeschäfte unter Lebenden zu verfügen, nicht beschränkt. Diese „Freiheit bis zum letzten Atemzug" bildet das Grundprinzip des Erbrechts[194]. Daraus folgt, daß der Erblasser zu seinen Lebzeiten unumschränkter Herr seines Vermögens bleibt[195]. Auch in der tatsächlichen Verfügung über sein Vermögen wird der Erblasser durch den Erbvertrag nicht gehindert[196]. Der Erblasser ist berechtigt, zu seinen Lebzeiten schuldrechtliche oder sachenrechtliche Geschäfte über sein Vermögen wirksam vorzunehmen, selbst wenn sie den wirtschaftlichen Zweck der Erbeinsetzung ganz oder teilweise vereiteln[197]. Der Erblasser vermag zum Beispiel rechtswirksam sein gesamtes Vermögen gegen eine Leibrente zu veräußern, die er ständig verbraucht und die mit seinem Tode erlischt (vgl. § 759 I), so daß der Vertragserbe beim Erbfall im Nachlaß nichts mehr vorfindet[198]. Durch den Erbvertrag wird der Erblasser auch weder verpflichtet, im Interesse des Bedachten sein Vermögen ordnungsgemäß zu verwalten, noch, die dem Bedachten durch ein Vermächtnis zugewendeten Gegenstände zu erhalten[199].

Der Erbvertrag wirkt frühestens mit dem Tode des Erblassers und nur dann, wenn der Bedachte ihn überlebt. Daneben ist es unzulässig, daß sich der Erblasser zu Lebzeiten *schuldrechtlich* verpflichtet, in irgendeiner Weise von Todes wegen zu verfügen oder nicht zu verfügen (§ 2302). Auch vermögen die Parteien eines Erbvertrages nicht zu vereinbaren, daß der Erblasser zu Lebzeiten über seine Vermögensgegenstände nicht *soll* verfügen *können*. Denn nach § 137 S. 1 kann die Befugnis, über ein veräußerliches Recht zu *verfügen*, nicht rechtsgeschäftlich ausgeschlossen oder beschränkt werden.

Nach § 137 S. 2 besteht zwar die Möglichkeit, daß sich der Erblasser rechtsgeschäftlich *verpflichtet*, etwa über ein erbvertraglich vermachtes Grundstück *nicht* durch Rechtsgeschäft *zu verfügen*[200]. Verstößt der Erb-

---

194 *Lange*, Erbrecht, § 37 II 2, S. 405.

195 Protokolle V, 390; *Kretzschmar*, Erbrecht, § 51 II 2 a, S. 342 f.; *Crome* V, 161; *Dernburg-Engelmann* V, 281; *Planck-Greiff*, A. 1 zu § 2287; *Endemann* III 1, 627, 643; *Bartholomeyczik*, Erbrecht, § 59 VII 1, S. 395, mit weiteren Nachweisen; *Lange*, Erbrecht, § 37 II 2, S. 403 f.; BGHZ 31, 13 (16).

196 *Schiffner* a.a.O. 123; *Dernburg-Engelmann* a.a.O.; *Planck-Greiff*, A. 2 zu § 2286; *Staudinger-Dittmann*, Randnr. 11 zu § 2286.

197 *Siber*, Erbrecht, 42; RGRK-*Kregel*, Vorbem. 5 vor § 2274.

198 *Dernburg-Engelmann* a.a.O.; *Kretzschmar*, § 51 II 2 b, S. 343; *Cosack*, Lehrbuch II 2, 333 (Beispiel II 4).

199 *Dernburg-Engelmann* a.a.O.; *Kipp-Coing*, § 38 I, S. 180 f.; *Erman-Hense*, A. 1 zu § 2286; BGHZ 8, 23 (30); 12, 115 (118); 31, 13 (15 f.).

200 Motive V, 327; *Planck-Greiff*, A. 2 zu § 2286; BGHZ 12, 115 (122); 31, 13 (18 f.); *Bartholomeyczik*, Erbrecht, § 25 V 2 f, S. 129; *Staudinger-Dittmann*, Randnr. 5 zu § 2286. Vgl. auch *Lange*, NJW 1963, 1576 mit weiteren Nachweisen in A. 80—84.

lasser gegen diese Verpflichtung, so kann der Bedachte schon zu Lebzeiten des Erblassers unter den Voraussetzungen des allgemeinen Schuldrechts einen Schadensersatzanspruch gegen den Erblasser geltend machen[201]. Die Vorschrift des § 137 S. 2 besagt indessen nicht, daß es auch zu Lebzeiten bindende Verfügungen von Todes wegen gibt. Dieser Möglichkeit steht § 2302 entgegen. Außerdem vermag § 137 S. 2 keinen Anspruch auf eine Leistung oder ein Recht am Leistungsgegenstand zu begründen, weder unter Lebenden noch von Todes wegen.

Wenn in einem Erbvertrag zwischen A und B dem B ein Gemälde des A vermacht wird und A nach § 137 S. 2 die Verpflichtung übernimmt, über das Gemälde nicht zu verfügen, so erlangt B zu A's Lebzeiten keinerlei gegenwärtige, künftige oder bedingte Ansprüche auf Übereignung des Bildes. § 137 S. 2 ist nicht geeignet, dem Berechtigten einen Gegenstand *zuzuwenden* oder eine Verpflichtung dazu zu begründen.

Die von den Parteien erstrebten *Rechtsfolgen* eines Rechtsgeschäfts bieten nach alledem ein brauchbares Mittel, um die Zuwendungen unter Lebenden und diejenigen mortis causa voneinander abzugrenzen. Es muß allerdings im Einzelfall stets geprüft werden, ob *nach dem Willen der Beteiligten* eine Zuwendung bereits zu Lebzeiten des Verfügenden für diesen bindend sein soll und für den Erwerber schon unter Lebenden Rechte, wenn auch befristete oder bedingte, begründet werden, oder ob beabsichtigt ist, die rechtliche Wirkung des Rechtsgeschäfts erst mit dem Tode des Zuwendenden eintreten zu lassen[202]. Im ersten Falle würde es sich um ein lebzeitiges Zuwendungsgeschäft, im zweiten um eine Verfügung von Todes wegen handeln.

Mit Recht bemerkt deshalb der Bundesgerichtshof[203]: Ob ein Rechtsgeschäft unter Lebenden oder eine Verfügung von Todes wegen vorliegt, hängt davon ab, ob die Beteiligten schon zu Lebzeiten Rechte und Pflichten begründen *wollten*, auch wenn sie erst beim Tode eines von ihnen (Erblasser) voll wirksam werden sollten, oder ob eine Bindung des Erblassers zu seinen Lebzeiten nicht *gewollt* war[204].

Ob die von den Parteien beabsichtigten verschiedenartigen Rechtsfolgen allerdings stets eine zuverlässige Abgrenzung zwischen lebzeitigen und erbrechtlichen Geschäften ermöglichen, soll an der Hand des § 2301 I S. 1, dem Schenkungsversprechen von Todes wegen, geprüft werden.

---

[201] BGHZ 31, 19; *Bartholomeyczik* a.a.O.; allerdings kann diese Pflicht nicht durch Eintragung einer Vormerkung gesichert werden, weil sich der Anspruch nicht auf die Einräumung eines Rechts an einem Grundstück (§ 883 I S. 1) richtet; BGHZ 12, 115 (122).

[202] Vgl. RG HRR 1930 Nr. 1464; SeuffArch 77, 101 Nr. 60; BGH LM Nr. 4 zu § 2084.

[203] BGHZ 31, 13 (20).

[204] RG HRR a.a.O.

Zweiter Teil

Das Schenkungsversprechen von Todes wegen (§ 2301 I S. 1)

A. Die Problematik

Zur Einführung in die mit dem Schenkungsversprechen von Todes wegen (§ 2301 I S. 1) verbundenen Rechtsfragen soll von folgendem Fall ausgegangen werden[1]:

Der Erblasser E verspricht in einer notariellen Urkunde vom 5. 4. 1960, seinem Sohn Max zu schenken

a) sein Haus,

b) eine Anzahl bestimmter Wertpapiere,

c) ein Gemälde.

Max nimmt das Versprechen formlos an.

Zu a): Das Haus soll Max *binnen eines Jahres nach Abschluß des Schenkungsvertrages* übereignet werden.

Zu b): Die Wertpapiere sollen Max erst *nach dem Tode des E* übereignet werden.

Zu c): Das Eigentum an dem Gemälde soll Max *unter der Bedingung* erhalten, *daß er den Schenker E überlebt.*

Was die Schenkung des Hauses anlangt, so liegt der Tatbestand des § 2301 nicht vor. Es handelt sich vielmehr um eine zur Übereignung binnen Jahresfrist verpflichtende formgültige Versprechensschenkung unter Lebenden (§ 518). Stirbt E vor Ablauf eines Jahres, so haben seine Erben das Versprechen zu erfüllen. Stirbt Max während dieser Zeit, so sind seine Erben forderungsberechtigt.

Hinsichtlich der Wertpapiere sind die Voraussetzungen des § 2301 ebensowenig gegeben. Denn es fehlt an der Bedingung, daß Max seinen Vater überlebt. Die Forderung auf Übereignung ist auch hier sofort mit der Annahme des Schenkungsversprechens, also unter Lebenden, entstanden; nur die Erfüllung dieser Forderung bleibt bis zum Tode des E hinausgeschoben. Stirbt Max vor E, so geht der Anspruch gegen E auf seine Erben über.

---

[1] Dem von *Cosack*, Lehrbuch II 2, 340, gegebenen Beispiel nachgebildet.

In bezug auf das Gemälde haben die Parteien einen Vertrag unter Lebenden abzuschließen beabsichtigt, der die Wirkungen haben soll, wie sie einer verpflichtenden Versprechensschenkung unter Lebenden (§ 518) zukommen. Die Entstehung des Übereignungsanspruchs soll nur von dem Eintritt einer Bedingung, dem Überleben des Sohnes Max, „abhängen", wie § 160 I es formuliert. Denkt man sich zunächst die Regelung in § 2301 I S. 1 hinweg, so ergäbe sich folgende Rechtslage: Stirbt Max früher als sein Vater E, so erlischt die bedingte Forderung, geht also nicht auf seine Erben über. Überlebt Max dagegen seinen Vater, so kann er von dessen Erben die Übereignung des Gemäldes verlangen.

Nun bestimmt jedoch § 2301 I S. 1:

> „Auf ein Schenkungsversprechen, welches unter der Bedingung erteilt wird, daß der Beschenkte den Schenker überlebt, finden die Vorschriften über Verfügungen von Todes wegen Anwendung."

Man sieht nicht recht ein, warum das Gesetz einen so harmlosen Fall den Vorschriften des Erbrechts unterstellt, zumal es unter derselben Überlebensklausel vorgenommene Vollzugsgeschäfte von der Beobachtung erbrechtlicher Regeln freistellt (§ 2301 II). Es liegt kein einleuchtender Grund vor, weshalb nicht ebenso schon unter Lebenden eine durch einen Schadensersatzanspruch rechtlich geschützte, schuldrechtliche Anwartschaft (§ 160 I) entstehen soll. Rechtspolitische Gründe dafür lassen die Motive jedenfalls nicht erkennen. Zur Begründung des § 2301 stellte die I. Kommission allein begriffliche Erwägungen an. Sie war der Meinung[2], die Formen der testamentarischen und der vertragsweisen Zuwendung von Todes wegen sowie die Vorschriften über Schenkungen genügten, um der Betätigung jeder Willensmeinung der Beteiligten Raum zu lassen. Andererseits, so meinte sie, sei das Bedürfnis nicht zu leugnen, die sich an dieses Institut anschließenden, bis heute ungelösten Streitfragen durch Nichtaufnahme desselben zu beseitigen. Demgemäß begnügte sie sich damit zu bestimmen, daß auf die erwähnte Schenkung, je nachdem, ob nur ein Versprechen erteilt oder die Schenkung vollzogen ist, die Vorschriften über den Vermächtnisvertrag oder die Vorschriften über Schenkungen unter Lebenden Anwendung finden.

Die Kommission fuhr fort[3], bei der Bedingung, daß der Schenker vor dem Beschenkten sterbe, handele es sich zwar in Wirklichkeit um eine Bedingung. Diese verliere jedoch ihre Bedeutung als solche, soweit die „Umdeutung" in eine Verfügung von Todes wegen erfolge. Es komme nur darauf an, daß der Schenker vor dem Beschenkten sterbe; denn nur in diesem Falle lasse sich, streng genommen, eine Schenkung als Verfügung von Todes wegen behandeln.

---

[2] Motive V, 350 f. — Für das Schweizerische Recht siehe *von Fischer*, 9.

[3] Motive V, 351.

Daß es indessen nicht die Überlebensklausel ist, die ein Zuwendungsgeschäft zu einer Verfügung von Todes wegen stempelt, wurde bereits oben dargelegt[4]. Erachtet man dagegen den von den Parteien gewollten Eintritt oder Nichteintritt lebzeitiger Rechtswirkungen als das maßgebende Kriterium, so müßte es sich bei dem Tatbestand des § 2301 I S. 1 um eine Zuwendung von Todes wegen handeln; denn wenn auf ein solches Versprechen „die Vorschriften über die Verfügungen von Todes wegen Anwendung finden", dann untersteht es auch den Regeln über den Eintritt ausschließlich erbrechtlicher Wirkungen. Hiergegen spricht allerdings, daß in § 2301 I S. 1 von einem „Schenkungsversprechen" die Rede ist, also ein Begriff aus dem Recht unter Lebenden (§ 518 I) verwendet wird. Die systematische Stellung dieses Paragraphen im Recht des Erbvertrages besagt allein nichts über die juristische Struktur eines Schenkungsversprechens unter der Überlebensbedingung. Denn die vollzogene Schenkung unter derselben Klausel wird ebenfalls im Abschnitt über den Erbvertrag geregelt, obwohl es sich dabei, wie oben dargetan[5], begrifflich um eine Zuwendung unter Lebenden handelt.

Das entscheidende Problem, wie sich die „Umdeutung" einer Schenkung unter der genannten Bedingung in eine Verfügung von Todes wegen auf die rechtliche Struktur dieses Rechtsgeschäfts auswirkt und welchen Einfluß es auf ein gewöhnlich lebzeitiges Rechtsinstitut hat, wenn es unter einer bestimmten Bedingung „als Verfügung von Todes wegen behandelt" wird, läßt es notwendig erscheinen, auf die geschichtliche Entwicklung der Schenkung von Todes wegen einzugehen. Dies empfiehlt sich nicht nur deshalb, weil die I. Kommission dieses Institut einerseits gar nicht aufnehmen wollte, um damit die „bis heute ungelösten Streitfragen zu beseitigen", es andererseits trotzdem in § 2301 kodifiziert hat, sondern auch deshalb, weil die Kommission selbst in diesem Zusammenhang auf verschiedene Gesetze und Gesetzentwürfe vor 1900 Bezug genommen hat[6].

B. Die Schenkung von Todes wegen in ihrer geschichtlichen Entwicklung

I. Die donatio mortis causa im klassischen römischen Recht und zur Zeit Justinians

Die donatio inter vivos bildete im römischen Recht keinen besonderen Vertragstyp, stellte keinen selbständigen Obligierungsgrund dar. Sie

---

[4] Siehe dazu oben Seite 25 ff.

[5] Siehe Seiten 33 ff., 40, 43.

[6] Vgl. Motive V, 350.

war nur ein kausaler Erwerbstitel, der einen Zuwendungsakt rechtfertigte (iusta causa traditionis) und ihm rechtlichen Bestand verlieh (causa retinendi)[7]. Der Zuwendungsakt bestand entweder in einem sachenrechtlichen Geschäft (Realschenkung), einer datio (mancipatio, in iure cessio, traditio), oder geschah durch Begründung einer obligatorischen Verbindlichkeit (Versprechensschenkung), insbesondere im Wege der stipulatio[8].

Diese Grundsätze galten auch für die mortis causa donatio[9]; denn auch sie war und blieb ihrer rechtlichen Struktur nach ein Geschäft unter Lebenden[10], wenn sie auch im Laufe der Zeit in ihren Rechtsfolgen mehr und mehr den Legaten angeglichen wurde[11].

Von der gewöhnlichen donatio inter vivos unterschied sich die donatio mortis causa praktisch nur durch ihre besondere Zwecksetzung, nämlich die Absicht des Schenkers, das rechtliche Schicksal des geschenkten Gegenstandes endgültig erst für die Zeit nach seinem Tode zu bestimmen[12]. Verfehlt ist darum die Annahme, die donatio mortis causa sei eine Schenkung „besonderer Art" gewesen[13]. Sie blieb trotz ihrer in Bedingungsform gekleideten Zweckbestimmung[14] eine Schenkung unter Lebenden[15]. Deshalb kann man auch die donatio mortis causa nicht als Verfügung von Todes wegen charakterisieren[16]. Zwar diente sie von

---

[7] *Kaser*, Römisches Privatrecht I, 502; *Simonius*, Die Donatio Mortis Causa im klassischen römischen Recht, 1958, 198 ff.

[8] *Kaser* a.a.O. 502 f.

[9] *Simonius*, 203 f.; *Kaser*, Römisches Privatrecht II, 397; Tijdschr. 27, 1959, 219; *Voci*, Diritto ereditario romano II², 440. Zu den einzelnen Übertragungsformen bei der Realschenkung mortis causa siehe *Voci*, 444 ff. — Einen kurzen Überblick über die mit der donatio mortis causa verbundenen Fragen gibt *Amelotti*, NNDI VI, 1960, 222 ff., Artikel Donatio mortis causa; Enciclopedia del diritto XIII, 1964, 1000 ff., Artikel Donazione mortis causa.

[10] *Karlowa*, Römische Rechtsgeschichte II 1, 946, 947; *E. F. Bruck*, ZSSt. 33, 1912, 571; *Biondi*, Scritti III, 739; *Haymann*, ZSSt. 38, 1917, 224; *Amelotti*, La ‚donatio mortis causa' in diritto romano, 1953, 35 ff. in kritischer Auseinandersetzung mit *Vismara*, Storia dei patti successori I, 111 ff.

[11] Zur Angleichung von donatio mortis causa und Legat *F. Schulz*, Classical Roman Law, 332. Dazu unten Seite 63 ff.

[12] *A. Cohen*, 8; *Brode*, 16; *Kaden*, ZSSt. 76, 1959, 622.

[13] So indessen *Kipp*, Erbrecht, § 41 I, S. 142; *Voci*, 441 ff.; *Kaden* a.a.O.

[14] *Vismara*, 111 A. 3, *Amelotti* a.a.O. 8 und *Voci*, 437 A. 3, halten diese Zwecksetzung (mortis causa) für eine condicio iuris; dagegen mit Recht *di Paola*, Studi de Francisci IV, 1956, 161 ff. Vgl. ferner *Robbe*, Diritto ereditario romano I, 37, 156 f.

[15] Inst. 2, 7, 1: Donationum autem duo genera sunt: mortis causa et non mortis causa. *Jörs-Kunkel*, Römisches Privatrecht, 360, 361.

[16] Wie *Simonius*, 8 und passim, es tut, übrigens im Widerspruch zu seiner sonst (6 und passim) vertretenen Ansicht, sie sei ein Rechtsgeschäft unter Lebenden gewesen. Ganz verfehlt ist es, sie als „Rechtsgeschäft unter Lebenden und Verfügung von Todes wegen" zu bezeichnen (so allerdings *Weiß*, Institutionen des römischen Privatrechts, 592; *Simonius*, 8). Gegen *Simonius di Paola*, Labeo 7, 1961, 94 ff. (95). Zutreffend insoweit *Kaden* a.a.O. Vgl. ferner *Arias Bonet*, IVRA 10, 1959, 250.

Anfang an dem Zweck, den später die negotia mortis causa, insbesondere die Legate, verfolgten[17]. Die rechtliche Struktur der donatio mortis causa als eines lebzeitigen Geschäfts ergibt sich mit aller Klarheit aus Marcellus D. 39, 6, 38 (lib. 1 ad leg. Iul. et Pap.):

> Inter mortis causa donationem et omnia quae mortis causa quis ceperit, est earum rerum differentia: Nam mortis causa donatur quod praesens praesenti dat, mortis causa capi intellegitur et quod non cadit in speciem donationis[18].

Da die Schenkung keine persönliche Anwesenheit beider Parteien verlangte, kann den Worten „praesens praesenti dat" nur die Bedeutung „unter Lebenden" zugekommen sein[19]. Selbst Justinian stellte später die donatio mortis causa den Legaten keineswegs strukturell gleich[20], sondern verordnete lediglich (Inst. 2, 7, 1):

> A nobis constitutum est, ut *per omnia fere* legatis connumerentur.

Und Theophilos erläutert dies (Paraphrasis 2, 7, 1):

> τὸ δὲ "σχεδὸν" εἶπον, ἐπειδὴ ἀπὸ ζῶντος εἰς ζῶντα γίνεται.

Da außerdem die Römer einen Erbvertrag nicht kannten, unterschied sich die donatio mortis causa auch durch ihren Vertragscharakter von den stets einseitigen testamentarischen Verfügungen von Todes wegen[21].

In den Quellen werden zwei Arten der donatio mortis causa erwähnt[22], nämlich eine solche in drohender Lebensgefahr und eine andere, die lediglich im Hinblick auf die Sterblichkeit des Menschen überhaupt erfolgte.

Ulp. D. 39, 6, 2 (lib. 32 ad Sab.):

> Iulianus libro septimo decimo digestorum tres esse species mortis causa donationum ait, unam, cum quis nullo praesentis periculi metu conterritus, sed sola cogitatione mortalitatis donat. aliam esse speciem mortis causa donationum ait, cum quis imminente periculo

---

[17] *R. Leonhard*, RE. V 2, 1905, 1539; *Biondi*, Scritti III, 739; *Kaden*, ZSSt. 76, 622.

[18] Dazu ausführlich *Robbe*, 37 ff. mit A. 86.

[19] *Simonius*, 7.

[20] Unrichtig *Weiß* a.a.O. *Brode* spricht einmal (a.a.O. 18 Doppelsternanmerkung) von der donatio mortis causa als „Geschäft von Todes wegen", an anderer Stelle (a.a.O. 25) von einer „immerhin doch modifizierten Schenkung".

[21] Nach *P. Meyer*, Erbrecht, 469 A. 2, diente die donatio mortis causa den Römern als Surrogat des fehlenden Vermächtnisvertrages; vgl. auch *R. Leonhard*, RE. V 2, 1539; *Kreller*, Römisches Recht II, 237.

[22] Zu den beiden Arten der donatio mortis causa siehe *Amelotti* a.a.O. 13 ff., 81 ff., der beide Arten für klassisch hält; dagegen *di Paola* a.a.O.; *Robbe*, 42 f. A. 92; vgl. ferner *Voci*, 437 ff.

commotus ita donat, ut statim fiat accipientis. tertium genus esse donationis ait, si quis periculo motu non sic det, ut statim faciat accipientis, sed tunc demum, cum mors fuerit insecuta.

Gai. D. 39, 6, 31, 2 (lib. 8 ad ed. prov.):

Rursus id, quod mortis causa donatur, aut in periculum mortis datur aut cogitationem mortalitatis, quod nos quandoque morituros intellegimus.

Paul. D. 39, 6, 35, 4 (lib. 6 ad leg. Iul. et Pap.):

Mortis causa donatio fit multis modis: alias extra suspicionem ullius periculi a sano et in bona valetudine posito et cui ex humana sorte mortis cogitatio est. alias ex metu mortis aut ex praesenti periculo aut ex futuro, ei quidem terra marique, tam in pace quam in bello et tam domi quam militiae multis generibus mortis periculum metui potest.

Die mortis causa donatio trat zuerst[23] und auch später am häufigsten in der Form auf, daß jemand, der sich *in unmittelbarer Todesgefahr* befand (periculo imminente commotus), einem anderen eine Sache mit der Maßgabe schenkte, daß die Schenkung hinfällig sein sollte, wenn er die Gefahr überstanden hatte[24].

In diesem Falle übertrug der Schenker in aller Regel *sofort das Vollrecht* (Eigentum) auf den Beschenkten, konnte das Geschenk aber von dem Beschenkten oder dessen Erben kondizieren, wenn er der Todesgefahr entronnen oder der Beschenkte vor ihm gestorben war[25].

---

[23] Die donatio mortis causa ist ein altes Rechtsinstitut (dazu *Karlowa* a.a.O. 944 f.; *M. R. Schulze,* 1 ff.) und wird ursprünglich als Realgeschäft durch mancipatio durchgeführt worden sein. Über die Frage, seit wann die mancipatio zum Zweck des mortis causa donare verwendet worden ist und in welchem entwicklungsgeschichtlichen Verhältnis die Legate zu den lebzeitigen Rechtsgeschäften mortis causa stehen, herrschen im wesentlichen bloße Vermutungen. Vgl. *E. F. Bruck,* GrünhutsZ 40, 550 f.; *Senn,* Etudes sur le droit des obligations I, 1914, 25 ff.; *Coli,* Lo sviluppo delle varie forme di legato nel diritto romano, 1920, 67 ff. *Koschaker,* ZSSt. 63, 1943, 454 A. 20, ist ohne weitere Begründung der Ansicht, die donatio mortis causa sei „wahrscheinlich" älter als das Vindikationslegat. Ebenso äußert sich *Kaser,* Das altrömische Ius, 1949, 150 („aus den Quellen zwar nicht mehr zu beweisen, aber von vornherein wahrscheinlich"); er meint, für die Schenkung von Todes wegen als Vorstufe spreche „vielleicht" noch die dingliche Wirkung des Vindikationslegats. Siehe ferner *Hasse,* Rheinisches Museum II, 1828, 317 f.; A. *Cohen,* 9; *Kretzschmar,* Erbrecht, § 14 VII, S. 68 A. 16. — Zur Schenkung von Todes wegen im griechischen Recht *E. F. Bruck,* Die Schenkung auf den Todesfall im griechischen Recht bis zum Beginn der hellenistischen Epoche, 1909, 108 ff.; Zur Geschichte der Verfügungen von Todes wegen im altgriechischen Recht, 1909, 38 f. — Zum altjüdischen Recht *Yaron,* Gifts in contemplation of death in jewish and roman law, 1960. — Zur donatio mortis causa nach den akkadischen Rechtsurkunden aus Susa *Klima,* Festschrift für J. Friedrich, 229 ff.

[24] *Karlowa* a.a.O. 945; *Kaser,* Römisches Privatrecht I, 636.

[25] *L. Mitteis,* Römisches Privatrecht I, 189; *Jörs-Kunkel,* 361 mit A. 5;

Eine andere, wenn auch weniger häufige Abschlußart war diejenige, bei der diese Schenkung *aufschiebend bedingt* abgeschlossen wurde[26], der Vollrechtserwerb also erst mit dem Tode des Schenkers eintrat, wenn der Beschenkte dann noch lebte[27]. In diesem Falle stand dem Schenker die rei vindicatio zur Verfügung, wenn er die Gefahr überlebt hatte oder der Beschenkte vor ihm gestorben war[28].

Sollte dem Beschenkten sogleich das Vollrecht an dem Zuwendungsgegenstand übertragen werden, so mußte der entsprechende Übertragungsakt (mancipatio, in iure cessio, traditio) vorgenommen werden. Bei einer bis zum Vorversterben des Schenkers aufschiebend bedingten Realschenkung[29] konnte nur die traditio gewählt werden, da mancipatio und in iure cessio bedingungsfeindlich waren[30].

Durch das Rückforderungsrecht des Schenkers bei Überstehen der Gefahr oder bei Prämorienz des Beschenkten erlangte die donatio zwar praktisch die gleiche Wirkung wie eine erbrechtliche Zuwendung[31], ohne aber eine solche zu sein.

Später entwickelte sich eine zweite Art der donatio mortis causa, diejenige nämlich, durch die jemand *im bloßen Hinblick auf die Vergänglichkeit des Lebens* (sola cogitatione mortalitatis) eine — gewöhnlich sofort vollzogene — Schenkung vornahm[32]. Überlebte der Schenker den Beschenkten, so war auch hier eine condictio des Schenkers gegeben[33]. Das setzte natürlich voraus, daß ebenso wie bei der Schenkung in naher Lebensgefahr der Tod des Schenkers und das Überleben des Beschenkten als Zweckbestimmung des Geschäfts erklärt worden waren. Denn bei einer Schenkung, die zwar angesichts des Todes erfolgte oder auch

---

Ehrhardt, Iusta causa traditionis, 1930, 99 ff.; *Kaser* a.a.O.; IVRA 2, 1951, 243; ZSSt. 71, 1954, 448 f.; *F. Schwarz*, Die Grundlage der condictio im klassischen römischen Recht, 1952, 166 ff.; *Amelotti* a.a.O. 189 ff.; *Kaden*, ZSSt. 76, 626; *Voci*, 446. *Di Paola*, Donatio mortis causa, 1950, 17 ff.; Studi de Francisci IV, 163 ff., hält diese Schenkungsart für die einzig klassische; zustimmend *Robbe*, 42 ff.

[26] *Biondi*, Scritti III, 740 f., hält die donatio mortis causa durch kondizionelle traditio (si mors secuta fuerit) für die ursprüngliche Form; dagegen *Haymann*, ZSSt. 38, 225 A. 1.

[27] *Karlowa* a.a.O. 945, 946; *Kaser*, Römisches Privatrecht I, 636; IVRA 2, 243 ff.; *Yaron*, RIDA 3, 1956, 494; *Simonius*, 241.

[28] Ulp. D. 39, 6, 29. Vgl. *Jörs-Kunkel*, 361; *F. Schulz*, Classical Roman Law, 331; *Simonius*, 189 ff.; *Kaden*, ZSSt. 76, 626.

[29] Als causa nimmt *Simonius*, 222 ff. hier eine der gewöhnlichen Donationscausa vorgeschaltete datio ob rem an, weil vor Bedingungseintritt noch gar keine donatio vorliege. Dazu *Kaser*, Tijdschr. 27, 219; *Kaden*, ZSSt. 76, 627.

[30] Pap. D. 50, 17, 77. Vgl. auch *Savigny*, System IV, 244; *Biondi*, Scritti III, 738; *Kaser*, Römisches Privatrecht I, 220.

[31] Vgl. Marci. D. 39, 6, 27; Pap. D. 39, 6, 42, 1. *Simonius*, 9, 101 ff., 111.

[32] *Karlowa* a.a.O. 945; *Kaser* a.a.O. 636.

[33] *Kaser* a.a.O. 636 A. 6.

allein im Hinblick auf die Sterblichkeit des Menschen überhaupt gemacht wurde, jedoch ohne die Klausel, daß sie wirkungslos werden sollte, wenn der Schenker der Gefahr entgeht oder den Beschenkten überlebt, handelte es sich von vornherein um eine gewöhnliche, nicht modifizierte Schenkung unter Lebenden[34].

Die Klassizität der donatio mortis causa sola cogitatione mortalitatis ist in der modernen Literatur allerdings umstritten[35].

Während *di Paola*[36] die donatio mortis causa sola cogitatione mortalitatis schlechthin für Zusätze der Kompilatoren erklärt[37], verlegt *Simonius*[38] ihren Ursprung in das 4. Jahrhundert[39].

Gegen die Echtheit dieses Typs wird ins Feld geführt, daß D. 39, 6, 2 logisch verfehlt aufgebaut ist[40]. Bereits *Beseler*[41] und mit einigen Abweichungen ihm folgend *Simonius*[42] rekonstruieren deshalb:

> Iulianus libro septimo decimo digestorum [tres] ⟨duas⟩ esse species mortis causa donationum ait, unam, cum quis [—] ita donat, ut statim [fiat] ⟨faciat⟩ accipientis. [—] ⟨alteram, cum sic donat ut non⟩ statim faciat accipientis, sed tunc demum, cum mors fuerit insecuta.

Auch deutet D. 39, 6, 35, 4 auf ein nachklassisches Schultraktat hin[43].

Es dürfte indessen zu weit gehen, D. 39, 6, 31, 2 ebenfalls, und zwar nur deshalb für interpoliert zu halten, weil es wegen „cogitationem" (statt cogitatione) „unlateinisch" sei[44].

---

[34] Pap. D. 39, 6, 42, 1. Vgl. *Dernburg*, Preußisches Privatrecht III, 452 mit A. 12; *Simonius*, 239 f.

[35] Sie wird bejaht von *Amelotti* a.a.O. 9 ff.; *Kaser*, IVRA 2, 1951, 244; ZSSt. 71, 1954, 448; verneint von *di Paola*, Donatio, 186 ff.; Studi de Francisci IV, 197 f.; *Yaron*, RIDA 3, 1956, 493 ff.; einschränkend *Kaden*, ZSSt. 76, 624. Vgl. ferner *Archi*, RIDA 5, 1958, 398 f. A. 18; *Arias Bonet*, IVRA 10, 1959, 250 f.

[36] Donatio, 186 ff.

[37] Dagegen *Kaser*, IVRA 2, 243 ff.; *Simonius*, 92 mit A. 3.

[38] a.a.O. 84. *Yaron*, RIDA 13, 1966, 369 ff., bringt neuerdings die Entstehung der donatio mortis causa sola cogitatione mortalitatis mit der Oratio Severi (206 n. Chr.) und der Zulassung von Ehegattenschenkungen in Zusammenhang.

[39] *Simonius*, 93 ff. gibt indessen selbst zu, daß es klassische Erscheinungsformen der donatio mortis causa auch ohne Lebensgefahr gegeben habe, insbesondere die auf den Todesfall suspensiv bedingte mortis causa stipulatio.

[40] *Biondi*, Scritti III, 744 f.; *Simonius*, 84 ff.; *Kaden*, ZSSt. 76, 624. Vgl. auch *di Paola*, Donatio, 17 ff., 186 ff.; *Kaser*, IVRA 2, 244 f. mit A. 3. Für Echtheit *Amelotti*, Donatio, 9 ff., 16 ff. — Zu D. 39, 6, 2, neuestens *Martini*, Le definizioni dei giuristi romani, 1966, 194 ff. mit weiteren Nachweisen. — Zu Iul. D. 39, 5, 1 pr. (lib. 17 dig.) siehe *Robbe*, 84 ff.

[41] Studi Riccobono I, 1936, 305.

[42] a.a.O. 84. Zu diesem Fragment siehe ferner *Robbe*, 81 ff., 310.

[43] *Kaser*, Römisches Privatrecht I, 636 A. 3; *Simonius*, 88 f.; *Kaden*, ZSSt. 76, 624.

[44] So *Simonius*, 90; *Kaden*, ZSSt. 76, 624.

Man kann schließlich nicht sagen, daß die „Begriffsbestimmung" Marcians D. 39, 6, 1 pr. (lib. 9 inst.)[45] auf die donatio mortis causa sola cogitatione mortis nicht passe[46].

> Mortis causa donatio est, cum quis habere se (ma)vult quam eum cui donat magisque eum cui donat quam heredem suum.

Denn entgegen der in der modernen Literatur herrschenden Meinung[47] muß gerade diese generalisierende, im Grunde metajuristische (vulgo dictum) Motivierung als nachklassisch-byzantinisch angesehen werden[48]. Ergänzt man nämlich das fehlende, zu habere gehörende Akkusativobjekt „rem", so ist der erste Satzteil in allen Fällen der donatio mortis causa falsch, bei denen dem Beschenkten die Sache sofort gegeben wird[49], sei es imminente periculo, sei es sola cogitatione mortalitatis.

Man wird deshalb mit *Kaser*[50] annehmen müssen, daß es schon in klassischer Zeit den Parteien freistand, eine donatio mortis causa nicht nur auf die Fälle beschränkt vorzunehmen, daß der Schenker vor dem Beschenkten in einer Gefahr umkommt, sondern auch dann, wenn eine solche Gefahr nicht bestand und das Geschäft lediglich vom Überleben des Beschenkten abhängig war. Aus den mangelhaften Quellennachweisen darf nicht einfach auf das Gegenteil geschlossen werden. Die häufige Erwähnung der donatio mortis causa bei einem periculum imminens deutet nur darauf hin, daß sie die typische, nicht aber, daß sie die einzige Erscheinungsform war[51].

Wollte der Schenker eine schenkweise Zuwendung mortis causa nur *versprechen*, so mußte die Stipulationsform eingehalten werden[52]. So heißt es bei Festus[53]:

> Mortis causa stipulatio existimatur fieri, ut ait Antistius Labeo, quae ita fit, ut morte promissoris confirmetur, aut ut quidam dixerunt, cuius stipulationis mors fuit causa.

---

[45] Inst. 2, 7, 1. In D. 39, 6, 35, 2, heißt es zu dieser „Definition": et hoc est, quare *vulgo dicatur*. Dazu *Pernice*, Labeo III, 267 mit A. 1. Schon *Brode*, 15, hob richtig hervor, es handele sich hier nicht um eine wissenschaftliche Definition, sondern nur um die allgemeinverständliche Beschreibung des sich in der Seele des Schenkers abspielenden inneren Vorgangs.

[46] So *Simonius*, 81.

[47] *Biondi*, Scritti III, 742; *Kaser*, ZSSt. 71, 1954, 448 A. 3; *Yaron*, RIDA 3, 503; *Kaden*, ZSSt. 76, 624.

[48] Vgl. *F. Schulz*, Prinzipien des römischen Rechts, 1934, 33; *Carcaterra*, Le definizioni dei giuristi romani, 1966, 167; *Simonius*, 16 f. A. 28.

[49] *F. Schulz* a.a.O. 33 A. 41. Vgl. auch *R. Leonhard*, RE. V 2, 1540.

[50] Tijdschr. 27, 1959, 214 f. Vgl. auch *Archi*, RIDA 5, 1958, 398 A. 18.

[51] Vgl. *Karlowa* a.a.O. 945; *Kaser* a.a.O.; *Kaden*, ZSSt. 76, 624 f.

[52] Zur donatio mortis causa promissoria vgl. *Biondi*, Scritti III, 736 A. 4; *Amelotti*, Donatio, 165 ff.; *Simonius*, 93 f., 252 ff.; *Kaser*, ZSSt. 71, 453; *Voci*, 452 f.; *Robbe*, 196 ff.

[53] s. v. Mortis causa stipulatio.

Da nun nach klassischem Recht eine obligatio ab heredis persona incipere non potest[54], mußten in die Sponsionsformel die Worte „cum morieris si vivam dari spondes?" aufgenommen werden[55]. Diese stipulatio mortis causa war ihrer rechtlichen Struktur nach ebenfalls eine Zuwendung unter Lebenden[56], was sich daraus ergibt, daß in novissimum vitae tempus stipulatoris obligatio conferatur[57]. Man stellte sich den Vorgang rechtlich in der Weise vor, daß der Schenker verspricht, im letzten Augenblick seines Lebens Schuldner sein zu wollen[58].

Die Römer erachteten also die Handschenkung und die Versprechensschenkung mortis causa[59] für rechtlich völlig gleichwertige Institute[60] unter Lebenden. Sie unterschieden diese, durch das Überleben des Bedachten bedingte Schenkung jedenfalls nicht dadurch von der unbedingten Schenkung, daß jene dem Schenker schon zu Lebzeiten ein „Opfer" auferlegt, diese dagegen nicht, obwohl nicht nur die donatio mortis causa imminente periculo, sondern auch diejenige ex cogitatione mortalitatis bei sofortiger Eigentumsübertragung durchaus eine Verminderung des Vermögens des Schenkers mit sich brachte[61].

War das Rückforderungsrecht des Schenkers bei Überstehen der Gefahr oder bei Vorversterben des Beschenkten ein notwendiges Merkmal der donatio mortis causa[62], so kam es dagegen auf ein *Widerrufsrecht* nicht entscheidend an. Denn das klassische Recht hat jedenfalls ein gene-

---

[54] Gai. III, 100, 158. Dieser Satz beruht vermutlich auf dem Prinzip der Universalsukzession, obwohl es sich hier nicht um eine Verfügung von Todes wegen im juristischen Sinne handelt: Der Erbe tritt zwar in alle *für den Erblasser begründeten* Rechtsverhältnisse ein, aber auch nur in solche. *L. Mitteis*, Römisches Privatrecht I, 1908, 191. Vgl. ferner *König*, 14 f., 39 f.; *Solazzi*, IVRA 1, 1950, 49 ff.; *Robbe*, 198 ff. Weitere Nachweise bei *Kaser*, Römisches Privatrecht I, 453 A. 31.

[55] Vgl. Scaev. D. 32, 37, 1; *Simonius*, 253; *Kaser*, ZSSt. 71, 453; *Voci*, 452 mit A. 52.

[56] Daß die Römer die Unterscheidung zwischen einem negotium inter vivos und einem solchen mortis causa gekannt haben, was *Amelotti*, Donatio, 30 ff., und *Kaser*, ZSSt. 71, 449 mit Literatur A. 9 (zögernder Tijdschr. 27, 213: „vielleicht schon den Klassikern bekannt"), bestreiten, ergibt sich gerade aus Gai. III, 100, 158. Denn der Satz ‚obligatio ab heredis persona incipere non potest' kann sinnvollerweise überhaupt nur für Geschäfte unter Lebenden gegolten haben.

[57] Gai. III, 100.

[58] *Savigny*, System IV, 249 mit Anm. aa; *Simonius*, 257. Daß es sich wirklich so verhielt, zeigen die Fragmente D. 23, 3, 76 und D. 40, 1, 15.

[59] Zur donatio mortis causa durch Schulderlaß und durch Delegation siehe *Voci*, 453 ff., 455 ff.

[60] *Simonius*, 252.

[61] *A. Cohen*, 167.

[62] *Simonius* a.a.O. 101 ff., 234 ff.; *Schindler*, Justinians Haltung zur Klassik, 1966, 17.

relles Widerrufsrecht wie beim Testament nicht gekannt[63]. Zwar vermutet *Pernice*[64] schon für die klassische Zeit ein beliebiges Widerrufsrecht, da die donatio mortis causa den Charakter einer Verfügung von Todes wegen trage. Diese Begründung ist indessen, wie gezeigt wurde, falsch. Außerdem spricht schon die vertragliche Struktur der donatio mortis causa gegen ein beliebiges Widerrufsrecht des Schenkers[65].

Der Widerruf ist vielmehr nur zulässig, wenn der Schenker die Gefahr überlebt oder der Beschenkte vorverstirbt[66]. Durch die condictio wird das widerrufene Geschäft rückgängig gemacht[67]. Wenn es also bei Ulpian D. 39, 6, 32 (lib. 76 ad ed.) heißt:

> Non videtur perfecta donatio mortis causa facta, antequam mors insequatur.,

so ist unter der „Perfektion" der donatio nur zu verstehen, daß bis zum Tode des Schenkers immer die Möglichkeit besteht, daß das Geschäft widerrufen und rückgängig gemacht werden konnte[68].

Ein beliebiges Widerrufsrecht[69] wurde erst zulässig, als Justinian die donatio mortis causa durch die Constitutio C. 8, 56, 4 vom Jahre 530[70] „fast ganz" (per omnia fere)[71] den Regeln über die Legate unterstellte[72]. Schon in klassischer Zeit hatte man allerdings damit begonnen, auf die donatio mortis causa angesichts ihrer Wirkungen, die denen der Legate

---

[63] *di Paola*, Donatio, 66 ff. mit zahlreichen Belegen 72 ff.; *Amelotti*, Donatio, 207 ff.; *Kaser*, IVRA 2, 246; *Yaron*, RIDA 3, 506; *Simonius*, 117 ff.; *Kaden*, ZSSt. 76, 625. Abweichend *Voci*, 463 ff. ohne Auseinandersetzung mit der Gegenmeinung.

[64] Labeo III, 263 ff.

[65] Vgl. *Jörs-Kunkel*, 361; *Simonius*, 121. Für das griechische Recht ebenso *E. F. Bruck*, Schenkung auf den Todesfall, 23. Die Klassizität eines generellen Widerrufsrechts ist allerdings lebhaft umstritten; Nachweise bei *Simonius*, 118 A. 1.

[66] *Kaser*, IVRA 2, 246.

[67] *Kaser* a.a.O. 247.

[68] *Kaser* a.a.O. 246. Diese Auffassung ist allerdings nicht unbestritten; Iul. D. 39, 6, 13, 1 (a. E.) und Paul. D. 39, 6, 35, 4 (a. E.) werden für nachklassisch gehalten; vgl. *Schindler* a.a.O

[69] Dazu *Biondi*, Scritti III, 757 ff. (gegen ihn *Haymann*, ZSSt. 38, 234 ff.); *Simonius*, 122 ff., 129 ff.

[70] Inst. 2, 7, 1: Hae mortis causa donationes ad exemplum legatorum redactae sunt per omnia. nam cum prudentibus ambiguum fuerat, utrum donationis an legati instar eam optinere oporteret, et utriusque causae, quaedam habebat insignia et alii ad aliud genus eam retrahebant: a nobis constitutum est, ut per omnia fere legatis connumeretur et sic procedat, quemadmodum eam nostra formavit constitutio. — Wie die gemeinrechtliche Entwicklung zeigt (dazu unten Seite 68 ff.), hat dieser Erlaß seinen Zweck, Unklarheiten über die donatio mortis causa zu beseitigen, restlos verfehlt; *Brode*, 18.

[71] Dazu *Simonius*, 5 f., 74 ff.; *Voci*, 444, 471.

[72] Dazu *Simonius*, 74 ff.

ähnlich waren[73], bestimmte Gesetze anzuwenden, die das testamentarische Erbrecht betrafen. Es handelte sich zunächst um die Lex Furia, durch die es bestimmten, mit dem Erblasser nicht nahe verwandten Personen verboten wurde, mehr als 1 000 Asse „legatorum nomine" oder „mortis causa" anzunehmen[74], ferner um die Lex Voconia[75], nach der niemand „legatorum nomine mortisve causa" mehr empfangen durfte, als allen Erben insgesamt zufiel[76]. Abgesehen von einigen sakralrechtlichen Beschränkungen aus vorklassischer Zeit[77] wurde im klassischen Recht sodann die donatio mortis causa der Lex Iulia et Papia Poppaea unterstellt, durch die es den mit dem Erblasser nicht verwandten ehe- und kinderlosen Personen sowie dem Ehegatten des Erblassers untersagt war, in bestimmtem Umfange Erbschaften und Legate zu erwerben[78]. Ferner wurde — allerdings erst durch eine Konstitution des Kaisers Septimius Severus — eine donatio mortis causa dem Nachlaß des Erblassers hinzugerechnet, wenn es aufgrund der Lex Falcidia darum ging, das Viertel der Erbschaft zu ermitteln, das mindestens dem Erben verbleiben sollte[79].

Der Grund für diese Angleichung der donatio mortis causa an Testamentsrecht liegt, wie man mit Sicherheit annehmen darf, in dem rechtspolitisch erwünschten Bemühen, eine Umgehung der genannten Gesetze illusorisch zu machen[80]. Für Justinian dagegen bestand das Motiv der weitgehenden Gleichbehandlung mit den Legaten in dem Bestreben, das Recht zu vereinfachen[81]. Denn er beruft sich in diesem Zusammenhang

---

[73] Dazu *Voci*, 468 ff. — Eine *Identität* von donatio mortis causa und Legat wurde von keinem klassischen Juristen angenommen. Die Vergleiche Ulp. D. 38, 2, 3, 17: nam mortis causa donationes vice legatorum funguntur, D. 38, 5, 1, 1: mortis causa enim donationes comparantur legatis, Iul. D. 39, 6, 17: donationes mortis causa ... legatorum instar optinent, stammen sicherlich von den Kompilatoren. Vgl. Ind. itpl.; *di Paola*, Donatio, 194 A. 9, 227 f., 231; *Simonius*, 47 f., 64, 217 f.; ferner *Aboucaya*, RHDE 1966, 378 f. mit A. 1 und 2.

[74] Gai. II, 225. Dazu *Karlowa* a.a.O. 944; *Simonius*, 31 f.

[75] Gai. II, 226. Vgl. *Schindler*, 14 A. 16.

[76] Dazu *Karlowa* a.a.O.; *Simonius*, 32 ff.

[77] Vgl. *Simonius*, 35 ff.

[78] Dazu *Simonius*, 38 ff.

[79] C. 6, 50, 5; Pap. D. 39, 6, 42, 1. Zur Lex Falcidia *Simonius*, 51 ff.; bezüglich der Errechnung der portio debita patrono und der weiteren Angleichung der donatio mortis causa an Testamentsrecht ebendort 44 ff., 58 ff. Eine *generelle* Angleichung an die Legate hat es in klassischer Zeit noch nicht gegeben; siehe *Schindler*, 14 A. 16 mit weiteren Nachweisen.

[80] Vgl. *Jörs-Kunkel* a.a.O.; *Haymann*, ZSSt. 38, 226; *R. Leonhard*, RE. V 2, 1539; *Siber*, Römisches Recht II, 364; *Kaser*, Römisches Privatrecht I, 636 f.; Römisches Privatrecht II, 397; *F. Schulz*, Classical Roman Law, 331 f.; *Simonius*, 31.

[81] *Simonius*, 5, 74. *Cugia*, Indagini sulla dottrina della causa del negozio giuridico: l'espressione „mortis causa", 1910, 47, stellt sich eine zwangsläufige Assimilation vor, da la mortis causa donatio, che originariamente è estranea

gerade auf einen Streit unter den nachklassisch-byzantinischen Juristen, bei dem es darum gegangen sein soll, ob man die donatio mortis causa angesichts der schon vielfach erfolgten Anwendung von Erbrechtsregeln zu den donationes inter vivos oder zu den ultimas voluntates zu rechnen hatte (C. 8, 56, 4)[82]. Ob ein solcher Schulstreit wirklich bestanden hat und auf welche Einzelheiten er sich bezog, ist allerdings zweifelhaft[83].

Eines darf jedoch als gesichert angenommen werden, daß nämlich Justinian die „ungefähre" Angleichung an die Vermächtnisse nur auf die testamentarischen Formvorschriften (mündliche oder schriftliche Errichtung vor fünf Zeugen)[84] und auf die „naturalia negotii" erstreckte, nicht aber der donatio mortis causa die rechtliche Struktur als eines Rechtsgeschäfts unter Lebenden nahm[85]. Die freie Widerruflichkeit war jetzt zwar wie bei den Legaten die Regel[86], jedoch nicht zwingend erforderlich, so daß sie ausgeschlossen werden konnte[87]. Unterschiede zwischen dem Vermächtnis und der donatio mortis causa bestanden außerdem noch immer darin, daß zwar die Schenkung, nicht aber das Legat schon vor dem Tode des Erblassers, gegebenenfalls bedingt, vollziehbar

---

al diritto ereditario, viene a poco a poco atratta da esso, quando la sucessione ereditaria, perduto il suo carattere originario diventa patrimoniale: e, piu ancora, quando il concetto originario del legato, sotto l'influsso bizantino, svanisci e viene a trasformarsi in quello di una donazione testamentaria. Zustimmend *E. F. Bruck*, ZSSt. 33, 1912, 571

[82] Cum de mortis causa donatione dubitabatur et alii quidem inter ultimas voluntates eam posuerunt et legatis adgregandam esse censuerunt, alii autem inter donationes quae inter vivos consistunt eam posuerunt, dubietate eorum explosa sancimus omnes mortis causa facientis fuerint celebratae sive longiore cogitatione mortis subsecutae sunt, actis minime indigere neque expectare publicarum personarum praesentiam et ea quae super huiusmodi monumentis solent adhiberi. Inst. 2, 7, 1: „Nam cum prudentibus ambiguum fuerat, utrum donationis an legati instar eam optinere oporteret." Nov. 87 pr.: εἰδότες γάρ, ὡς ἡμεῖς εὑρόντες τοὺς παλαιοὺς νομοθέτας ἀμφισβητοῦντας περὶ τῆς μόρτις καῦσα δωρεᾶς, πότερον δωρεὰ ἢ ληγάτον ἐστί, καὶ τοὺς μὲν ἀριθμοῦντας αὐτὴν εἰς δωρεὰν τινὰς δὲ εἰς πρεσβεῖον.

Mit den prudentes oder παλαιοὶ νομοθέται können die Klassiker unmöglich gemeint sein; *Schindler*, 13 ff. Zu Iul. D. 39, 6, 17 neuestens *Bund*, Untersuchungen zur Methode Julians, 1965, 109 f. mit weiteren Nachweisen.

[83] Dazu ausführlich *Simonius*, 1 ff.; *Kaser*, ZSSt. 71, 448; *Schindler*, 15 f. mit Nachweisen A. 18 und 19.

[84] Das war die Form der Kodizille; siehe *Voci*, 97.

[85] Vgl. *Vangerow*, Pandekten II, 662, 665 ff.; *Senn*, Etudes sur le droit des obligations I (la donation à cause de mort), 1914, 160; *Simonius*, 5 f. Abweichend schon für das klassische Recht *Biondi*, Scritti III, 747 ff.: „La identità di struttura della donatio m. c. del legatum per vindicationem è palese."

[86] *Kaser*, Römisches Privatrecht II, 397 mit weiteren Nachweisen in A. 6.

[87] Nov. 87, 1. *Dernburg-Sokolowski*, System II, 997; *Dernburg*, Lehrbuch des Preußischen Privatrechts III, 451; *Kaser*, Römisches Privatrecht II, 398; *Schindler*, 17.

war[88]. Schließlich mußte erst der Antritt der Erbschaft erfolgt sein, damit die Vermächtnisse erworben wurden, was bei der donatio mortis causa nicht erforderlich war[89].

II. Die donatio post obitum im älteren deutschen Recht

In gleicher Weise wie die donatio mortis causa im römischen Recht diente ein ähnliches Rechtsinstitut im älteren deutschen Recht dem Zweck, zu einer Zeit, als es noch keine gewillkürte Erbfolge gab, Vermögenszuwendungen auf den Todesfall durch ein Rechtsgeschäft unter Lebenden vorzunehmen. Es handelt sich um die sogenannte donatio post obitum[90]. Sie war insbesondere in fränkischer Zeit weit verbreitet, und man bediente sich ihrer hauptsächlich deswegen, „um die von der Kirche unausgesetzt, sei es zum Seelenheil der Schenker, sei es zum Vorteil der Beschenkten, den Einzelnen ans Herz gelegten Schenkungen an die geistlichen Anstalten auszuführen"[91].

Ihrer rechtlichen Struktur nach war die donatio post obitum von der römischen donatio mortis causa grundverschieden. Sie bildete ausschließlich ein bei Lebzeiten des Schenkers vollzogenes Rechtsgeschäft in Form einer Realschenkung. Sie hing nicht vom Eintritt einer Bedingung, nämlich vom Überleben des Beschenkten, ab, sondern war lediglich durch den Tod des Schenkers befristet[92]. Angesichts der Tatsache, daß in aller Regel die Kirche beschenkt wurde, war die Bedingung des Überlebens auch ganz überflüssig; denn die Kirche war unsterblich[93].

Die Schenkung wurde so gut wie immer aufschiebend befristet vorgenommen, so daß der Schenker zu Lebzeiten Eigentum und Besitz behielt[94]. Da der Tod des Schenkers jedoch stets gewiß war, hatte der Be-

---

[88] Übertrug der Schenker sofort das Eigentum auf den Beschenkten, so erblickte man jetzt darin eine auflösend bedingte Schenkung, die bei Prämorienz des Beschenkten die rei vindicatio auslöste; dazu *Amelotti*, Donatio, 157 ff.; *Simonius*, 130 ff., 193 f., 261 f.; *Kaser*, Römisches Privatrecht II, 398 mit weiteren Nachweisen in A. 15.

[89] *Dernburg*, Lehrbuch des Preußischen Privatrechts III, 452.

[90] Dazu *R. Hübner*, Die donationes post obitum und die Schenkung mit Vorbehalt des Nießbrauchs im älteren deutschen Recht, 1 ff.; Grundzüge des Deutschen Privatrechts, 785 f.; *Heusler* II, 117 f.; *Planitz*, 240; *Mitteis-Lieberich*, § 57 I 2, S. 150 f. Siehe auch *Vismara* I, 189 ff.; II, 379 ff. (passim). Über den Einfluß der donatio post obitum auf die donatio mortis causa und umgekehrt *Aboucaya*, RHDE 1966, 384 ff.

[91] *Hübner*, donationes, 3.

[92] Vgl. *Hübner* a.a.O. 16 f.

[93] *Hübner* a.a.O. 17.

[94] *Hübner* a.a.O.

schenkte eine rechtlich besonders fest gesicherte Anwartschaft auf den Erwerb der Sache[95].

Da es sich bei dem Schenkungsgegenstand zumeist um Grundstücke handelte[96], erfolgte der Vollzug nicht zu Lebzeiten schon durch Übereignung und Besitzeinweisung, sondern nur durch die sogenannte traditio cartae[97]. Dieser symbolische Vollzugsakt durch Übergabe einer Urkunde war unwiderruflich[98], so daß die Anwartschaft des Beschenkten diesem nicht mehr entzogen werden konnte[99]. Zwar blieb der Schenker bis zu seinem Tode Eigentümer der geschenkten Sache, sein Erbe aber konnte sie dem Beschenkten nicht vorenthalten.

Die donatio post obitum war nach alledem eine zu Lebzeiten des Schenkers durch Übergabe einer Urkunde vollzogene Schenkung, deren endgültige Wirkung lediglich bis zum Tode des Schenkers aufschiebend befristet war[100]. Sie unterlag im Gegensatz zur donatio mortis causa nicht irgendwelchen erbrechtlichen Vorschriften, da ja anders als in Rom ein ausgebildetes Testaterbrecht überhaupt fehlte. Man nannte sie nur deshalb „Vergabung auf den Todesfall"[101], weil der Schenker ähnlich wie bei einer letztwilligen Verfügung eine Zuwendung vornehmen konnte, ohne sich selbst zu Lebzeiten von der Substanz der Sache trennen zu müssen.

Bestand also ein Unterschied zwischen der römischen und deutschen Schenkung von Todes wegen in der dort vorhandenen, hier fehlenden Überlebensbedingung, so wirkte sich die zweite Verschiedenheit dieser Rechte, wie noch zu zeigen ist, geradezu verhängnisvoll auf spätere Kodifikationen aus. Gemeint ist die Tatsache, daß das deutsche Recht die einzig bekannte Art, nämlich die vollzogene Realschenkung post obitum, rechtlich wie eine gewöhnliche Schenkung beurteilte, während in Rom jede Form der donatio mortis causa, und zwar auch und gerade die unter der Überlebensbedingung inter vivos vollzogene Schenkung, dem Recht der Legate unterstellt wurde.

---

[95] Über die Gegenstände der donatio post obitum vgl. *Hübner* a.a.O. 28 ff.

[96] *Hübner* a.a.O.

[97] Dazu *Hübner* a.a.O. 30 ff.

[98] Dazu eingehend *Hübner* a.a.O. 48 ff. mit ausführlicher Kritik abweichender Ansichten.

[99] *Hübner* a.a.O. 48.

[100] Zu den kaum vorkommenden Sonderfällen auflösender Befristung siehe *Hübner* a.a.O. 73 f.

[101] *Hübner* a.a.O. 17.

III. Die Schenkung von Todes wegen im Gemeinen Recht

Das Gemeine Recht in Deutschland[102] knüpfte an die Entwicklung der donatio mortis causa des römischen Rechts an, und zwar an das Stadium, das durch die Konstitution Justinians vom Jahre 530 erreicht war[103].

Unabhängig davon, ob die Schenkung in einer Todesgefahr oder bloß im Hinblick auf die menschliche Sterblichkeit erfolgte, verstand man jetzt unter dieser Rechtsfigur diejenige Schenkung, durch die dem Beschenkten für den Fall eine Zuwendung gemacht wurde, daß er den Schenker überlebt[104]. Über die rechtliche Struktur der Schenkung von Todes wegen bestanden allerdings verschiedene Ansichten. Die eine rechnete sie begrifflich zu den Verfügungen von Todes wegen und stellte sie dem Vermächtnis völlig gleich[105]. Diese Auffassung dürfte jedoch schon deshalb unzutreffend gewesen sein, weil sich die Schenkung von Todes wegen nach Gemeinem Recht schon dadurch von den Vermächtnissen unterschied, daß sie eine Vermehrung des Vermögens des Beschenkten durch den Schenker zu dessen Lebzeiten verlangte[106]. Eine andere Meinung ging dahin, daß die Schenkung von Todes wegen ihrer Struktur nach nur eine durch die Überlebensbedingung modifizierte Schenkung unter Lebenden darstellte[107]. Diese Ansicht, die in Wahrheit wohl das Richtige getroffen hatte, setzte sich indessen aus dem Grunde nicht durch, weil man ihr entgegenhielt, die Schenkung von Todes wegen unterscheide sich doch von derjenigen unter Lebenden dadurch, daß sie

---

[102] Zur gemeinrechtlichen donatio mortis causa: W. *Müller*, Über die Natur der Schenkung auf den Todesfall, 1827; *Hasse*, Rheinisches Museum II, 1828, 300 ff.; *A. Cohen*, Die Lehre des römischen Rechts von der Schenkung von Todes wegen, Diss. München 1878; *Savigny*, System IV, 239 ff.; *Dernburg*, Pandekten II, 227 ff.; *Dernburg-Sokolowski*, System II, 996 ff.; *Windscheid-Kipp* II, 567 ff.; III, 730 ff. Weitere Literaturnachweise bei *Roth-Becher* III 1, 149 A. 1.

[103] Über das heillose Durcheinander der Ansichten in den Schriften der frühmittelalterlichen Juristen, der Glossatoren und der Kommentatoren berichtet neuestens die Studie von *Aboucaya*, RHDE 1966, 378 ff.

[104] *Windscheid-Kipp* III, 731; *Dernburg*, Pandekten II, 227; *Dernburg-Sokolowski*, System II, 996; *Koeppen*, Lehrbuch des heutigen römischen Erbrechts, 819. Zur Abgrenzung gegenüber der reinen Schenkung siehe *Brode*, 18—26.

[105] *W. Müller*, 41 ff. Bei *Windscheid-Kipp* II, 567, heißt es: „Die Schenkung von Todes wegen ist eine letztwillige Verfügung in der Form des Vertrages"; im einzelnen siehe *Windscheid-Kipp* III, 730 ff.

[106] Marcellus D. 39, 6, 38: nam mortis causa donatur quod praesens praesenti dat; vgl. *Windscheid-Kipp* III, 731 mit A. 2; *Koeppen*, 824; *Roth-Becher*, 150 mit A. 4, 353.

[107] *Savigny*, System IV, 240 mit A. b, 258; *Heimbach*, Weiskes Rechtslexikon IX, 710 mit A. 2; *Baron*, Pandekten, 797; *Wächter*, Pandekten II, 823 ff.; vgl. auch *Roth-Becher*, 150. *Brinz*, Pandekten IV, 122 ff., 124, erblickt in der Überlebensbedingung eine condicio iuris.

bis zum Tode des Schenkers widerrufen werden konnte[108] und nur gültig war, wenn der Beschenkte den Schenker überlebte[109]. Dieser Einwand ist jedoch deshalb nicht stichhaltig, weil die Überlebensbedingung eben als bloße Bedingung die Schenkung nur modifizierte, nicht aber ihres juristischen Charakters beraubte. Das jetzt bestehende freie Widerrufsrecht des Schenkers zu Lebzeiten, das sich aufgrund der schematischen Gleichsetzung mit den Legaten durch Justinian durchgesetzt hatte, war deshalb als trennendes Kriterium entwertet, weil, was im Gemeinen Recht unbestritten war, auf das Widerrufsrecht verzichtet werden konnte[110]. In diesem Falle war die Schenkung von Todes wegen allerdings wie jede gewöhnliche Schenkung bei Undankbarkeit des Beschenkten nach wie vor widerruflich[111]; denn dieses Recht konnte wirksam nicht abbedungen werden, weil sonst „die einer Unsittlichkeit steuernde Rechtsregel entkräftet" worden wäre[112].

Als herrschende Ansicht im Gemeinen Recht muß man diejenigen bezeichnen, nach der die Schenkung von Todes wegen als ein aus letztwilliger und lebzeitiger Zuwendung *gemischtes Geschäft* ansah[113]. Diese Auffassung war die Frucht des falsch verstandenen Reformgesetzes Justinians vom Jahre 530, durch das Justinian, wie oben schon bemerkt[114], die donatio mortis causa zwar in ihren Wirkungen den Legaten anglich, in Wirklichkeit aber ihre rechtliche Eigenschaft als eines negotium inter vivos in keiner Weise änderte.

Soweit man in der Schenkung von Todes wegen eine letztwillige Verfügung erblickte, wurde sie nach den Regeln über die einseitige testamentarische Anordnung behandelt[115]. Denn sie unterschied sich von dem auf germanistischer Grundlage stehenden, partikularrechtlichen Erbvertrag dadurch, daß im Gegensatz zu diesem bei ihr die freie Widerruflichkeit immerhin die Regel bildete[116].

---

[108] *Savigny*, System IV, 241 mit A. e; *Windscheid-Kipp* II, 569; *Koeppen*, 819 f.

[109] Nachweise bei *Roth-Becher*, 150 A. 6.

[110] *Savigny*, System IV, 241; *Windscheid-Kipp* II, 569; *Dernburg-Sokolowski*, System II, 997; *Baron*, Pandekten, 797.

[111] *Savigny* a.a.O. 235, 278; *Roth-Becher*, 155.

[112] *Savigny* a.a.O. 235.

[113] *Arndts*, Pandekten, 1054 ff.; *Vangerow*, Pandekten II, 559 („in der Mitte zwischen der reinen Schenkung und dem Legate"); *Unger*, Österreichisches Erbrecht, 322 („Die Schenkung auf den Todesfall hat nach gemeinem Recht einen Doppelcharakter"); *Hellwig*, 592 („Mittelding zwischen den Schenkungen inter vivos, Legaten und Vermächtnisverträgen"); *M. R. Schulze*, 3 („eigengeartete zwitterhafte Rechtsnatur"); *Wiechel*, 4, der den Mischcharakter allerdings schon für das römische Recht behauptet. Weitere Nachweise bei *Roth-Becher*, 150 A. 8.

[114] Siehe Seite 63 ff.

[115] *W. Müller*, 65 ff.; *Windscheid-Kipp* III, 731.

[116] Vgl. *Roth-Becher*, 150 A. 9.

Die Zuwendungen durch Schenkungen von Todes wegen konnten ebenso wie Erbeinsetzungen und Vermächtnisse mit Vermächtnissen belastet[117] und Bedingungen unterstellt werden[118]; auch sonst unterlagen sie den Regeln des Vermächtnisrechts[119]. Im Gegensatz zu den Vermächtnissen verlangten sie indessen keine Testierfähigkeit, sondern nur Vertragsfähigkeit der Parteien[120]. Dagegen war wiederum das Verbot der Ehegattenschenkung auf sie nicht anwendbar[121].

Ebenso wie hinsichtlich ihrer rechtlichen Struktur bestand im Gemeinen Recht auch in bezug auf die Form der Schenkung von Todes wegen keine einheitliche Meinung. Die eine hielt nur die Form des Kodizills für genügend[122], während eine andere die Schenkungsform (Insinuation) zuließ und nur bei größeren Schenkungen, das heißt bei solchen von mehr als 500 Dukaten, die Wahl zwischen der Insinuation und der Zuziehung von fünf Zeugen gestattete[123]. Eine dritte Ansicht schließlich erachtete jede Schenkung von Todes wegen entweder in der Schenkungs- oder in der Kodizillarform für zulässig[124].

Auch über die Frage, ob die Schenkung von Todes wegen im Gemeinen Recht der Annahme bedurfte, herrschte Uneinigkeit. Sie wurde zum Teil generell bejaht[125], zum Teil generell verneint[126]. *Savigny*[127] schließlich hielt eine Annahme dann nicht für erforderlich, wenn die Zuwendung in Testamentsform erfolgte, da sie dann als Legat „gelten" müsse[128].

Überlebte der Schenker den Beschenkten oder überstand er die Gefahr, von deren Nichtüberstehen die Schenkung abhing, so trat die mit der Zuwendung bezweckte Wirkung nicht ein. Bei einer durch Übergabe bewirkten aufschiebend oder auflösend bedingten Übereignung konnte der Schenker die Sache vindizieren oder aber auch kondizieren, wenn man auf den Nichteintritt der Schenkungskausa abstellte[129].

---

[117] *Windscheid-Kipp* III, 733.

[118] *Windscheid-Kipp* a.a.O.

[119] Dazu *Windscheid-Kipp* a.a.O.; *Baron*, Pandekten, 798.

[120] *Roth-Becher*, 151 mit weiteren Nachweisen in A. 14.

[121] *Roth-Becher* a.a.O. mit A. 15.

[122] *W. Müller*, 37 ff.

[123] *Windscheid-Kipp* III, 732 mit A. 3; *Dernburg*, Pandekten II, 228 mit A. 9; *Koeppen*, 822 f.; *Roth-Becher*, 152 A. 18.

[124] *Savigny*, System IV, 261 ff.

[125] *Windscheid-Kipp* III, 734; *Dernburg-Sokolowski*, System II, 997; vgl. auch *Roth-Becher*, 153 A. 23.

[126] *W. Müller*, 43 ff.

[127] System IV, 265.

[128] Ebenso *Roth-Becher*, 153 A. 25.

[129] *Windscheid-Kipp* II, 568 A. 3. Vgl. dazu ferner *Roth-Becher*, 154 mit Nachweisen in A. 28; *Koeppen*, 821.

Man machte im Gemeinen Recht keinen Unterschied, ob die Schenkung in einem bloßen Versprechen an den Beschenkten bestand oder durch den Schenker sofort vollzogen wurde[130].

Dieser kurze Überblick zeigt schon, daß man in der gemeinrechtlichen Doktrin gerade bei den entscheidenden Rechtsfragen von einer einheitlichen und dogmatisch befriedigenden Lösung noch weit entfernt war. Eine Vereinfachung der donatio mortis causa, die bereits Justinian bezweckt hatte, war keineswegs erreicht. Von den verschiedenen Rechtsansichten der gemeinrechtlichen Juristen war ebensowenig die eine in vollem Umfang verfehlt wie die andere samt und sonders als zutreffend bezeichnet werden konnte. Jede von ihnen hatte einleuchtende Argumente für sich. Das Dilemma lag vielmehr darin, daß man von den *Wirkungen* der Schenkung von Todes wegen und der Vermächtnisse ausging und dabei zahlreiche Übereinstimmungen fand, anstatt die Rechtsinstitute zunächst einmal nach ihren *Tatbeständen,* das heißt ihrer rechtlichen Struktur, zu analysieren und dann die entsprechenden Rechtssätze auf sie anzuwenden.

Auf ähnlich krause Vorstellungen wie im Gemeinen Recht stößt man bei der Beobachtung der partikularrechtlichen Rechtsentwicklung der Schenkung von Todes wegen. Denn dort findet man römisch-gemeinrechtliches und germanistisches Gedankengut in ganz heterogener Verquickung beisammen.

IV. Die Schenkung von Todes wegen in den deutschen Partikularrechten seit dem Mittelalter

1. Die Nürnberger Reformation vom Jahre 1479

In der „Nürnberger Reformation" vom Jahre 1479[131] heißt es im 20. Titel „Gesetz von mangerlay gescheft, der personhalb, der erbfelle und anderm, auch von der betrangung oder verhindrung derselben und irer erzeugung und irer anfechtung in iarsfrist, auch von der legitima und ubermaß und von den abzug des entpfangen und des, so sie onworden haben, auch von der peene und ungehorsam und von freyheit derhalben auf die seiten gesippt" im „erst Gesetz", das die Überschrift trägt: „Welche personen gescheft tun mogen und welche nit, und zu welcher zeit und mit was underschied, und von gabe, die auf kunftigen abgang beschiht" folgendermaßen:

---

[130] *Roth-Becher,* 156 mit weiteren Nachweisen in A. 37.

[131] *Kunkel-Thieme-Beyerle,* Quellen zur Neueren Privatrechtsgeschichte Deutschlands I 1, 1 ff., 34.

„Alle personen, die weil sie in guter vernuft oder ausübung derselben sein, mügen iren letzten willen ordnen und gescheft tun, wenn und zu welcher zeit sie wöllen, nach dem und sie zu iren tagen komen sein, nemlich so der knab vierzehen iar und das maydlein zwelf iar volkomenlich erlangt haben, doch unschedlich irem vater, muter oder andern an irem beysitz und genieß, ob sie den an söllicher verschaften habe hetten. Auch mügen sie geben auf iren künftigen val und abgang, das man zu latein nennet donationem causa mortis, also das solliche gabe vor zwayen genanten oder vor andern dreyen oder mer glaubwirdigen zeugen oder sunst nach ordnung der recht beweislich geschehen soll, es sey der, dem gegeben wirt, oder yemant anders seinerhalb entgegen oder nit, doch vorbehalten der legitima den eltern von irer kinder gute in beden obgemelten vällen der gescheft und der gabe auf den tödsfalle zewerden, nemlich des dritten teils des gestorben verlaßner habe und gut, die lehen hindan gesetz; welche aber under söllichen obgemelten iarn sein, die mögen ta eynich gescheft oder gabe auf den todsfal nit tun ..."

Die kurze Erwähnung der donatio mortis causa einerseits und die Behandlung „von gabe, die auf kunftigen abgang beschiht" im Zusammenhang mit der Testaterbfolge geben keinen zuverlässigen Hinweis darüber, inwieweit diese Zuwendung im Nürnberger Recht der damaligen Zeit auf römisch- oder auf deutschrechtlichen Vorstellungen beruht und wie man sie dogmatisch analysierte[132].

2. Die Wormser Reformation vom Jahre 1498

Die „Wormser Reformation" vom Jahre 1498[133] regelt die „ubergaben, die da gescheen uff tod fell" im zweiten Teil des vierten Buches (Titel II) im Zusammenhang mit Schenkungen unter Lebenden und auf den Todesfall, testamentarischen Zuwendungen und Bestellungen von Leibzuchtsrechten. Dabei ist unter dem Begriff „ubergabe" der deutschrechtliche Begriff der „Vergabung" zu verstehen. In diesem ganzen Teil des Gesetzes geraten deutschrechtliche Vorstellungen in bunter Mischung mit römischrechtlichen Grundsätzen durcheinander, so daß aus dieser Regelung ohne eine eingehende monographische Behandlung kein bestimmtes Ergebnis in bezug auf die rechtliche Struktur dieser „ubergaben, die da gescheen uff tod fell" abzulesen ist[134].

---

[132] Zu den romanistischen und germanistischen Einflüssen auf das Nürnberger Stadtrecht vgl. *Kunkel* a.a.O. XVII ff.

[133] *Kunkel-Thieme-Beyerle* I 1, 95 ff., 144.

[134] *Kunkel* in *Kunkel-Thieme-Beyerle* I 1, XX, 329 A. 37.

3. Das Freiburger Stadtrecht vom Jahre 1520

Ganz dem römisch-gemeinen Recht entsprechend behandelt das „Freiburger Stadtrecht" von 1520[135] im 7. Titel des zweiten Buches „Von gaben und schenken" im 10. Gesetz die „Gaben, so tods halb beschehen".

„Es begibt sich oft, wenn einer etwe krank ist oder über feld hinweg wallfart tun, in krieg ziehen oder sunst wandlen wil, das er einem andern etwas vergabt mit fürworten: Sterb er in diser krankheit oder komm nit wider zu land, so sol die vergabt hab sin eigen sin; das mag einer wol tun. Doch nit wyter noch anders dann in den fällen, darin einer testament machen oder fry von handen geben möcht, wie dann in den titeln der vergabungen und testamenten ouch gemeldet ist. Welcher ouch ein solche gab uß gemelten oder andern ursachen todshalb oder sunst mit fürworten geton hett, der mag dieselben gab glich von handen geben oder by sinen handen behalten. Ist dann sach, das die fürwort nit zu fällen kommen, so ist die gab ab und nichtig und mag der gaber die gab als sin eigen gut widerumb von dem ienen, dem er sy zu handen geben hett, ervordern und nemmen."

Hier ist besonders darauf hinzuweisen, daß die Schenkung auf den Todesfall in jeder ihrer Erscheinungsform gleich, das heißt unabhängig davon behandelt wird, ob sie sofort zu Lebzeiten vollzogen („glich von handen geben") oder nur versprochen wird („by sinen handen behalten").

4. Das Württembergische Landrecht vom Jahre 1555

Die Regelung „Von Gaben, so Tods halben beschehen" im zweiten Buch, Kapitel 6 „Von Gaben und Schenkungen" (Gesetz Nr. 8) des *„Württembergischen Landrechts"* vom Jahre 1555[136] stimmt bis auf eine unwichtige Abweichung in der Formulierung wörtlich mit dem oben wiedergegebenen Gesetz aus dem Freiburger Stadtrecht überein[137].

5. Das Solmser Landrecht vom Jahre 1571

Auch das *„Solmser Landrecht"* von 1571 knüpft im 13. Titel des 2. Buches „Von Schankungen, Ubergaben und Aufgiften" hinsichtlich der donatio mortis causa (Gesetz Nr. 5)[138] an die Regelung im Gemeinen Recht an.

---

[135] *Kunkel-Thieme-Beyerle* I 1, 241 ff., 256 f.

[136] *Kunkel-Thieme-Beyerle* I 2, 79 ff., 112.

[137] Vgl. *Kunkel* in *Kunkel-Thieme-Beyerle* I 2, 343 A. 63.

[138] *Kunkel-Thieme-Beyerle* I 2, 173 ff., 206.

„Sonst wollen wir, was die gemeinen Kayserlichen Recht in andern Fällen der Donation halben disponirt und geordent haben, als: wann dieselben mögen widerrufen und den Undankbaren entzogen werden, auch wann dieselben von Tods wegen geschehen, genannt donationes causa mortis, etc., daß solche Recht hierdurch unverendert in ihren Kreften bleiben sollen."

6. Die Kursächsischen Konstitutionen vom Jahre 1572

Im dritten Teil des dritten Buches „Von Ubergaben auf den Todesfall, Testamenten, Erbfellen und Lehnsvolgern" beschäftigen sich die *„Kursächsischen Konstitutionen"* vom Jahre 1572[139] in der Constitutio I „Von den Ubergaben, so auf den Todsfall geschehen" lediglich mit der Frage, ob die nach römischem Recht auf die donatio mortis causa anwendbare Lex Falcidia auch im Sächsischen Recht Platz greife. Diese Frage, die von der Konstitution verneint wurde, war aufgetaucht, nachdem man die römischrechtliche donatio mortis causa mit den deutschrechtlichen Vergabungen auf den Todesfall identifiziert hatte[140]. Aufschlüsse über die rechtliche Konstruktion der „Ubergaben, so auf den Todsfall geschehen" bieten die Kursächsischen Konstitutionen nicht.

7. Die Frankfurter Reformation vom Jahre 1578

In der „Frankfurter Reformation" vom Jahre 1578[141] werden im 13. Titel des vierten Teils („Von Testamenten und anderen letzten Willen") die „Ubergaben von Todtswegen oder auff den Todtsfall" wie folgt geregelt:

§ 1

„Es werden solche Donationes und Ubergaben auch under die Letzten Willen gerechnet, dieweil sie gleicher gestalt, von Todtswegen oder auß Fürsorg und Betrachtung der Sterblichkeit geschehen, und dann, dieweil sie auch gleich wie alle andere Letzte Willen, Testamenta, Fideicommiß, Codicillen und Legaten jederzeit durch den Donatorem und Ubergeber mögen widerruffen und vernichtet werden."

---

[139] *Kunkel-Thieme-Beyerle* I 2, 255 ff., 285 f.

[140] Vgl. *Kunkel* in *Kunkel-Thieme-Beyerle* I 2, 380 A. 57.

[141] Der Statt Franckfurt Am Mayn erneuerte Reformation, Die in Anno 1578 außgangen und publicirt, Jetzt abermals von newen ersehen, an vielen underschiedlichen Orten geendert, verbessert und vermehrt. Franckfurt am Mayn 1611.

§ 2

„Und geschehen solche Ubergaben nach Besag der Recht auff Dreyerley Weiß: Erstlich, Wann jemandt solche Donation thut mit außtrücklicher Vermeldung, daß er auß Betrachtung, daß wir alle sterblich seynd, (obwol sonst kein Gefahr deß Tods vorhanden were), die Ubergab thue. Dann auch ein Regul ist, wann in einer Donation oder Ubergab deß Todts Meldung geschicht, daß es darfür zu halten, es seye die Donation von Todts wegen geschehen. Zum Andern, Geschicht solche Donation, wann die Gefahr deß Todts entweder augenscheinlich vorhanden ist, als, so einer in hoher Kranckheit und auff seinem Todtbett dieselbig thut; Oder wann die Gefahr deß Todts sonst zu besorgen und zu befahren, als, da sich einer in Krieg oder in gefährliche Reisen uber Meer und sonst begeben wolte; Oder sterbend Leufft einfielen[142], etc. Und zum Dritten, So der Donator dergestalt etwas ubergibt, sofern er nicht widerkommen oder vor dem Donatario versterben würde. Und ist aber in allen solchen Fällen die Natur und Art solcher Donation, daß deß Donatoris oder Ubergebers Will und Meinung dahin verstanden wirdt, daß derselbig den Eigenthumb deß Ubergebenen Guts viel lieber selbst, so er in Leben bleiben solte, behalten; Da er aber je versterben würde, alßdann erst dem Donatario, welchem die Ubergab geschicht, lieber, als sein deß Ubergebers Erben und Verwandten gönnen wolte."

§ 3

„Es haben aber solche Ubergaben von Todtswegen anderst nicht Krafft, die seyen dann in Beyseyn Fünff (nach Ordnung gemeiner Recht) oder aber Dreyer unser Rahtsfreunde oder sonst Dreyer unser Bürger unseren Freyheyten nach geschehen. Daß auch derjenig, welchem solche Donation geschicht, selbst Persönlich darbey erscheine und die annemme, oder je ein andere Person von seinet wegen."

§ 4

„Wir ordnen und wöllen auch, da obgemeldter gestalt jemandt alle seine Güter einem, so sonst von Rechtswegen sein Erb nicht seyn köndte, ubergeben wolte, (welche Donation doch bey uns anderst nicht, dann vor unsern Schultheiß und Scheffen geschehen, sonst

---

[142] Das heißt: in Zeiten, in denen Pestepidemien ausbrachen. Vgl. *Grimm*, Deutsches Wörterbuch, Band 10, 2. Abtl., 2. Teil, 1941, 2430; *Trübner*, Deutsches Wörterbuch, Band 6, 1955, 57.

aber nicht bündig noch kräfftig seyn solle). Dieweil derselbige Donatarius anstatt eines Legatarii gehalten wirdt, und damit dennoch die nechsten Erben auch etwas von der Verlassenschafft deß Donatoris bekommen; daß in solchem Fall desselben Nechtsgesipte Verwandten Quartam Falcidiam, das ist einen Vierdtentheil auß aller solcher Verlassenschafft abziehen und eigenthümblich innbehalten mögen, und das ubrig dem Donatorio zustellen sollen."

§ 5

„So aber der Donator nicht alle seine Güter ubergeben, sondern ihme darauß ein Reservat und Namhaffts, zuvor behalten, dasselbig aber nicht verschafft hette und darüber verstorben were; So wöllen Wir, daß solchs Reservat nicht dem Donatario accrescirt oder zugefallen seyn, sondern deß Donatoris rechten Blutsfreunden und Erben soll bleiben und folgen."

§ 6

„Oberzehlte Ubergab fällt und verlischt, wann der Donator dieselbig widerrüfft; Item, wann er seines Lagers auffkompt; Item, wann der Donatarius vor dem Ubergeber mit Todt abgeht und mag alsdann er, der Ubergeber, das ubergeben Gut, wann es gleich dem Donatario were zugestellt worden, von desselben Erben in der Güte oder mit Recht wol widerumb erfordern."

Die Frankfurter Reformation rechnete also die Schenkung von Todes wegen, offenbar unter dem Einfluß von Justinian C. 8, 56, 4, zu den Verfügungen von Todes wegen. Auch die Anlehnung an das wohl zu Unrecht Ulpian zugeschriebene Fragment D. 39, 6, 2, wo die in der Frankfurter Reformation wiederholten drei Arten der donatio mortis causa erwähnt werden, zeigt, daß die Reformation ganz auf dem Boden des römisch-gemeinen Rechts steht[143].

8. Das Bayerische Landrecht vom Jahre 1756

Das *Bayerische Landrecht* vom Jahre 1756[144] behandelt die Schenkung von Todes wegen im achten Kapitel des III. Teils unter der Überschrift „Von Schenkungen, sowohl unter Lebendigen als von Todes wegen". Die §§ 1—3 dieses Kapitels lauten:

---

[143] Vgl. *Coing*, Die Frankfurter Reformation von 1578 und das Gemeine Recht ihrer Zeit, 1935, 93 f.

[144] Codex Maximilianeus Bavaricus Civilis.

§ 1

„Handlungen, wodurch man aus bloßer Gnade und Freigebigkeit, ohne Entgelt etwas von dem anderen erlangt, werden Schenkungen genannt, und geschehen entweder per Actum inter Vivos oder Mortis causa. Ist nun die Schenkung ihrem Inhalt nach so beschaffen, *daß sie noch in der Lebenszeit des Donators ihre Kraft und Beständigkeit erlangt,* so heißt es Donatio inter Vivos; kommt sie aber *erst durch den Tod desselben zu Kräften,* so ist es nach Anleitung des obigen Kap. 1 § 1 ein letzter Wille und Donatio Mortis causa[145]. Der weitere Unterschied zwischen beiden erhellt mit mehreren aus folgenden Paragraphen und wird auch im Zweifel allezeit mehr Donatio inter Vivos als Mortis causa präsumiert."

§ 2

„Eine Schenkung von Todes wegen ist entweder realis, oder conventionalis. Durch die letztere, welche nämlich durch bloße Zusage geschieht, erlangt 1. der Donatarius vor dem Tode des Donators weder Obligationem noch Actionem, sondern nur die alleinige Hoffnung zur geschenkten Sache (nudam Spem debitum iri), weil die Schenkung, wie jeder andere letzte Wille von dem Donator allemal wiederum bis auf den letzten Augenblick zurückgenommen werden kann. Durch die Donationem realem aber, welche nämlich mittels wirklicher Übergabe gepflogen wird, erlangt zwar 2. der Donatarius das Eigentum der geschenkten Sache, jedoch, so lange der Donator lebt, andergestalt nicht als widerruflich, und falls sich dieser etwa bei der Übergabe das Eigentum lebenslänglich vorbehält, so hat sich auch der Donatarius in der Lebenszeit des Donators mehr nicht als des bloßen Detentions-Rechtes in Re donata zu erfreuen."

§ 3

„Legate und Schenkungen von Todes wegen sind zwar dem gemeinen Rechte nach in einigen Stücken unterschieden, welcher Unterschied aber heut zu Tage nicht mehr beobachtet wird."

---

145 III. Teil, erstes Kapitel, § 1 des Bayerischen Landrechts lautete: „Man succediert einem anderen in seinen Gütern oder Rechten Titulo universali vel singulari. Auf die erste Weise geschieht solches durch die Erbfolge ohne Unterschied, ob man die ganze Erbschaft oder nur einen Teil davon erlangt. Alle übrige Nachfolge, welche nicht erbschaftlich, sondern auf andere Weise z. B. durch Vermächtnis, Kauf, Tausch, Schenkung oder dergleichen Handlungen unter Lebendigen oder von Todes wegen, in gewissen oder sämmtlichen Gütern oder Rechten geschieht, wird Successio singularis genannt".

Wie also Teil III, Kap. 8 § 1 des Bayerischen Landrechts zeigt, unterschied man die Donatio inter vivos von derjenigen mortis causa nach der Art ihrer rechtlichen Bindung (ob „sie noch in der Lebenszeit des Donators ihre Kraft und Beständigkeit erlangt" oder ob sie „erst durch den Tod desselben zu Kräften kommt"). Aus § 2 a.a.O. erhellt, daß es für die rechtliche Struktur der Schenkung von Todes wegen bedeutungslos war, ob sie „realis" (vollzogene Schenkung) oder „conventionalis" (Versprechensschenkung) zustandekam. Man begnügte sich nun allerdings nicht damit, auf die genannten Schenkungsarten bestimmte Regeln des Vermächtnisrechts anzuwenden, sondern identifizierte die Schenkungen von Todes wegen schlechthin mit den Legaten (§ 3 a.a.O.)[146]. Durch diese schematische und unterschiedslose Gleichsetzung[147] wurde der juristische Charakter der Schenkung derart verdunkelt, daß man sich fragen muß, warum denn dann in den beiden vorangegangenen Paragraphen eine nähere Regelung dieses Instituts überhaupt getroffen wurde. Denn wenn ein Unterschied ihrer rechtlichen Eigenschaften mit den Legaten „heut zu Tage nicht mehr beobachtet" wurde, hätte man sie neben den Legaten überhaupt nicht mehr zu erwähnen brauchen, am allerwenigsten jedoch in dem Kapitel über die „Schenkungen unter Lebendigen".

9. *Das Preußische Allgemeine Landrecht vom Jahre 1794*

Das *Preußische Allgemeine Landrecht* von 1794 regelt die Schenkung von Todes wegen in den §§ 1134—1139 des I. Teils, 11. Titel, im Zusammenhang mit den Vorschriften über Schenkungen folgendermaßen:

§ 1134

„Sobald ein wirklicher rechtsgültiger Schenkungsvertrag vorhanden ist, macht es in Ansehung der Rechte des Geschenknehmers und der Befugnis des Geschenkgebers zum Widerruf keinen Unterschied, wenn gleich das Geschäft eine Schenkung von Todes wegen genannt oder die Übergabe bis nach dem Ableben des Geschenkgebers verschoben wäre."

§ 1135

„Hat aber der letztere sich den Widerruf bis zu seinem Tode ausdrücklich vorbehalten, so hat der Geschenknehmer, wenn kein Widerruf erfolgt ist, dennoch wegen eines solchen Geschenks auf den Nachlaß nur eben die Rechte wie ein Legatarius."

---

[146] *Roth-Becher*, 149 f. mit A. 5.

[147] So wurde unter der Herrschaft des Bayerischen Landrechts für die Schenkung von Todes wegen nicht mehr die Schenkungs-, sondern nur noch die Kodizillarform zugelassen. *Roth-Becher*, 152 mit A. 20.

§ 1136

„Ist ein Schenkungsvertrag unter der Bedingung, wenn der Geschenkgeber eine bevorstehende Todesgefahr nicht überleben würde, geschlossen worden, so verliert der Vertrag seine Wirksamkeit, sobald der Schenkende die Gefahr überlebt."

§ 1137

„Ein solches Geschenk kann daher, wenn es gleich schon wirklich übergeben worden, nicht nur von dem Geschenkgeber, sondern auch, wenn dieser erst nach überlebter Gefahr auf andere Art gestorben ist, von seinen Erben widerrufen werden."

§ 1138

„Auch wenn eine instehende Todesgefahr nur der Anlaß oder Beweggrund der Schenkung gewesen ist, kann der Geschenkgeber nach überstandener Gefahr dieselbe widerrufen."

§ 1139

„Die Erben des Geschenkgebers hingegen sind in diesem Falle zu einem Widerrufe, den der Erblasser noch nicht rechtlich erklärt hatte, nicht berechtigt."

Ferner heißt es im 12. Titel, 1. Abschnitt ALR „Von Testamenten und Codicillen" im

§ 335

„Auch die von Todes wegen gemachten Schenkungen sind diesem Beitrage und Abzuge unterworfen[148]."

Das preußische Recht erachtete also die Schenkung von Todes wegen begrifflich-dogmatisch als Schenkung unter Lebenden. Weder die Bezeichnung „Schenkung von Todes wegen" durch die Parteien noch der Zeitpunkt des Vollzuges änderte etwas an ihrer rechtlichen Struktur[149]. Das Landrecht legte ihr nur dann die Wirkungen einer Verfügung von Todes wegen bei, wenn sie entweder ausdrücklich als eine bis zum Tode

[148] Damit war die in § 334 a.a.O. enthaltene Regelung gemeint: „Reicht aber der Nachlaß zu Bezahlung der Schulden, Ergänzung des Pflichtteils oder Berichtigung der übrigen Vermächtnisse nicht zu, so müssen die Legatarii nach Verhältnis der ihnen geschehenen Zuwendungen dazu mit beitragen oder Abzug leiden."

[149] Vgl. ALR I, 11 § 1134. *Koch*, Das Preußische Erbrecht, 1139; *O. Fischer*, Lehrbuch des preußischen Privatrechts, 493; *Roth-Becher*, 150 mit Nachweisen A. 7.

des Schenkers widerrufliche gestaltet oder wenn sie mit Rücksicht auf eine bestimmte Todesgefahr zwar ohne ausdrücklichen Vorbehalt des Widerrufs, wohl aber unter der Bedingung vorgenommen war, daß der Schenker die Gefahr nicht überlebte. Widerrief der Schenker in diesen beiden Fällen[150] eine Versprechensschenkung, so trat eine Wirkung der Schenkung gar nicht erst ein[151]. Widerrief er dagegen nicht, dann kam dem Beschenkten dieselbe Rechtsstellung wie einem Vermächtnisnehmer zu.

Hatte sich der Schenker bei einem Schenkungs*versprechen* den Widerruf ausdrücklich vorbehalten oder in einer bestimmten Lebensgefahr zu schenken versprochen, dann konnte er anders als bei den sonstigen Schenkungen unter Lebenden nicht bloß wegen Undanks, Übermaßes oder wegen später geborener Kinder, sondern auch grundlos widerrufen[152]. Allein durch diesen Vorbehalt unterschied sich eine solche Schenkung daher zugleich einmal vom testamentarischen Vermächtnis, das auch ohne Vorbehalt jederzeit widerruflich war, sowie zum anderen vom Erbvertrag, der nicht frei widerrufen werden konnte.

Was die Form der Versprechensschenkung von Todes wegen im preußischen Recht anlangt, so galt für sie ausschließlich die Form der lebzeitigen Schenkung, sie war also gerichtlich zu beurkunden[153]. Da in diesem Falle die Ausführung der Schenkung vor dem Tode des Schenkers unterblieb, so erwarb der Beschenkte erst mit dem Tode des Schenkers gegen dessen Erben einen Anspruch aus dem Schenkungsversprechen[154].

Sollte die Schenkung dagegen zu Lebzeiten des Schenkers, wenn auch von Todes wegen bedingt, *vollzogen* werden, so bedurfte es zwar nicht wie bei einem Versprechen der gerichtlichen Form, wohl aber bei beweglichen Sachen der Übergabe, bei Grundstücken außerdem noch der Schriftform[155].

---

[150] Der Widerruf im Falle einer Schenkung in Todesgefahr war rechtlich allerdings nur von Bedeutung, solange die Gefahr andauerte. Überlebte der Schenker sie nämlich, so trat die Schenkung gar nicht erst in Wirksamkeit. Überlebte er sie nicht und hatte er auch nicht widerrufen, so konnte der Widerruf von seinen Erben nicht mehr erklärt werden, da die Schenkung endgültig wirksam geworden war (vgl. ALR I, 11 § 1139).

[151] *Förster-Eccius* II, 37, bemerkt bei solcher Sachlage zu Unrecht, jegliche Wirkung „falle weg". Denn vor dem Tod des Schenkers ist noch gar keine Wirkung vorhanden gewesen.

[152] *Förster-Eccius* II, 38.

[153] *Förster-Eccius* II, 36; *Dernburg*, Preußisches Privatrecht III, 453; *Roth-Becher* a.a.O. 153.

[154] Vgl. *Förster-Eccius* a.a.O.; *Koch* a.a.O. 1140.

[155] *Dernburg*, Preuß. Privatrecht III, 453 mit A. 15; *Förster-Eccius* II, 36.

In jedem Falle konnte bei einer zu Lebzeiten realisierten Schenkung von Todes wegen das Geschenk zurückgefordert werden, wenn der Beschenkte vor dem Schenker starb[156]. Hierbei wurde das Vorversterben des Beschenkten im Zweifel als auflösende Bedingung betrachtet[157].

Hatte der Schenker die Schenkung von Todes wegen bei bestehender Lebensgefahr unter der *Bedingung*, daß er die Gefahr nicht überlebte, vollzogen, so wurde sie auch dann ipso iure unwirksam, wenn der Schenker die Gefahr überstand[158]. Der geschenkte Gegenstand konnte dann nicht nur durch den Schenker selbst, sondern auch durch seine Erben zurückgefordert werden, wenn er später aus einem anderen Grunde starb[159].

Da nach preußischem Recht der Vermächtniserwerb nicht mehr vom Antritt der Erbschaft abhing, wie es nach römischem Recht der Fall war[160], stimmten die Rechtswirkungen der Schenkung von Todes wegen jetzt in allen entscheidenden Punkten zwar nicht bezüglich ihrer rechtlichen Struktur, wohl aber hinsichtlich ihrer Wirkungen mit denen der Vermächtnisse überein (ALR I, 11 § 1135). Insbesondere mußte sich der von Todes wegen Beschenkte, wenn der Leistungsgegenstand in Geld bestand[161], Kürzungen ebenso gefallen lassen wie ein Vermächtnisnehmer, falls der Nachlaß zur Schuldentilgung, Pflichtteilsergänzung und Vermächtniserfüllung nicht reichte. Wenn er schon im Besitz des Zuzuwendenden war, mußte er das Zuvielempfangene herausgeben[162]. Bestand der Schenkungsgegenstand nicht in Geld, so hatte er einen Beitrag in den Nachlaß zu leisten[163].

Sollte demgegenüber das Geschenk dem Beschenkten nur bis zum Tode des Schenkers oder erst von diesem Zeitpunkt ab zugewendet wer-

---

156 *Dernburg* a.a.O. 454 mit A. 28.

157 *Förster-Eccius* II, 36 mit A. 207.

158 ALR I, 11 § 1136; *Förster-Eccius* II, 36; *Dernburg*, Preuß. Privatrecht III, 454; *O. Fischer* a.a.O. 493. — Zwar ist in § 1136 ALR I, 11 nur der Fall erwähnt, in dem der Tod des Schenkers durch eine bestimmte Gefahr zur Bedingung erhoben ist, nicht dagegen der, wo der Tod des Schenkers vor dem Beschenkten überhaupt das bedingende Ereignis darstellt. *Eccius* (*Förster-Eccius* II, 35 A. 204) ist der Ansicht, auch dieser zuletzt genannte Fall gehöre hierher.

159 Vgl. ALR I, 11 § 1137; *Dernburg* a.a.O.; *Förster-Eccius* a.a.O. Das im § 1137 ALR I, 11 verwendete Wort „widerrufen" (statt „herausverlangen") ist also nicht im juristisch-technischen Sinne zu verstehen (*Förster-Eccius* a.a.O. 36).

160 *Dernburg*, Preuß. Privatrecht III, 453.

161 *O. Fischer*, Lehrbuch des preußischen Privatrechts, 668.

162 Vgl. ALR I, 12 § 335; *Dernburg*, Preuß. Privatrecht III, 454; *Förster-Eccius* II, 37 A. 216.

163 *O. Fischer* a.a.O. 668.

den, so bildete der Todestag lediglich eine *Zeitbestimmung.* Mit dem Eintritt dieses Ereignisses hörte entweder die Wirkung der Schenkung auf oder es begann erst jetzt ihre Wirksamkeit, so daß in diesem letzten Falle der Beschenkte gegen die Erben des Schenkers einen Anspruch auf Übereignung, Abtretung oder Erlaß des betreffenden Rechts hatte. Dieser Fall unterschied sich daher nicht von der gewöhnlichen Schenkung unter Lebenden[164].

Bildete die Todesgefahr des Schenkers für seine Schenkung nur einen *Beweggrund,* ohne daß daran die Bedingung geknüpft wurde, der Schenker werde in der Gefahr umkommen, so konnte nur der Schenker persönlich, nicht aber sein Erbe widerrufen[165]. Eine solche Schenkung unterschied sich ebenfalls in keiner Weise von den sonstigen Schenkungen unter Lebenden[166].

Förster-Eccius[167] hielten die Regelung des ALR für durchaus gelungen und geeignet, diese, wie *Svarez*[168] sagte, „dunkelste und verwickelste" Lehre des römisch-gemeinen Rechts von den „inextrikabelsten Verlegenheiten" zu befreien und zu vereinfachen. Die Vereinfachung liege insbesondere darin, daß anders als im römischen Recht die Schenkung von Todes wegen nicht beliebig, sondern nur bei ausdrücklichem Vorbehalt widerrufen werden konnte[169]. Es ist jedoch dogmatisch keineswegs zutreffend, den Beschenkten dann als Vermächtnisnehmer anzusehen, wenn sich der Schenker bis zu seinem Tode den beliebigen Widerruf vorbehalten hat. Denn bei jedem Vertrag steht es den Parteien frei, den jederzeitigen Widerruf zu vereinbaren, ohne daß sich dadurch an der rechtlichen Struktur des Geschäfts irgendetwas ändert. Solange nämlich der zum Widerruf Berechtigte von seiner Befugnis keinen Gebrauch macht, kommt dem Bedachten die gleiche Rechtsstellung zu wie bei einem unwiderruflichen Vertrag. Von einer besonders gelungenen Regelung kann also nicht gesprochen werden.

V. Die Schenkung von Todes wegen im Österreichischen Allgemeinen Bürgerlichen Gesetzbuch vom Jahre 1811

Das Österreichische „Allgemeine Bürgerliche Gesetzbuch" aus dem Jahre 1811 kodifiziert die Schenkung von Todes wegen folgendermaßen:

---

164 *Förster-Eccius* II, 35.

165 Vgl. ALR I, 11 § 1138, 1139; *Dernburg* a.a.O.; *Förster-Eccius* II, 35.

166 *Förster-Eccius* a.a.O.

167 II, 38.

168 Jahrbücher für die Preußische Gesetzgebung 41, 25 f.

169 Vgl. auch O. *Fischer* a.a.O. 493.

§ 603[170]

„Inwiefern eine Schenkung auf den Todesfall als ein Vertrag oder als ein letzter Wille zu betrachten sei, wird in dem Hauptstücke von den Schenkungen bestimmt.“

In diesem Hauptstücke „Von Schenkungen“ (§§ 938—956 ABGB) heißt es im

§ 956

„Eine Schenkung, deren Erfüllung erst nach dem Tode des Schenkenden erfolgen soll, ist mit Beobachtung der vorgeschriebenen Förmlichkeiten als ein Vermächtnis gültig. Nur dann ist sie als ein Vertrag anzusehen, wenn der Beschenkte sie angenommen, der Schenkende sich des Befugnisses, sie zu widerrufen, ausdrücklich begeben hat, und eine schriftliche Urkunde darüber dem Beschenkten eingehändigt worden ist.“

Das Österreichische ABGB hat demnach die römisch-gemeinrechtliche donatio mortis causa nicht rezipiert[171]. Wie im älteren deutschen Recht

[170] Dieser Paragraph stand am Schluß des Abschnitts „Von der Erklärung des letzten Willens überhaupt und den Testamenten insbesondere“.

[171] *Ehrenzweig*, Festschrift für das ABGB, Band II, 633, unter Hinweis auf die gleiche Regelung im spanischen Código civil Art. 620 und im portugiesischen Código civil Art. 1457. — Das *Schweizerische Obligationenrecht* vom 14. 6. 1881 bestimmt in Art. 245 II: „Eine Schenkung, deren Vollziehbarkeit auf den Tod des Schenkers gestellt ist, steht unter den Vorschriften über die Verfügungen von Todes wegen.“ Die schweizerische Regelung entspricht also dem § 956 S. 1 des österreichischen ABGB. Es ist in der schweizerischen Literatur und Rechtsprechung als herrschende Ansicht zu bezeichnen, daß sich trotz der Anwendbarkeit erbrechtlicher Vorschriften an der rechtlichen Struktur der Schenkung als einer lebzeitigen Zuwendung nichts ändert (*Aeby*, 22 f.; *Moser*, 5 f.; *von Fischer*, 11 f., 15, 18, 37 f., 50 ff., 60; *Tuor*, Kommentar zum Schweizerischen Zivilgesetzbuch, Band III: Erbrecht, 1929, 274 Randnr. 20; *Oser-Schönenberger*, Obligationenrecht II, Randnr. 19 zu Art. 245 mit Nachweisen aus der Rechtsprechung des schweizerischen Bundesgerichts. Dagegen *von Tuhr*, Schweizerische Juristen-Zeitung 18, 1921/22, 201, 205 A. 23, und *Escher*, Erbrecht I, 99 Randnr. 7, die in der Schenkung, deren Vollziehbarkeit auf den Tod des Schenkers abgestellt ist, eine Verfügung von Todes wegen erblicken. Das Schweizerische Bundesgericht läßt die Frage dahingestellt: BGE 84 II 252 Nr. 7; BGE 89 II 87 Nr. 4.). Zur Schenkung von Todes wegen im Schweizerischen Recht vgl. außerdem *Schmid*, Die Schenkung nach dem Schweizerischen Zivilgesetzbuch, Diss. Zürich 1909; *Loew*, Obligations stipulées à cause de mort et droit de successions, Diss. Lausanne 1927; *Guisan*, Recherche théorique de la limite entre le contrat et l'acte à cause de mort, 1934. — Nach *französischem Recht* gibt es nur die Schenkung unter Lebenden und die testamentarischen Zuwendungen von Todes wegen (Art. 893 ff. Code Civil). Lediglich durch einen Ehevertrag kann eine Schenkung unter der Bedingung vorgenommen werden, daß der Beschenkte den Schenker überlebt (Art. 1082, 1084, 1092, 1093, 1095, 1096 Code Civil). Eine solche donation à cause de mort ersetzt praktisch den in Frankreich unbekannten Erbvertrag.

kommt es nach § 956 ABGB nicht darauf an, daß es sich um eine Schenkung handelt, die in ihrer Wirkung vom Überleben des Beschenkten abhängt[172]. Vielmehr wird jede widerrufliche Schenkung, „deren Erfüllung erst nach dem Tode des Schenkenden erfolgen soll", rechtlich als Vermächtnis angesehen[173]. Es muß allerdings eine zu Lebzeiten des Schenkers nicht vollzogene Schenkung vorliegen[174].

Unklarheiten herrschen indessen darüber, was unter dem „Vertrag" zu verstehen ist, um den es sich handelt, wenn der Beschenkte die Schenkung angenommen und der Schenker auf sein Widerrufsrecht verzichtet hat (§ 956 S. 2 ABGB). Ein Erbvertrag wird es deshalb nicht sein, weil das ABGB nur Erbverträge zwischen Ehegatten zuläßt (§§ 602, 1249 ABGB)[175], während die Schenkung nach § 956 ABGB jedermann offensteht. In der österreichischen Doktrin wird daher ein „Vertrag" im Sinne des § 956 S. 2 ABGB teils als lebzeitiges Zuwendungsgeschäft, nämlich als gewöhnlicher Schenkungsvertrag, teils als ein „Geschäft besonderer Art" aufgefaßt[176].

VI. Die Schenkung von Todes wegen in den Entwürfen eines bürgerlichen Gesetzbuches für das Großherzogtum Hessen (1853) und für das Königreich Bayern (1861)

1. Der „Entwurf eines bürgerlichen Gesetzbuches für das Großherzogtum Hessen" vom Jahre 1853

Im zweiten Buch der vierten Abteilung „Von den Verbindlichkeiten im Besonderen" des hessischen Entwurfs sollte die Schenkung von Todes wegen innerhalb der Normgruppe „Von dem Schenkungsvertrage"[177] folgendermaßen geregelt werden:

Näheres dazu bei *Glasson*, Etude sur les donations à cause de mort, 1870; *Barilleau*, Des donations à cause de mort, Diss. Poitiers 1878; *Zachariä von Lingenthal*, Handbuch des Französischen Civilrechts IV, 191 ff., 469 ff., 475 ff.; *Förtsch*, Vergleichende Darstellung des Code Civil und des Bürgerlichen Gesetzbuchs, 132; *Siebert*, RvglHWB VI, 154 f. Art. Schenkung, mit weiteren Literaturhinweisen auf S. 159. Zur Rechtsgeschichte der donatio mortis causa in Frankreich zuletzt *Aboucaya*, Tijdschr. 35, 1967, 1 ff.

[172] *Kreller*, Römisches Recht II, 237. Zur donatio post obitum des älteren deutschen Rechts oben Seite 66 f.

[173] *Ehrenzweig*, Festschrift für das ABGB II, 633; System des österreichischen allgemeinen Privatrechts II 2, 562 ff., 567 f.

[174] *Ehrenzweig*, System II 2, 563.

[175] Vgl. *Ehrenzweig*, System II 2, 482.

[176] Nachweise bei *Ehrenzweig*, System II 2, 564 f., der die letztgenannte Ansicht vertritt.

[177] Außerdem ist im Teil IV 2 des hessischen Entwurfs noch im Zusammenhang mit dem „Gemischten Ehevertrag" (Art. 541 ff.) von der Schenkung von Todes wegen die Rede (Art. 552 f.).

Art. 95

„Geschieht die Schenkung in der Weise, daß sie nur erst mit dem Tode des Schenkers und nur unter der Voraussetzung in Wirksamkeit treten soll, daß der Beschenkte den Schenker überlebe, so ist sie eine Schenkung auf den Todesfall.

Jede andere Schenkung ist eine solche unter Lebenden, sollte sie auch vom Schenker anders bezeichnet worden seyn."

Art. 113

„Der auf den Todesfall Beschenkte (Art. 95) kann den Vollzug der Schenkung nur von dem Erben des Schenkers verlangen.
Im übrigen gelten über den Vollzug dieser Schenkungen, je nach deren Inhalt, die Vorschriften über den Vollzug von Vermächtnissen oder Anwartschaften."

Art. 114

„Eine Schenkung auf den Todesfall kann der Schenker aus bloser Reue widerrufen.

Als stillschweigend widerrufen gilt eine solche Schenkung,

1. wenn der Schenker den Gegenstand der Schenkung veräußert, verzehrt oder vernichtet hat;
2. wenn der Beschenkte vor dem Schenker verstorben ist."

2. Der „Entwurf eines bürgerlichen Gesetzbuches für das Königreich Bayern" vom Jahre 1861

Im ersten Teil des bayerischen Entwurfs „Allgemeine Bestimmungen" werden die „Schenkungen auf den Todesfall" im Hauptstück „Von den Rechtsgeschäften" innerhalb der VI. Abteilung „Schenkung" behandelt.

Art. 122

„Ist ein Schenkungsversprechen auf den Todesfall gegeben, so kann der Beschenkte die Erfüllung erst aus dem Nachlasse des Schenkers fordern.

Die Vorschriften über den Vollzug der Vermächtnisse, sowie die Bestimmungen über das Anwachsungsrecht bei denselben kommen auch bei Schenkungen auf den Todesfall zur Anwendung."

Art. 123

„Besteht die Schenkung auf den Todesfall in der sofortigen Übertragung von Sachen oder Rechten, oder hat eine solche Übertragung in Folge eines vorhergegangenen Schenkungsversprechens auf den Todesfall stattgefunden, so ist im Zweifel die Absicht des Schenkers dahin anzunehmen, daß der Beschenkte die Sache oder das Recht sofort, jedoch in widerruflicher Weise erwerben solle."

Art. 124

„Die Schenkung auf den Todesfall kann von dem Schenker jederzeit willkürlich, ausdrücklich oder stillschweigend, widerrufen und dadurch entkräftet werden.

Der ausdrückliche Widerruf erfordert eine schriftliche Erklärung.

Als stillschweigend widerrufen gilt die Schenkung, wenn der Schenker den Gegenstand der Schenkung veräußert, verzehrt, vernichtet oder umgestaltet."

Art. 125

„Die Schenkung auf den Todesfall verliert von Rechtswegen ihre Giltigkeit, wenn der Beschenkte vor dem Schenker stirbt, und, falls sie auf den Tod des Schenkers in einer bestimmten Lebensgefahr gestellt ist, sobald der Schenker diese Lebensgefahr überstanden hat."

Art. 126

„War die geschenkte Sache bereits in den Besitz des Beschenkten übergegangen und wird die Schenkung widerrufen (Artikel 124) oder von Rechtswegen entkräftet (Artikel 125), so kann der Schenker die Herausgabe der Sache mit den Zubehörungen verlangen.

Die noch vorhandenen Früchte können nicht zurückgefordert werden.

Hat sich der Beschenkte durch eine willkürliche Handlung außer Stand gesetzt, das Geschenk zurückzugeben, oder ist die Sache durch seine Schuld untergegangen oder beschädigt, so hat er entsprechenden Ersatz zu leisten.

Im Übrigen ist der Beschenkte als redlicher Besitzer zu betrachten."

Art. 127

„War dem Beschenkten die Ausübung eines Rechtes an der Sache überlassen oder eine Forderung übertragen, so können die hievon gezogenen Früchte oder Zinsen nicht zurückgefordert werden."

Art. 128

„Soweit nicht die vorhergehenden Artikel etwas Abweichendes bestimmen, kommen die allgemeinen Grundsätze über die Schenkungen auch bei Schenkungen auf den Todesfall zur Anwendung."

Zur Begründung der vorstehend wiedergegebenen Artikel wird in den Motiven zum bayerischen Entwurf[178] folgendes bemerkt: Die Schenkung auf den Todesfall stehe mit der Schenkung unter Lebenden unter denselben Begriffsbestimmungen und werde in derselben Form betätigt. Daher fänden auf sie im allgemeinen die Vorschriften über die lebzeitige Schenkung ebenfalls Anwendung. Die Schenkung auf den Todesfall gleiche aber den Vermächtnissen insofern, als die Erfüllung des Schenkungsversprechens nur erst aus dem Nachlaß des Schenkers erfolgen soll. Das gelte insbesondere für das Anwachsungsrecht, das auf Schenkungen unter Lebenden keine Anwendung finden könne. Besondere Vorschriften erachte man in dem Fall für notwendig, wenn zwar ein Schenkungsversprechen auf den Todesfall erteilt sei, dieses aber vom Schenker schon zu Lebzeiten vollzogen werde. Denn hierüber „enthalten die bestehenden Gesetzgebungen keine genügenden Bestimmungen, während die neueren theoretischen Forschungen nutzbares Material darbieten". Bei einer solchen Gestaltung der Rechtslage, so fahren die Motive fort, müsse die Intention des Schenkers so aufgefaßt werden, daß er zwar die sofortige Übertragung der den Gegenstand der Schenkung bildenden Sachen und Rechte zum Eigentum des Beschenkten beabsichtige, daß er aber, auch wenn dies nicht ausdrücklich ausgesprochen sei, die Widerruflichkeit einer solchen Schenkung nicht aufheben wolle. Gerade in der Befugnis des Schenkers zum beliebigen Widerruf liege die allen Verfügungen auf den Todesfall gemeinsame Besonderheit dieser „speziellen Art der Schenkung". Da eine solche Schenkung erst durch den Tod des Schenkers wirksam werde, verliere sie ihre Gültigkeit von selbst, wenn der Beschenkte vorher stirbt.

VII. Die Schenkung von Todes wegen im Bürgerlichen Gesetzbuch für das Königreich Sachsen vom Jahre 1865

In den §§ 2500—2502 des Bürgerlichen Gesetzbuchs für das Königreich Sachsen vom Jahre 1865 heißt es:

§ 2500

„Ein einseitiges Schenkungsversprechen, welches Jemand für den Fall seines Todes im Allgemeinen oder für den Fall seines Todes bei einer bestimmten Lebensgefahr gibt, ist sowohl rücksichtlich der Anordnung und der dabei zu beobachtenden Form als auch rücksichtlich seiner Wirkungen wie eine letztwillige Verfügung zu beurteilen."

---

[178] Motive zum Entwurfe eines Bürgerlichen Gesetzbuches für das Königreich Bayern, 1861, 47 f.

§ 2501

„Wird das Schenkungsversprechen von dem Beschenkten angenommen, so kommen sowohl rücksichtlich der Anordnung und der dabei zu beobachtenden Form als auch rücksichtlich der Wirkungen die Vorschriften über den Erbvertrag zur Anwendung[179]."

Das Sächsische BGB befaßte sich also lediglich mit dem *Schenkungsversprechen* von Todes wegen. Daraus folgt, daß es die zu Lebzeiten vollzogene Schenkung (Handschenkung) stets als Geschäft unter Lebenden ansah. Dies galt einmal dann, wenn bei dem Vollzug zwar auf den Fall des Todes des Schenkers abgestellt war, dies aber bloß zu dem Zweck geschah, die Zahlungszeit der Schenkung auf den Todeszeitpunkt des Schenkers hinauszuschieben[180]. Um eine Schenkung unter Lebenden handelte es sich auch dann, wenn die vollzogene Schenkung im Hinblick auf eine bestimmte Lebensgefahr unter der Bedingung erfolgte, daß der Schenker in ihr seinen Tod fand[181]. Hatte der Schenker ein Schenkungsversprechen von Todes wegen abgegeben und sofort durch Übereignung des geschenkten Gegenstandes vollzogen, so wurde sie ebenfalls als Schenkung unter Lebenden angesehen, und zwar „mit der von selbst darin liegenden auflösenden Bedingung", daß der Beschenkte den Schenker überlebt[182].

Anders als nach § 2301 I S. 1 BGB, der nur ein „dem Beschenkten erteiltes Schenkungsversprechen" regelt, befaßte sich das Sächsische BGB sowohl mit dem einseitigen (§ 2500) als auch mit dem angenommenen Schenkungsversprechen (§ 2501). Daß es dieses „rücksichtlich der Anordnung, der Form und der Wirkungen" nach den Regeln des Erbvertrages, jenes dagegen wie eine letztwillige Verfügung beurteilte, darf nun nicht zu dem verfehlten Schluß verleiten, daß Erbvertrag und angenommenes Schenkungsversprechen ihrer rechtlichen Struktur nach gleichgeartete Verträge darstellten. Die Bedeutung der genannten Vorschriften liegt vielmehr nur darin, daß sich der Widerruf bei einem einseitigen Versprechen nach Testamentsrecht, derjenige bei einem angenommenen Schenkungsversprechen nach den Regeln des Erbvertrages zu richten hatte[183]. In welcher Weise sich die Anwendbarkeit der „Vorschriften über Verfügungen von Todes wegen" nach geltendem Recht (§ 2301 I S. 1 BGB) auf die Struktur eines Schenkungsversprechens von Todes wegen auswirkt, wird weiter unten behandelt werden[184].

---

[179] Durch § 2502 werden einige Bestimmungen des Schenkungsrechts von ihrer Anwendung auf die Schenkung von Todes wegen ausgeschlossen.

[180] *Siebenhaar* III, A. zu § 2500, Nr. 3.

[181] *Siebenhaar*, A. zu § 2500, Nr. 4.

[182] *Siebenhaar* a.a.O.

[183] Vgl. *Siebenhaar*, A. zu § 2500 a.E., A. zu § 2501.

[184] Siehe Seite 95 ff.

Die Trennung des Sächsischen BGB in eine vollzogene Schenkung von Todes wegen und in ein bloßes Schenkungsversprechen bildet den legislatorischen Vorläufer des § 2301 BGB[185]. Der Gesetzgeber des Sächsischen BGB hielt es für bedenklich, „auf das Gemeine Recht, welches bekanntlich in der donatio mortis causa eine doppelte Disposition, nämlich eine solche inter vivos und eine solche mortis causa erblickt, zurückzugehen und durch Einführung desselben die Verwicklungen wieder herzustellen, auf deren Erledigung sowohl die Gesetzgebung als auch die Praxis hingearbeitet hatten“[186]. Man wendete sich daher in Sachsen völlig von der gemeinrechtlichen Entwicklung der donatio mortis causa ab[187] und teilte die hierher gehörigen Fälle „gewissermaßen in zwei Hälften“[188].

Hier begegnet also erneut der schon von Justinian gehegte und rechtspolitisch durchaus legitime Gedanke, die Regelung der Schenkung von Todes wegen zu vereinfachen. Man hat diese Idee in Sachsen jedoch dogmatisch ganz unzulänglich verwirklicht. Es wurde nämlich für eine brauchbare Unterscheidung zwischen lebzeitigen und erbrechtlichen Zuwendungen nicht die Überlebensklausel herausgearbeitet, weil man die vollzogene Schenkung als solche inter vivos, die bloß verpflichtende dagegen als Zuwendung mortis causa konstruierte, obwohl doch beide unter der Überlebensklausel standen. Auch stellte man nicht auf das Merkmal der Vermögensminderung ab. Denn bei sofortiger, wenn auch bedingter oder befristeter, *Übereignung* erachtete man die Schenkung als lebzeitige, nicht dagegen bei einer solchen, durch die sich der Schenker zur Übereignung verpflichtete, obwohl doch auch hier vom Schenker ein Vermögensopfer insofern erbracht wurde, als für ihn das schuldrechtlich bindende Gebot bestand, sich jeder Einwirkung auf den Leistungsgegenstand in der Zwischenzeit zu enthalten. Einen solchen Fall glaubte man in falscher Beurteilung der Rechtslage dem Erbrecht unterstellen zu müssen.

Das Sächsische BGB war allerdings nicht die einzige Quelle, aus welcher der Gesetzgeber des modernen BGB bei der Regelung des § 2301 schöpfte.

---

[185] Vgl. Motive V, 350. Indessen hielt schon *Sehling*, Die Schenkung auf den Todesfall nach dem sächsischen bürgerlichen Gesetzbuch, 1886, 22, die Regelung der Schenkung von Todes wegen im sächsischen BGB für insgesamt überflüssig. Die Abhandlung von *Bernhard Schmidt*, De mortis causa donationis, quam Codex juris civilis Saxonici ponit, vi et indole observatio I, Leipzig 1866, war mir leider nicht zugänglich.

[186] *Siebenhaar*, A. zu § 2500, S. 372.

[187] *Siebenhaar* a.a.O. S. 371; *Grützmann*, Lehrbuch II, 339 f. Hierzu ausführlich *Sehling* a.a.O. passim.

[188] *B. Schmidt*, Vorlesungen II, 250.

VIII. Die Schenkung von Todes wegen in dem „Entwurf eines Deutschen Reichsgesetzes über das Erbrecht" von Friedrich Mommsen aus dem Jahre 1876

In seinem „Entwurf eines Deutschen Reichsgesetzes über das Erbrecht nebst Motiven" vom Jahre 1876 hat *Friedrich Mommsen* folgende Regelung der Schenkung von Todes wegen vorgeschlagen[189]:

§ 440

„Eine Schenkung, welche von Seiten des Schenkers für den Fall seines Todes vorgenommen ist, wird immer wegfällig, wenn der Beschenkte den Tod des Schenkers nicht erlebt."

§ 441

„Wird die Schenkung sofort vollzogen, sei es durch Übertragung des Eigentums oder des sonstigen geschenkten Rechts oder durch Befreiung von einer Schuld usw., so gilt sie als eine Schenkung unter Lebenden und steht unter den für diese geltenden Vorschriften."

§ 442

„Ein Schenkungsversprechen auf den Todesfall ist, je nachdem es nur einseitig oder vertragsmäßig gegeben ist, als Anordnung eines Vermächtnisses oder als Erbvertrag anzusehen und nach den für solche letztwillige Verfügungen geltenden Bestimmungen zu beurteilen.

Hat die Tätigkeit des Beschenkten sich darauf beschränkt, daß er nur die Urkunde mit unterzeichnet oder nur eine die Schenkung annehmende Erklärung der Urkunde hinzugefügt hat, so wird unter Ausschließung der Bestimmung des § 189 Abs. 2[190] das Schenkungsversprechen als eine einseitige letztwillige Verfügung und mit den Wirkungen einer solchen aufrecht erhalten."

F. Mommsen hat diesen Gesetzesvorschlägen eine eingehende Begründung folgen lassen[191]. Er ist der Meinung, die Schenkung von Todes wegen sei ein Rechtsgeschäft unter Lebenden, dessen Wirksamkeit davon abhängt, daß der Beschenkte den Tod des Schenkers überlebt. Der letzte

---

[189] a.a.O. 107.

[190] In § 189 Abs. 2 des von *F. Mommsen* vorgelegten Entwurfs (S. 46) heißt es: „Abgesehen davon ist jeder Vertrag, durch welchen eine Person der anderen Rechte auf ihren künftigen Nachlaß einräumt, ungültig und kann auch als Testament nicht aufrecht erhalten werden, vorbehaltlich der Bestimmungen über das Schenkungsversprechen auf den Todesfall (§ 442)."

[191] a.a.O. 429 ff.

Umstand würde es allerdings allein nicht rechtfertigen, die Schenkung von Todes wegen zu den erbrechtlichen Geschäften zu zählen. Denn die Bedingung des Überlebens könne auch entgeltlichen Verträgen beigefügt werden, die man aber deshalb doch nicht als erbrechtliche Verträge qualifizieren könne. Der Grund, weswegen die Römer die Schenkung von Todes wegen allmählich, wenn auch nicht als letztwillige Verfügung betrachtet, so doch in vielen Beziehungen den Regeln für letztwillige Verfügungen unterstellt hätten, liege vielmehr darin, daß die Schenkungen von Todes wegen im wesentlichen denselben Effekt erzeugten wie letztwillige Verfügungen und daß sie eben deshalb, wenn man auf sie nicht die Vorschriften über letztwillige Verfügungen anwendete, dazu benutzt werden könnten, diese Vorschriften zu umgehen. Die nahe Verwandtschaft mit den letztwilligen Verfügungen habe aber nur das von Todes wegen gegebene Schenkungsversprechen, nicht dagegen die vollzogene Schenkung.

F. Mommsen führt weiter aus[192]: Das entscheidende Kennzeichen der Verfügung von Todes wegen bestehe darin, daß sie für den Verfügenden keine Schmälerung seines Vermögens zur Folge habe, sie vielmehr erst nach dem Tode des Verfügenden wirke. Daran gerade fehle es, wenn jemand noch zu Lebzeiten, sei es auch auf den Todesfall, schenke. Hier trete sofort eine Schmälerung des Vermögens des Schenkers ein. Die Wirkung einer Schenkung mache sich nicht erst nach dem Tode des Schenkers fühlbar, sondern er empfinde sie sogleich. Deshalb liege kein Grund vor, die Schenkung den letztwilligen Verfügungen gleichzustellen und auf sie andere Vorschriften anzuwenden als die der Schenkung unter Lebenden. Insbesondere sei hier die Gefahr eines leichtsinnigen und unüberlegten Handelns nicht größer als bei den Schenkungen unter Lebenden. Auch trete die Besorgnis zurück, daß das Vermögen des Schenkers durch Schenkungen von Todes wegen zu sehr erschöpft werde, weil ja die Wirkungen einer solchen Schenkung den Erblasser selbst träfen.

F. Mommsen wirft sodann die Frage auf, ob nicht in bezug auf die *Widerruflichkeit* ein Unterschied beizubehalten sei. Es bestehe jedoch kein Grund, die Schenkung von Todes wegen in einem weiteren Umfange für widerruflich zu erklären als die Schenkung unter Lebenden. Auch Schenkungen unter Lebenden könnten auflösende Bedingungen beigefügt werden, ohne daß damit der Schenker das Recht des beliebigen Widerrufs erhalte. Daß die Römer dies bei der einer Schenkung von Todes wegen eigentümlichen Bedingung anders regelten, lasse sich nur aus dem für letztwillige Verfügungen geltenden Gesichtspunkt erklären, der nach dem bisher Ausgeführten hier aber nicht zutreffe.

---

[192] a.a.O. 430.

Was das *Schenkungsversprechen* von Todes wegen anlange, so trete, fährt *F. Mommsen* fort, zwar nach römischem Recht auch hier eine Schmälerung des Vermögens des Schenkers ein, weil das Vermögen mit einer Schuld belastet wird. Diese Schmälerung des Vermögens sei aber für den Schenker selbst nicht fühlbar, da die durch das Schenkungsversprechen begründete Forderung erst nach dem Tode des Schenkers geltend gemacht werden könne. Im Effekt stehe also das Schenkungsversprechen von Todes wegen den letztwilligen Verfügungen gleich. Es sei mithin der materiellen Bedeutung dieses Geschäfts nur entsprechend, wenn es ganz unter die für Verfügungen von Todes wegen geltenden Regeln gestellt werde.

Was die Form betreffe, so gelten, meint *F. Mommsen*[193], alle die Gründe, die zu den Formvorschriften für letztwillige Verfügungen geführt haben, in der gleichen Weise für das Schenkungsversprechen von Todes wegen. Dasselbe treffe für die Geschäftsfähigkeit der handelnden Personen zu. Wollte man bei dem Schenkungsversprechen von Todes wegen die Geschäftsfähigkeit in einem weiteren Umfange annehmen als bei letztwilligen Verfügungen, so würde einer Umgehung der für die letztgenannten bestehenden Vorschriften Tür und Tor geöffnet. Ebenso verhalte es sich schließlich mit den Vorschriften über den Inhalt.

F. Mommsen erklärt, er habe in seinem Entwurf deshalb das Schenkungsversprechen von Todes wegen als ein eigenes Institut beseitigt und völlig den Regeln über letztwillige Verfügungen unterworfen. Daraus folge, daß 1. immer die für letztwillige Verfügungen vorgeschriebenen Formen anzuwenden seien, daß 2. sich die Fähigkeit des Schenkers und Beschenkten nach den für die letztwilligen Verfügungen geltenden Vorschriften richteten und daß 3. alle Bestimmungen über den Inhalt und die Aufhebung letztwilliger Verfügungen, über Anfall, Erwerb des Zugewendeten usw. auch auf das Schenkungsversprechen von Todes wegen anzuwenden seien.

Zur Widerruflichkeit des Schenkungsversprechens von Todes wegen bemerkt *F. Mommsen*[194]: Nach seinem Entwurf stehe das angenommene Schenkungsversprechen unter den Regeln des Erbvertrages. Der Vertrag sei also nur gültig, wenn er den Voraussetzungen des Erbvertrages entspreche. Sei dies nicht der Fall, so frage es sich, ob das Schenkungsversprechen in eine (testamentarische) Vermächtnisanordnung umzudeuten sei. Eine allgemeine Regel dieses Inhalts empfehle sich nicht. Jedoch sei es gerechtfertigt, das Schenkungsversprechen in den Fällen, in denen der Beschenkte die Urkunde nur mitunterzeichne oder der Urkunde nur eine akzeptierende Erklärung hinzufüge, als einseitige

---

[193] a.a.O. 431.

[194] a.a.O. 431.

letztwillige Verfügung mit allen ihren Wirkungen aufrechtzuerhalten. Denn in solchen Fällen sei es immerhin zweifelhaft, ob der Abschluß eines bindenden Vertrages beabsichtigt gewesen sei.

IX. Der Einfluß der rechtshistorischen Vorläufer des § 2301 BGB auf die geltende Regelung der Schenkung von Todes wegen

Bei der Betrachtung der im Vorstehenden dargelegten entwicklungsgeschichtlichen Grundlagen der Schenkung von Todes wegen tritt ein Umstand besonders deutlich in die Erscheinung, die Tatsache nämlich, daß es seit Justinians Reformgesetz aus dem Jahre 530 nicht an Versuchen gefehlt hat, die mit diesem Institut verbundenen Probleme zu lösen und das ganze Rechtsgebilde zu vereinfachen. Da indessen alle diese Versuche einer dogmatisch zufriedenstellenden Regelung versagten, wollten die Verfasser des BGB endgültig die bis zum Ende des 19. Jahrhunderts noch immer ungelösten Streitfragen durch Nichtaufnahme der Schenkung von Todes wegen beseitigen[195]. Die Berechtigung zu dieser Eliminierung erblickte die I. Kommission mit Recht in der Systematik des zu kodifizierenden bürgerlichen Rechts. Sie war nämlich der durchaus zutreffenden Meinung, die Formen der testamentarischen und der vertragsweisen Zuwendung von Todes wegen sowie die Vorschriften über die Schenkungen genügten, um der Betätigung jeder Willensmeinung der Beteiligten Raum zu lassen[196]. Anstatt nun dementsprechend die Schenkung von Todes wegen überhaupt unerwähnt zu lassen und diese „Zwitterbildung", wie beabsichtigt, wirklich zu „unterdrücken"[197], schlug die I. Kommission eine dem geltenden § 2301 entsprechende Regelung vor, wobei sie an die überkommenen Erscheinungsformen dieses Rechtsinstituts anknüpfte[198].

Damit taucht die Frage auf, welche der dargestellten, verschiedenartigen rechtsgeschichtlichen Vorläufer des § 2301 von maßgebendem Einfluß gewesen sind. Daß weder die donatio post obitum des älteren deutschen Rechts noch die einschlägigen Normen in den Partikularrechten des Mittelalters hier Pate gestanden haben, läßt sich unschwer erkennen. Aber auch dem römisch-gemeinen Recht war die de lege lata ausschlaggebende Unterscheidung zwischen Handschenkung (§ 2301 II) und Schenkungsversprechen von Todes wegen (§ 2301 I) unbekannt.

---

[195] Motive V, 350 f.

[196] Motive V, 350.

[197] Motive V, 312.

[198] Motive a.a.O. Es ist falsch zu behaupten, das BGB habe die Schenkung von Todes wegen „als besonderes Rechtsinstitut" beseitigt (so allerdings *Hellwig*, 592; *Staudinger-Dittmann*, Randnr. 4 zu § 2301; *Planck-Greiff*, A. 1 zu § 2301); denn ein solches ist sie nie gewesen. Zutreffend *Stübler*, 26.

Denn die schon im klassischen römischen Recht begonnene allmähliche Angleichung an das Recht der Legate erstreckte sich nicht nur auf die stipulatio mortis causa, sondern auch auf die durch eine datio real bewirkte Schenkung.

Eine unterschiedliche Regelung der Handschenkung und der Versprechensschenkung von Todes wegen, wie sie dem § 2301 entspricht, findet sich, soweit ersichtlich, zum ersten Male in den §§ 2500, 2501 des Sächsischen BGB[199]. Dort wurde lediglich das Schenkungsversprechen wie eine Verfügung von Todes wegen beurteilt, und zwar das einseitige wie eine testamentarische, das angenommene wie eine erbvertragliche Zuwendung. Die Verfasser des § 2301 haben allerdings nur an die zuletzt genannte Art des Schenkungsversprechens angeknüpft[200].

Die maßgebende Grundlage für § 2301 ist jedoch *Mommsens* Entwurf gewesen. Zwar tat die I. Kommission *Mommsens* Entwurf im vorliegenden Zusammenhang mit der ebenso vagen wie unzutreffenden Bemerkung ab, er stehe dem Österreichischen ABGB nahe[201]. Im Gegensatz zu *Mommsen* (§ 440 seines Entwurfs) kommt es jedoch nach § 956 des Österreichischen ABGB für die Wirksamkeit der Schenkung von Todes wegen nicht darauf an, daß der Beschenkte den Schenker überlebt[202], während § 2301 BGB gerade auf dieses Merkmal abstellt.

Die grundlegende Übereinstimmung des § 2301 mit *Mommsens* Entwurf liegt darin, daß die I. Kommission ebenso wie jener der Auffassung war, lediglich die zu Lebzeiten des Erblassers vollzogene Schenkung mindere sein Vermögen sofort und unmittelbar[203]. In gleicher Weise wie *Mommsen* hielten die Verfasser des BGB eine solche Schmälerung des Vermögens offenbar dann nicht für „fühlbar“[204], wenn der Erblasser nur ein Schenkungsversprechen erteilt hatte, da die durch das Schenkungsversprechen begründete Forderung erst nach dem Tode des Schenkers geltend gemacht werden kann[205]. Man war wohl der Ansicht, ein solches Versprechen stehe im Ergebnis einer Verfügung von Todes wegen gleich.

Diese Anschauung ist jedoch verfehlt[206]. Würde nämlich § 2301 einmal hinweggedacht werden, so zeigten § 2286 einerseits und die §§ 518 I, 158, 160 andererseits, daß von einer Ähnlichkeit, geschweige denn von einer Gleichheit der Rechtsfolgen eines Erbvertrages und einer bedingten

---

199 Dazu oben Seite 87 ff.
200 Dazu unten Seite 104 f.
201 Motive V, 350 A. 1.
202 Siehe oben Seite 84.
203 Motive V, 352; *Mommsen* a.a.O. 430.
204 Vgl. *Mommsen* a.a.O.
205 Vgl. *Mommsen* a.a.O.
206 Anderer Ansicht *Ettlinger*, 28 ff.; *K. Fischer*, 20.

Versprechensschenkung de lege lata nicht die Rede sein kann. Während nämlich der Vertragserblasser gemäß § 2286 zu Lebzeiten frei über sein Vermögen verfügen und sich verpflichten kann, setzt sich der unter einer Bedingung Schenkende einem Anspruch des Berechtigten auf Unterlassung von Beeinträchtigungen aus[207], wenn er während der Schwebezeit das von der Bedingung abhängige Recht durch sein Verschulden vereitelt oder beeinträchtigt (§ 160 I). Die Kodifikation des § 2301 beruht also im Grunde auf einem Rechtsirrtum seiner Autoren.

Im Gegensatz zum römisch-gemeinen Recht, zum preußischen ALR (I, 11, § 1138) und zum Sächsischen BGB (§ 2500) hielten die Verfasser des BGB — wiederum in Übereinstimmung mit *Mommsens* Entwurf — die Aufnahme einer Bestimmung über die Schenkung von Todes wegen in einer bestimmten Lebensgefahr für entbehrlich, weil der Fall selten sei und es richtiger erscheine, seine Entscheidung der Würdigung der Umstände im Einzelfall zu überlassen[208].

Der einzige Unterschied zu *Mommsens* Entwurf besteht nach geltendem Recht darin, daß die I. Kommission es nicht für erforderlich erachtete, das einseitige Versprechen einer Schenkung von Todes wegen zu erwähnen[209]. Auf diesen Gesichtspunkt wird weiter unten noch eingegangen werden[210]. Zunächst kommt es darauf an festzustellen, welche rechtliche Struktur dem Schenkungsversprechen von Todes wegen (§ 2301 I S. 1) zugrunde liegt.

C. Die rechtliche Struktur des Schenkungsversprechens von Todes wegen (§ 2301 I S. 1)

Nach der in Literatur und Rechtsprechung herrschenden Ansicht wird das Schenkungsversprechen von Todes wegen (§ 2301 I S. 1), ein solches also, welches davon abhängt, daß der Beschenkte den Schenker überlebt, begrifflich als lebzeitiges Rechtsgeschäft verstanden[211].

Der Wortlaut des § 2301 I S. 1 scheint auf den ersten Blick die Richtigkeit dieser Ansicht zu bestätigen. Denn die Vorschrift spricht von einem

---

[207] Dazu unten Seite 97 f.

[208] Motive V, 351.

[209] Motive a.a.O.

[210] Siehe Seite 104 f.

[211] *Ortloff*, ArchBürgR 21, 336 f.; *Ramin*, 42; *Kipp-Coing*, § 81 III 1 a, S. 354: „Es muß ein Schenkungsversprechen im Sinne des Schuldrechts vorliegen"; *Staudinger-Lehmann*, Vorbemerkungen vor § 1937, Randnr. 12; *Staudinger-Dittmann*, Randnrn. 4—9 zu § 2301; *Planck-Greiff*, A. 2 zu § 2301; *Erman-Hense*, A. 1 und 2 zu § 2301; *Brox*, Randnr. 343, S. 172; *Boller*, 12, 19 f.; RGZ 80, 175 (177); BGHZ 8, 23 (31 f.) = NJW 1953, 183 f.

„Schenkungsversprechen“, verwendet mithin einen Begriff des Schuldrechts (§ 518 I). Der zweite Anhaltspunkt für diese Lehre ist die Anordnung des Gesetzes, wonach auf ein solches Schenkungsversprechen unter der Bedingung, daß der Beschenkte den Schenker überlebt, die Vorschriften über die Verfügung von Todes wegen „Anwendung finden“. Daraus könnte man den Schluß ziehen, daß das Gesetz selbst eine Zuwendung, die vom Tode des Schenkers und vom Überleben des Bedachten abhängt, nicht als erbrechtliches Rechtsgeschäft ansieht; denn sonst wäre die Anordnung in § 2301 I S. 1 überflüssig[212].

Die Verfasser des I. Entwurfs[213] waren zwar auch der Meinung, die Klausel des § 2301, der Beschenkte müsse den Schenker überleben, stelle „in Wirklichkeit eine Bedingung“ dar. Sie korrigierten jedoch diese Ansicht durch die Bemerkung, daß die Überlebensklausel ihre Bedeutung als Bedingung verliere, soweit die „Umdeutung“ in eine Verfügung von Todes wegen erfolge. Eine Schenkung könne nämlich „streng genommen“ überhaupt nur dann „als Verfügung von Todes wegen behandelt“ werden, wenn der Schenker vor dem Beschenkten sterbe.

Daraus folgt immerhin soviel, daß nach der Konstruktion der Gesetzesverfasser auf eine Versprechensschenkung der genannten Art die §§ 158 ff. keine Anwendung finden, also auch die Wirkungen des § 160 I ausbleiben[214]. Obligatorische Anwartschaftsrechte entstehen überhaupt nicht. Es würde dem Fundamentalgrundsatz des Erbrechts, nämlich dem freien Verpflichtungs- und Verfügungsrecht unter Lebenden (§§ 2286, 2302), widersprechen, in ihrer Wirkung vom Vorversterben des Bedachten abhängige Zuwendungen als auflösend bedingte und von seinem Überleben abhängige als aufschiebend bedingte lebzeitige Geschäfte zu konstruieren und sie den §§ 158 ff. zu unterstellen. Während im Recht unter Lebenden eine Verfügung, die der unter einer aufschiebenden Bedingung verfügende Geber während der Schwebezeit über den Gegenstand trifft, mit Eintritt der Bedingung insoweit unwirksam ist, als dadurch die von der Bedingung abhängige Wirkung vereitelt oder beeinträchtigt werden würde (§ 161 I S. 1), läßt § 2286 demgegenüber ausdrücklich die Wirksamkeit jeglicher Art von Verfügungen unter Leben-

---

[212] Demgegenüber beruft sich *Heinz*, 9, zum Beweise dafür, daß das Überleben des Bedachten ein notwendiges Merkmal einer jeden Verfügung von Todes wegen darstellt, ausdrücklich auf § 2301 I S. 1. Er übersieht dabei, daß der Tatbestand des § 2301 II ebenfalls an die Überlebensklausel anknüpft (vgl. *Dorow*, 16 A. 44 mit Nachweisen), gleichwohl aber die Vorschriften über die Schenkung unter Lebenden Anwendung finden. Wenn auch § 2301 II eine singuläre Erscheinung bildet (dazu oben Seite 47), so kann doch *jedenfalls nicht aus § 2301* darauf geschlossen werden, daß die Überlebensklausel das entscheidende Merkmal einer Verfügung von Todes wegen ist.

[213] Motive V, 351.

[214] Vgl. *Endemann* III 1, 643 A. 17; *König*, 38 f. A. 17.

den zu, die nach Errichtung eines Erbvertrages vom Erblasser vorgenommen werden. Der Grundsatz der Verfügungsfreiheit unter Lebenden, der den Wirkungen der §§ 158 ff. völlig entgegengesetzt ist, findet nicht nur auf den Erbvertrag Anwendung. Als allgemeines erbrechtliches Rechtsprinzip gilt er für alle Zuwendungsgeschäfte von Todes wegen, das heißt auch für testamentarische Erbeinsetzungen und Vermächtnisse.

Will man sich über die rechtliche Struktur des Schenkungsversprechens von Todes wegen klar werden, empfiehlt es sich, zunächst die Rechtslage zu betrachten, die bestehen würde, wenn es den § 2301 I S. 1 nicht gäbe. In diesem Fall erwürbe der unter der Überlebensklausel Beschenkte nach Annahme des Schenkungsversprechens bereits zu Lebzeiten des Schenkers eine aufschiebend oder auflösend bedingte Forderung auf Leistung des Zuwendungsgegenstandes. Der rechtliche Bestand dieser bedingten Forderung als eines subjektiven obligatorischen Anwartschaftsrechts wäre nach Maßgabe des § 160 durch einen Schadensersatzanspruch rechtlich geschützt[215].

Zwar richtet sich der Schadensersatzanspruch im Falle der Vereitelung oder Beeinträchtigung bei einer Überlebensbedingung niemals gegen den Erblasser, sondern erst gegen dessen Erben. Denn der Ersatzanspruch entsteht überhaupt erst mit dem Eintritt der Bedingung[216]. In diesem Zeitpunkt aber ist der Erblasser bereits tot. Dennoch läßt sich nicht sagen, eine durch das Überleben bedingte Verpflichtung sei für den Erblasser zu Lebzeiten „nicht fühlbar“[217]. Denn ihm obliegt während der Schwebezeit die Pflicht, sich jeder Einwirkung zu enthalten, durch welche die Verwirklichung des von der Bedingung abhängigen Rechts vereitelt oder beeinträchtigt werden könnte[218]. Diese Unterlassungspflicht erstreckt sich auf tatsächliche und rechtliche Einwirkungen. Dem bedingt Berechtigten stehen als Mittel zur Sicherung dieses Anspruchs der Arrest (§ 916 II ZPO) oder die einstweilige Verfügung (§§ 935 ff. ZPO) zu Gebote[219]. Man wird während der Schwebezeit auch eine Klage gemäß § 259 ZPO auf künftige Leistung für zulässig erachten müssen, wenn begründetermaßen anzunehmen ist, daß der bedingt Verpflichtete

---

[215] Vgl. *Zehner*, AcP 153, 444 A. 68, der das allerdings zu Unrecht schon de lege lata annimmt.

[216] *Staudinger-Coing*, Randnr. 7 zu § 160; *Erman-Hefermehl*, A. 2 zu § 160; *Enneccerus-Nipperdey*, § 197 II 2, S. 1199; *Flume*, Rechtsgeschäft, 714.

[217] So allerdings *Ettlinger*, 30 f.

[218] *Planck-Flad*, A. 1 a.E. zu § 160; *Staudinger-Coing*, Randnr. 3 zu § 160; *Seydel* in Soergel-Siebert, Randnr. 1 zu § 160; *Flume* a.a.O. — Dies und das im Text Folgende ignoriert *Ettlinger* a.a.O.

[219] *von Tuhr* II 2, 293; *Planck-Flad*, A. 4 a zu § 160; RGRK-*Kuhn*, A. 1 zu § 160; *Staudinger-Coing*, Randnr. 7 zu § 160; *Seydel* in Soergel-Siebert, Randnr. 4 zu § 160; *Erman-Hefermehl*, A. 2 zu § 160.

die Möglichkeit der Leistung bei Eintritt der Bedingung verhindern wird[220]. Handelt es sich um ein bedingt geschenktes Grundstück, so kommt eine Vormerkung gemäß § 883 I S. 2 in Betracht[221]. Im übrigen kann die bedingte Forderung auch durch Bürgschaft (§ 765 II), Hypothek (§ 1113 II) oder Mobiliarpfandrecht (§ 1204 II) gesichert werden[222].

Den Eintritt einer solchen Rechtsfolge will das Gesetz jedoch durch § 2301 I S. 1 gerade verhindern. Denn dadurch, daß auf ein Schenkungsversprechen unter der Überlebensbedingung die Vorschriften über Verfügungen von Todes wegen Anwendung finden, soll der Beschenkte vor dem Tode des Schenkers keine bedingte Forderung, sondern lediglich dieselbe Stellung erhalten, die einem Erben oder Vermächtnisnehmer zukommt[223]. Der Vermächtnisnehmer zum Beispiel hat aber zu Lebzeiten des Erblassers nur eine tatsächliche, rechtlich in keiner Weise geschützte Aussicht (Hoffnung, Chance), den Zuwendungsgegenstand zu erlangen.

Ferner ist zu berücksichtigen, daß nach § 2301 I S. 1 die Vorschriften über die Verfügungen von Todes wegen nicht etwa bloß entsprechend (analog) auf das Schenkungsversprechen anzuwenden sind. Anders als zum Beispiel beim Tausch, bei dem § 515 die entsprechende Anwendung der Kaufrechtsnormen anordnet, schreibt § 2301 I S. 1 die *direkte* Anwendbarkeit der Regeln über die Verfügungen von Todes wegen vor[224].

Es läßt sich zwar nicht bestreiten, daß es in der Macht des Gesetzgebers liegt, auf jede rechtliche Erscheinung diejenigen Bestimmungen anzuwenden, die ihm zur Erreichung des legislatorischen Zweckes angebracht erscheinen. Die Frage ist bloß, auf welche Weise sich eine solche „Behandlung“ auf das zugrunde liegende Rechtsinstitut auswirkt. Wenn das Gesetz lediglich anordnen würde, auf den Werkvertrag finden alle Vorschriften des Dienstvertrages und auf die Pacht alle Normen des Miet-

---

[220] *von Tuhr* II 2, 293; *Planck-Flad,* A. 5 zu § 160; RGRK-*Kuhn* a.a.O.; *Erman-Hefermehl* a.a.O.; *Seydel* in Soergel-Siebert a.a.O.; *Staudinger-Coing* a.a.O. mit weiteren Nachweisen.

[221] *von Tuhr* a.a.O.; *Staudinger-Coing* a.a.O.

[222] *von Tuhr* a.a.O.

[223] *Zehner,* AcP 153, 444 A. 68, verkennt völlig die Bedeutung des § 2301 I, wenn er im Rahmen dieser Vorschrift Fälle für möglich hält, in denen der Zuwendende bereits schuldrechtlich gebunden ist. Der Satz „im übrigen bringt § 160 eine gewisse schuldrechtliche Bindung“ gilt für § 2301 I S. 1 gerade nicht. Entgegen *Zehners* Ansicht besteht bei einem durch das Vorversterben des Bedachten auflösend bedingten Schenkungsversprechen ebensowenig ein durch einen Schadensersatzanspruch sanktionierter Anspruch des Bedachten auf Vollzug des Versprechens wie bei einem durch das Vorversterben des Schenkers aufschiebend bedingten. Unrichtig auch *Heck,* Interessenjurisprudenz, 1933, 23.

[224] Vgl. *Strohal* I, § 45 III 1, S. 379; *Endemann* III 1, 659 A. 15; *M. R. Schulze,* 11. Unrichtig *Brecher,* Interessenconflicte, 12.

vertrages Anwendung, dann gäbe es in Wahrheit weder einen Werkvertrag noch eine Pacht. Sind also in § 2301 I S. 1 auf ein Schenkungsversprechen unter der Überlebensklausel sämtliche Bestimmungen der Verfügungen von Todes wegen für direkt anwendbar erklärt[225], dann hat das zwingend zur Folge, daß es sich re vera nicht mehr um ein bedingtes Schenkungsversprechen unter Lebenden handelt.

Man könnte allerdings den Einwand erheben, daß nach § 2301 I S. 1 doch immerhin noch soviel von einem lebzeitigen Rechtsgeschäft übrig bleibt, als der Errichtungstatbestand zu Lebzeiten hergestellt wird. Aber auf den Errichtungstatbestand kommt es bei der Unterscheidung von Rechtsgeschäften unter Lebenden und von Todes wegen nicht an. Denn Testamente und Erbverträge werden notwendigerweise auch stets zu Lebzeiten des Erblassers vorgenommen. Maßgebend ist allein der Zeitpunkt der rechtlichen Wirkung. Wenn sich nun aber die Rechtswirkungen eines Schenkungsversprechens in jeder Beziehung nach den Regeln des Erbrechts richten, dann bleibt zur Charakterisierung des Versprechens als eines lebzeitigen Geschäfts außer dem Errichtungstatbestand nichts übrig.

Nun stellt es freilich noch keine juristisch brauchbare Analyse dar, einfach zu behaupten, ein bestimmtes Schenkungsversprechen sei deshalb eine Verfügung von Todes wegen, weil das Gesetz es eben nach Erbrechtsregeln „behandelt“[226]. Denn das Schenkungsversprechen könnte auch unter der Bedingung des Überlebens durchaus ein lebzeitiges Rechtsgeschäft bleiben und als solches lebzeitige Rechtswirkungen hervorrufen, wenn das Gesetz die in § 2301 I S. 1 enthaltene Regelung nicht getroffen hätte.

Man kann auch nicht sagen, daß eine Versprechensschenkung unter der Überlebensbedingung begrifflich von vornherein ein nichtiges Rechtsgeschäft sein müsse. Logisch jedenfalls steht nichts im Wege, daß die Parteien bei einer Schenkung eine Bedingung vereinbaren. Auch der Tod einer Partei und das Überleben der anderen stellt eine rechtsgeschäftlich zulässige Bedingung dar, da es ungewiß ist, ob der Beschenkte den Schenker überlebt[227]. Von der Bedingung hängt dann lediglich der Eintritt der Wirkungen des Rechtsgeschäfts ab. Überlebt der Beschenkte nicht, so erlischt die bedingte Forderung.

---

[225] Zum Umfang der anzuwendenden Erbrechtsnormen *Hammerstein*, 41 ff.; *M. R. Schulze*, 31 ff.; *Schumann*, 35 ff.; *Wiechel*, 41 ff.

[226] Ganz unvollkommen ist es, aus § 2301 den Schluß zu ziehen, „Schenkungen bzw. Schenkungsversprechen“ seien weder Schenkungen unter Lebenden im technischen Sinne noch Verfügungen von Todes wegen. So allerdings *Zehner*, AcP 153, 443.

[227] Siehe oben Seite 32 f.

Auch im Erbrecht bildet das Überleben des Erben oder Vermächtnisnehmers (§§ 1923 I, 2160) nur ein — gesetzlich allerdings zwingend vorgeschriebenes — Wirksamkeitserfordernis des erbrechtlichen Erwerbs, keineswegs aber ein Tatbestandsmerkmal der testamentarischen oder erbvertraglichen Erbeinsetzung oder Vermächtnisanordnung[228]. Um ein begriffsnotwendig nichtiges Rechtsgeschäft kann es sich also bei einer durch das Überleben des Beschenkten bedingten Versprechensschenkung nicht handeln.

Aus § 2301 I S. 1 geht jedoch hervor, daß die Verfasser des BGB ein Schenkungsversprechen der darin enthaltenen Art als lebzeitiges Rechtsgeschäft für nichtig erachtet haben[229]. Um gleichwohl zu einem wirksamen Geschäft zu gelangen, wird in § 2301 I S. 1 von Gesetzes wegen eine *Umdeutung* in eine Verfügung von Todes wegen vorgenommen, wenn deren Formerfordernisse erfüllt sind. § 2301 I S. 1 stellt deshalb den gesetzlichen Anwendungsfall einer Umdeutung dar[230].

In § 140 heißt es zwar: „Entspricht ein nichtiges Rechtsgeschäft den Erfordernissen eines anderen Rechtsgeschäfts, so gilt das letztere, wenn anzunehmen ist, daß dessen Geltung bei Kenntnis der Nichtigkeit gewollt sein würde.“ Für die gewöhnliche Umdeutung kommt es also zur Gültigkeit des „Ersatzgeschäfts“ nur dann, wenn sich ein darauf gerichteter irrealer Parteiwille nachweisen läßt. Demgegenüber erfolgt die Umdeutung in § 2301 I S. 1 jedoch — was der Gesetzgeber durchaus bestimmen kann — unabhängig von einem solchen irrealen Willen der Parteien[231]. Dieser Unterschied zur normalen Umdeutung hat wohl *von Tuhr* dazu veranlaßt, den § 2301 I nur als „mit der Konversion verwandt“ zu bezeichnen[232]. Wenig präzise bemerkt allerdings *Hellwig*[233], § 2301 I enthalte „gewissermaßen eine gesetzliche Konversion“. Er führt indessen im übrigen zutreffend aus, das Schenkungsversprechen von Todes wegen sei nicht das, als was es sich ausgebe. Denn es begründe nicht etwa eine bedingte Verpflichtung des Erblassers, die auf die Erben übergehe, sondern für diese entstehe erst eine Vermächtnisschuld.

Daß es sich beim Tatbestand des § 2301 I wirklich um einen Fall der Umdeutung handelt, zeigt die Überlegung, daß man zur Anwendung

---

[228] Siehe oben Seite 31 f.

[229] *Siber*, Erbrecht, 43.

[230] Vgl. *von Tuhr* II 1, 291: „verwandt mit der Konversion“; *Kretzschmar*, Erbrecht, § 14 VII 3, S. 69; *Finger*, 115 mit unzutreffender Bemerkung zu *von Tuhr* in A. 36; *Ettlinger*, 29. Von Umdeutung sprechen bereits die Motive V, 351. Zu *Hellwigs* Formulierung „gewissermaßen eine gesetzliche Konversion“ (Verträge, 595) siehe das im Text Folgende.

[231] *von Tuhr* a.a.O. („hypothetischer Wille“).

[232] a.a.O.

[233] Verträge, 595.

dieser Norm nur gelangt, wenn der Schenker ein Schenkungsversprechen unter der Bedingung seines Vorversterbens abgeben will und abgegeben hat. Liegt nämlich nur ein Vergreifen im Ausdruck vor oder stellt der Richter im Wege der Auslegung nach § 133 fest, daß der Schenker trotz der Worte „Schenkung" oder „schenken" in Wahrheit von vornherein nur eine Vermächtnisanordnung treffen wollte, dann greift § 2301 I S. 1 gar nicht erst ein. § 2301 gilt überhaupt nur, wenn der Schenker dem Beschenkten zu Lebzeiten eine aufschiebend oder auflösend bedingte Forderung verschaffen wollte. Ein solches Rechtsgeschäft ist dann nach § 2301 I S. 1 nichtig, wird aber in eine wirksame Verfügung von Todes wegen umgedeutet, wenn es den dafür notwendigen Formerfordernissen entspricht[234].

Der von den Parteien erstrebte Erfolg einer durch das Überleben des Beschenkten bedingten schenkweisen Zuwendung mittels eines Versprechensgeschäfts (Versprechensschenkung) soll nur durch Verfügung von Todes wegen erreicht werden können. Nach heutigem Recht liegt also bei einem Schenkungsversprechen unter der Überlebensklausel kein lebzeitiges Geschäft mehr vor, sondern eine *Zuwendung von Todes wegen*[235], und zwar je nach dem Umfang der Zuwendung entweder ein Vermächtnis oder eine Erbeinsetzung, was sich nach § 2087 bestimmt[236]. Diese vom Gesetz gewählte Konstruktion ist wohl eine Nachwirkung der Tatsache, daß schon nach klassischem römischen Recht eine Reihe von Erbrechtsvorschriften und durch Justinian „fast ganz" (per omnia fere) die Regeln über das Legat auf die donatio mortis causa angewandt wurden. Im Gegensatz zu den Römern haben jedoch die Verfasser des BGB durch ihre radikale Umdeutung zugleich auch die rechtliche Struktur der promissorischen donatio mortis causa als eines negotium inter vivos beseitigt.

Die Umdeutung eines nichtigen lebzeitlichen Schenkungsversprechens in eine Verfügung von Todes wegen durch den Gesetzgeber läßt sich mit der Systematik des BGB wohl vereinbaren. Zwar wendet sich *Flume*[237] schlechthin gegen die Zulässigkeit der Umdeutung eines Rechtsgeschäfts unter Lebenden in eine Verfügung von Todes wegen und begründet dies damit, daß ein Geschäft unter Lebenden deshalb nicht als Verfügung von Todes wegen aufrechterhalten werden könne, weil es eben kein Geschäft

---

[234] Dazu im folgenden Abschnitt D.

[235] *von Tuhr* II 2, 76; *Ebbecke*, Recht 1916, 338; *Hammerstein*, 13, 15 ff.; *Schumann*, 30; *M. R. Schulze*, 11; *von Fischer*, Die Schenkung von Todes wegen nach dem Schweiz. Z.G.B., Diss. Bern 1927, 9 ff. Auch *Flume*, Rechtsgeschäft, 598, bemerkt: „Das Schenkungsversprechen von Todes wegen ... ist eine echte Verfügung von Todes wegen."

[236] *Kipp*, Erbrecht, § 41 II 1, S. 142 f., § 41 II 2 a und b, S. 144.

[237] Rechtsgeschäft, § 32, 9 e, S. 598.

von Todes wegen sei. „Besonderes" gelte allerdings für ein Schenkungsversprechen von Todes wegen; denn dies stelle eine echte Verfügung von Todes wegen dar und sei deshalb bei Wahrung der Formvorschriften des § 2247 als Vermächtnisanordnung gültig.

Mit Recht hat jedoch das Reichsgericht in seinem Urteil vom 7. 3. 1910[238] darauf hingewiesen, daß § 140 keineswegs gleichartige Rechtsgeschäfte voraussetze. Denn § 140 stehe im Abschnitt über Rechtsgeschäfte ohne Unterscheidung, ob sie unter Lebenden oder von Todes wegen vorgenommen worden seien. Auch die Beratungen der I. und II. Kommission[239] zur Frage der Umdeutung treffen eine solche Unterscheidung nicht. Da Verfügungen von Todes wegen ebenfalls Rechtsgeschäfte sind, muß mit dem Reichsgericht angenommen werden, daß sowohl ein nichtiges Rechtsgeschäft unter Lebenden in eine Verfügung von Todes wegen wie auch umgekehrt eine Verfügung von Todes wegen in ein Rechtsgeschäft unter Lebenden umgedeutet werden kann[240]. Zudem, so meint das Reichsgericht[241] zutreffend, ließe sich nicht sagen, daß der Wille, letztwillig zu verfügen, den Willen, ein Geschäft inter vivos vorzunehmen, und umgekehrt in der Weise ausschließe, daß eine Umdeutung im Sinne des § 140 ein unmöglicher Gedankenschluß wäre. Es sei sehr wohl denkbar, daß eine Person von Todes wegen verfüge, zum Beispiel letztwillig eine Schuld erlasse, und dabei gleichzeitig den Willen habe, daß der Schulderlaß auch dann wirksam sein solle, wenn das Testament etwa formnichtig sei. Es spiele dabei keine Rolle, ob ein solcher „Ersatzwille" zum Ausdruck gelangt sei.

Die Richtigkeit gerade dieses letzten Arguments folgt aus § 2301 I S. 1[242]. Wenn nämlich der Schenker bereits zu seinen Lebzeiten ein durch § 160 I rechtlich geschütztes schuldrechtliches Anwartschaftsrecht des Bedachten begründen wollte, läßt das Gesetz bei Beachtung der vorgeschriebenen Form[243] eben nicht die beabsichtigten, sondern nur die Wirkungen einer Verfügung von Todes wegen eintreten[244].

Ein im Wege der formgültigen Versprechensschenkung (§ 518 I) begründeter Forderungserwerb des Beschenkten durch den Erblasser zu

---

[238] JW 1910, 467 f.

[239] Motive I, 218; Protokolle I, 126.

[240] RG JW a.a.O.; RG Recht 1912 Nr. 1884. Vgl. auch OLG Koblenz NJW 1947/48, 384; *F. Leonhard*, A. III B 3 zu § 2231, A. III zu § 2301 mit weiteren Nachweisen in Fußnote 9; RGRK-*Kregel*, Vorbemerkungen vor § 2274, A. 13; *Finger*, 66, 103 mit weiteren Nachweisen in A. 11 und 12.

[241] a.a.O.

[242] Vgl. *Hellwig*, 595; *von Tuhr* II 1, 291 f. mit A. 77. Die Entbehrlichkeit des „Ersatzwillens" bei einer Umdeutung durch § 2301 I S. 1 verkennt *K. Fischer*, 22.

[243] Dazu im folgenden Abschnitt D.

[244] *von Tuhr* a.a.O. Ebenso vage wie unrichtig hier *K. Fischer*, 19 mit A. 46.

dessen Lebzeiten stellt zwar regelmäßig ein Rechtsgeschäft unter Lebenden dar. Denn dadurch wird bereits das Vermögen des Erblassers verhaftet und seine Schuldverbindlichkeit erzeugt, die als vererbliche auf den Erben übergeht. Es macht dabei für die rechtliche Struktur des Geschäfts als eines lebzeitigen keinen Unterschied, ob die Leistung noch zu Lebzeiten des Erblassers von diesem selbst oder erst nach seinem Tode von einem Erben bewirkt wird[245]. Das gilt zum Beispiel für den Fall, daß der Erblasser seiner Nichte ein formgültiges Versprechen erteilt, ihr aus seinem Vermögen als Aussteuer 50 000 DM zuzuwenden, wenn sie heiratet. Denn dabei handelt es sich um eine rechtsgeschäftliche Bedingung, die an der lebzeitigen Struktur des Versprechensgeschäfts nichts ändert, selbst wenn die Bedingung erst nach dem Tode des Schenkers eintritt, da die Heirat der Nichte vom Tode ihres Onkels und von ihrem Überleben ganz unabhängig ist.

Ein Rechtsgeschäft unter Lebenden liegt jedoch niemals vor, wenn der Schenker dem Beschenkten eine Forderung auf den Leistungsgegenstand für den Fall verschaffen will, daß der Beschenkte den Schenker überlebt. Denn das Gesetz läßt es überhaupt nicht zu, daß bei einer Zuwendung für den Überlebensfall des Bedachten eine schuldrechtliche Forderung entsteht. Das ist ja gerade der vom Gesetz durch die Umdeutung in § 2301 I verfolgte Zweck.

Ob allerdings durch die rigorose Umdeutung des von Haus aus einen lebzeitigen Charakter aufweisenden Schenkungsversprechens von Todes wegen in eine erbrechtliche Verfügung und ihre systematische Eingliederung in das Recht des Erbvertrages eine rechtspolitisch gebotene oder zumindest empfehlenswerte Maßnahme war, soll unten noch erörtert werden[246].

D. Die Formerfordernisse eines Schenkungsversprechens von Todes wegen

> A hat in einem handschriftlich ge- und unterschriebenen Brief an B niedergelegt: „Ich verspreche Dir für den Fall, daß Du mich überlebst, meine Insektensammlung zu schenken.“ Drei Tage später stirbt A. Er wird von X beerbt.

Es erhebt sich die Frage, ob B von X die Übereignung der Sammlung verlangen kann. Rechtlich handelt es sich um ein Vermächtnis. A hat in seinem Brief jedoch die Worte des § 2301 I S. 1 gebraucht. Seine Anord-

---

[245] *Endemann* III 1, 659.

[246] Siehe unten Seite 117 ff.

nung könnte deshalb unwirksam sein, weil die Form des Erbvertrages nicht beachtet ist.

Zwar steht § 2301 im Abschnitt über den Erbvertrag (§§ 2274—2302). Der Wortlaut seines Abs. I Satz 1 spricht dagegen allgemein von der Anwendung der Vorschriften über die Verfügungen von Todes wegen. Zu den erbrechtlichen Verfügungsformen gehören nicht nur der Erbvertrag, sondern auch das Testament.

Die I. Kommission schlug folgende Fassung der Schenkung von Todes wegen vor[247]:

§ 1963

„Auf eine Schenkung unter der Bedingung, daß der Schenker vor dem Beschenkten sterbe oder diesen nicht überlebe, finden, wenn durch Vertrag nur ein Schenkungsversprechen erteilt ist, die *Vorschriften über den Erbeinsetzungsvertrag oder den Vermächtnisvertrag,* wenn die Schenkung durch Veräußerung vollzogen ist, die Vorschriften über Schenkungen unter Lebenden Anwendung."

Die II. Kommission formulierte die Schenkung von Todes wegen folgendermaßen[248]:

§ 2167

„Auf ein Schenkungsversprechen, welches unter der Bedingung erteilt wird, daß der Beschenkte den Schenker überlebt, finden die *Vorschriften über Verfügungen von Todes wegen* Anwendung. Das Gleiche gilt für ein schenkweise unter dieser Bedingung erteiltes Schuldversprechen oder Schuldanerkenntnis der in den §§ 719, 720 (§§ 780, 781 BGB) bezeichneten Art.

Hat (vollzieht) der Schenker die Schenkung durch Leistung des zugewendeten Gegenstandes vollzogen, so finden die Vorschriften über Schenkungen unter Lebenden Anwendung."

Diese Fassung entspricht dem geltenden § 2301.

Die I. Kommission[249] hielt es nicht für erforderlich, das *einseitige* Versprechen einer Schenkung auf den Todesfall aufzunehmen. Denn die Erklärung einer Person, sie verspreche zu schenken, wolle aber nicht, daß das Versprechen angenommen werde, sei „rechtlich bedeutungslos"[250]. Im Widerspruch dazu meinte die Kommission jedoch, wenn je-

---

[247] Mugdan V, XLIX.

[248] Mugdan a.a.O.

[249] Motive V, 351.

[250] Siehe auch *J. Lehmann,* ArchBürgR 36, 89 ff.; *Hoffmann,* AcP 158, 179 f.

mand einseitig in der Form einer letztwilligen Verfügung erklärt habe, er schenke gewisse Gegenstände oder sein ganzes Vermögen einem anderen für den Fall seines Todes, so liege eine letztwillige Verfügung vor. Diese Auffassung schränkte sie indessen wiederum ein mit dem Bemerken: Wenn der Beschenkte nach dem Willen des Schenkers dessen Erklärung annehmen müsse, so sei es zweifelhaft, ob das Versprechen als letztwillige Verfügung aufrechterhalten bleiben könne oder ob es rechtliche Bedeutung erst dann erlangen solle, wenn die Annahme in der Form des Vermächtnis- oder Erbeinsetzungsvertrages erklärt sei. Es bestehe jedoch kein Anlaß, diese Frage im Gesetz zu entscheiden.

Bei der zweiten Lesung des Entwurfs wurde ein Antrag eingebracht, der folgendes vorsah[251]:

> „Wird ein Schenkungsversprechen unter der Bedingung erteilt, daß der Beschenkte den Schenker überlebt, so ist es nur als *Verfügung von Todes wegen* wirksam."

Die II. Kommission[252] sah in diesem Antrag gegenüber der Regelung im Entwurf, wonach die Bestimmungen über den Erbeinsetzungs- oder Vermächtnis*vertrag* Anwendung finden sollen, „keine sachliche Abweichung".

In Anlehnung an diese Ausführungen in den Motiven und Protokollen wird in der Literatur die Auffassung vertreten, das Schenkungs*versprechen* nach § 2301 I S. 1 sei gemäß § 125 nichtig, wenn der Schenker die Formvorschriften für *vertragsmäßige* Zuwendungen in Erbverträgen zum Zwecke der Erbeinsetzung oder Vermächtnisanordnung nicht beachtet habe[253]. Denn ein einseitiges Schenkungsversprechen sei rechtlich kein Schenkungsversprechen[254], weil es wie andere Vertragsanträge erst mit der Annahme wirksam werden solle[255]. Das „erteilte" Versprechen (§ 2301 I S. 1) bedeute vielmehr ein zum Zwecke der Annahme erteiltes *und angenommenes* Versprechen[256]. Bei einem einseitigen Schenkungsversprechen, das nicht auf Annahme durch den Beschenkten berechnet

---

[251] Protokolle V, 460.

[252] Protokolle V, 461.

[253] *Strohal* I, § 45 III 1, S. 380; *P. Meyer*, Erbrecht, 470 A. 8; *Planck-Greiff*, A. 2 zu § 2301; *Siebert*, RvglHWB VI, 155, Art. Schenkung; *Bartholomeyczik*, Erbrecht, § 59 II 2, S. 389; *Staudinger-Dittmann*, Randnrn. 4 und 9 zu § 2301; *Kipp-Coing*, § 81 III 2 a, S. 356; *Palandt-Keidel*, A. 2 a zu § 2301 („wohl nur" in der Form eines Erbeinsetzungs- oder Vermächtnisvertrages); RGRK-*Kregel*, A. 7 zu § 2301; *Erman-Hense*, A. 5 zu § 2301; *Hammerstein*, 24 f., 39 ff.; *Wiechel*, 16.

[254] *F. Leonhard*, A. III zu § 2301; *Planck-Greiff*, A. 2 zu § 2301; *P. Meyer*, Erbrecht, 470 A. 8; RGRK-*Kregel* a.a.O.; *Staudinger-Dittmann*, Randnr. 4 zu § 2301.

[255] *Planck-Greiff* a.a.O.

[256] *Windscheid-Kipp*, Pandekten III, 735; *M. R. Schulze*, 15 f.; *Hammerstein*, 24.

sei, liege jedoch — trotz des Wortes „Schenkung“ — *von vornherein eine letztwillige Verfügung* vor[257]. Sollte es dagegen vom Beschenkten angenommen werden müssen und sei die Annahme nur unterblieben, so könne es nach § 140 in eine letztwillige Zuwendung „umgedeutet“ und dann als solche wirksam werden, wenn es den Testamentsvorschriften entspreche[258].

Die Ansicht, das Schenkungs*versprechen* von Todes wegen (§ 2301 I S. 1) müsse in der Form des Erbvertrages abgegeben werden, weil das Schenkungsversprechen im Sinne des § 518 I S. 1 vertraglicher Struktur sei[259], ist nicht zu billigen[260]. Sie verkennt einmal die verschiedenartige Struktur von Schenkung, Versprechensschenkung und Schenkungsversprechen sowie zum anderen den Unterschied zwischen einem Versprechen unter Lebenden und einer Verfügung von Todes wegen.

I. Die Begriffe Schenkung, Versprechensschenkung und Schenkungsversprechen

Man muß bei dem Begriff der Schenkung unter Lebenden (§§ 516 ff.) einmal unterscheiden zwischen der *Versprechensschenkung* und dem *Schenkungsversprechen*.

Folgendes Schaubild soll zur Verdeutlichung dienen:

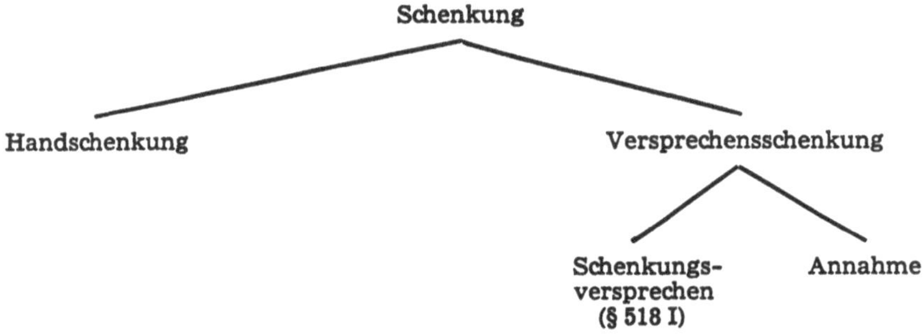

[257] *Hellwig*, 594; *Crome* V, § 657 A. 51; *P. Meyer* a.a.O.; *F. Leonhard* a.a.O.; *Planck-Greiff* a.a.O.; *Erman-Hense*, A. 5 zu § 2301.

[258] RG Recht 1919 Nr. 602; RG LZ 1924, Spalte 162; RGZ 83, 223 (227); OLG Karlsruhe JFG 9, 87; OLG Koblenz HEZ 1, 283; KG Recht 1929 Nr. 1466; *Strohal* I, § 45 III 1, S. 380 mit A. 74; *Schiffner*, Erbvertrag, 211; *P. Meyer* a.a.O. mit weiteren Nachweisen; *Planck-Greiff* a.a.O.; *Bartholomeyczik*, Erbrecht, § 59 II 2, S. 389; *Kipp-Coing*, § 81 III 2 a, S. 356; RGRK-*Kregel* a.a.O.; *Palandt-Keidel*, A. 2 a zu § 2301; *Staudinger-Dittmann*, Randnr. 9 zu § 2301 (allerdings mit der Einschränkung, eine solche Umdeutung sei nur möglich, wenn der Schenker den Beschenkten auf alle Fälle von Todes wegen bedenken wollte, also auch dann, wenn jener nicht mehr zur Erklärung der Annahme gelangen sollte); *Hammerstein*, 26 ff.; *M. R. Schulze*, 20 f.; *Schumann*, 33 ff.

[259] So *Staudinger-Dittmann*, Randnr. 4 zu § 2301.

[260] *M. R. Schulze*, 16. Siehe auch *Dernburg-Engelmann* V, 243 A. 4.

Die Versprechensschenkung, die das Gesetz in § 518 I erwähnt, ist ein vertragliches Rechtsgrundgeschäft des Schuldrechts. Sie kommt wie jeder schuldrechtliche Vertrag durch Angebot und Annahme zustande. Das Angebot bei der Versprechensschenkung heißt Schenkungsversprechen[261]. Eine Versprechensschenkung entsteht also erst mit der Annahme des Schenkungsversprechens[262]. Nur dieses, das heißt die *einseitige*, empfangsbedürftige Willenserklärung des Schenkers, bedarf nach § 518 I der gerichtlichen oder notariellen Beurkundung. Die Annahme ist formfrei[263]. Man darf das Schenkungsversprechen also nicht als Vertrag bezeichnen[264].

II. Das Schenkungsversprechen von Todes wegen in der Form des Testaments oder Erbvertrages

Es geht nicht an, auf ein Schenkungs*versprechen* nach § 2301 I S. 1 deshalb die Einhaltung der Vorschriften über den Erb*vertrag* zu fordern, weil das Gesetz für die *Schenkung* den Vertragscharakter gewählt hat[265]. Denn § 2301 I S. 1 spricht nicht von Schenkung, sondern nur von einem Schenkungsversprechen. Das bloße Schenkungsversprechen ist, wie dargetan, im Recht der Schenkung unter Lebenden kein Vertrag, vielmehr lediglich der Teil eines solchen, nämlich das einseitige, wenn auch empfangsbedürftige, Angebot des Schenkers auf Abschluß einer Versprechensschenkung[266].

Die vertragliche Struktur der Schenkung unter Lebenden (§§ 516 ff.) rechtfertigt es nicht, auf eine Zuwendung nach § 2301 I S. 1 nur die Vorschriften des Erbvertrages für anwendbar zu erachten. Denn der Erbeinsetzungs- und Vermächtnisvertrag unterscheidet sich grundlegend von den lebzeitigen Zuwendungsgeschäften.

Zur Rechtfertigung des auch für § 2301 I S. 1 geltenden Grundsatzes, das einseitige Versprechen einer Schenkung, nämlich die Erklärung einer Person, sie verspreche zu schenken, wolle aber nicht, daß das Versprechen angenommen werde, sei rechtlich bedeutungslos, berief sich die I. Kommission auf § 342 des Entwurfs[267]. Diese Vorschrift lautete:

---

[261] *Planck-Greiff*, A. 2 zu § 2301.

[262] Motive II, 294. Vgl. auch *Endemann* III 1, 628: „Wer ein Schenkungsversprechen annimmt, erwirbt damit sogleich ein Forderungsrecht."

[263] Motive II, 293; *Heck*, Schuldrecht, 291; *Palandt-Gramm*, A. 1 zu § 518; *Larenz*, Schuldrecht II, 106.

[264] Wie *Endemann* III 1, 628, und *Staudinger-Dittmann*, Randnr. 9 zu § 2301, es tun.

[265] So allerdings *Staudinger-Dittmann*, Randnr. 4 zu § 2301; *Boller*, 19 f.

[266] Dies zu *Staudinger-Dittmann* a.a.O.

[267] Motive V, 351.

„Das einseitige, nicht angenommene Versprechen ist unverbindlich, sofern nicht das Gesetz ein Anderes bestimmt[268]."

Sie stand am Anfang des zweiten Abschnitts des Entwurfs, der die Überschrift trug: „Schuldverhältnisse aus Rechtsgeschäften *unter Lebenden*"[269]. Da sich nun herausgestellt hat, daß das in § 2301 I S. 1 enthaltene Zuwendungsversprechen in Wahrheit eine Verfügung *von Todes wegen* (Erbeinsetzung oder Vermächtnis) darstellt, fehlt jeder sachlich gerechtfertigte Grund, Prinzipien des Schuldrechts hierauf zu übertragen. Denn sonst dürfte auch eine testamentarische Erbeinsetzung oder Vermächtnisanordnung nur deshalb nicht unzulässig und wirkungslos sein, weil hier „das Gesetz etwas anderes bestimmt"; bei ihnen liegt gerade eine einseitige Verfügung von Todes wegen vor[270].

Man darf auch unter keinen Umständen die rechtliche Struktur einer schuldrechtlichen Versprechensschenkung mit der des Erbvertrages gleichsetzen.

Der Erbvertrag ist zwar ein Vertrag[271]. Ihm darf die juristische Eigenschaft eines Vertrages nicht etwa mit dem Argument abgesprochen werden, in ihm ordne nur der Erblasser seine Vermögensverhältnisse für die Zeit nach seinem Tode. Denn auch bei Verfügungsgeschäften unter Lebenden (Übereignung, Abtretung, Pfandbestellung) verfügen nicht beide Parteien, sondern nur der bisherige Rechtsinhaber[272].

Der Erbvertrag stellt indessen kein schuldrechtliches Verpflichtungsgeschäft dar[273]. Schon die rechtliche Struktur des Abschlußtatbestandes ist beim Erbvertrag eine andere als bei den schuldrechtlichen Geschäften.

---

[268] *Mugdan* II, XXX.

[269] Motive II, 174.

[270] *Hoffmann*, AcP 158, 180, hält die Ansicht der I. Kommission, ein einseitiges Schenkungsversprechen sei „rechtlich bedeutungslos", auch deshalb für falsch, weil die materielle Wirkung eines einseitigen Schenkungsversprechens von Todes wegen sehr wohl im Wege eines Vertrages zugunsten Dritter auf den Todesfall herbeigeführt werden könne. Denn der Dritte brauche ja beim Abschluß des Vertrages zu seinen Gunsten auf den Todesfall auch dann nicht mitzuwirken, wenn er die Zuwendung schenkweise erhalte.

[271] *Schiffner*, Erbvertrag, 5 ff.; *Strohal* I, § 45 II, S. 367; *Windscheid-Kipp*, Pandekten III, 331 ff.; *Crome* V, 135; *Kretzschmar*, Erbrecht, § 49 II 3, S. 328; *Dernburg-Engelmann* V, 274; *F. Leonhard*, A. II A, III C zu § 2274; *P. Meyer*, Erbrecht, 429 f.; *Planck-Greiff*, Vorbemerkung 2 vor § 2274; *Staudinger-Dittmann*, Vorbemerkung 6 vor § 2274; RGRK-*Kregel*, A. 4 vor § 2274; *Bartholomeyczik*, Erbrecht, § 25 II 1, S. 124; *Lange*, Erbrecht, § 37 II, S. 403 mit A. 2; *Kipp-Coing*, § 36 II, S. 175; BGHZ 26, 204 (207). — Zu Unrecht hält *Hellwig*, 597 ff., den Erbvertrag für ein Testament mit vertragsmäßigem Widerrufsverzicht. Ein vertragsmäßiger Widerrufsverzicht ist indessen nach § 2302 nichtig.

[272] *Strohal* I, § 45 II, S. 367 A. 23; *P. Meyer*, Erbrecht, 430 A. 19.

[273] *Schiffner* a.a.O. 11 ff.; *Strohal* I, § 45 II, S. 367; *Crome* V, 146 mit A. 3; *Kretzschmar*, Erbrecht, § 49 II 3, S. 328; *Endemann* III 1, 627; *Binder*, Grund-

So lassen sich insbesondere verschiedene Normen des Allgemeinen Teils des BGB nicht auf den Erbvertrag anwenden. Da beim Erbvertrag eine Bindung an einen „Vertragsantrag" nicht in Betracht kommt, scheiden namentlich die §§ 145—153 aus[274]. Da ein Erbvertrag nur bei gleichzeitiger Anwesenheit beider Teile geschlossen werden kann (§ 2276 I S. 1), entfällt zum Beispiel die Anwendung des § 153, wonach das Zustandekommen eines Vertrages nicht dadurch gehindert wird, daß der Antragende vor der Annahme stirbt. Das gleiche gilt für § 130 II. Denn ein „bindendes Angebot" zum Zwecke einer Wertbewegung von Todes wegen widerspricht der freien Verfügungsmacht des Erblassers, die ihm bei erbrechtlichen Zuwendungen unverzichtbar (§§ 2286, 2302) zusteht. § 130 II hat zudem überhaupt nicht den Zweck, ein bewußt herbeigeführtes postmortales Zugehen rechtlich wirksam zu machen[275].

Der Erbvertrag kommt außerdem im Gegensatz zu einem schuldrechtlichen Vertrag nicht durch Angebot und Annahme einer Leistung oder Leistungsverpflichtung zustande. Er selbst ist ebenso wie das Testament nichts anderes als die Offerte der Wertbewegung Erbfolge durch den Erblasser an den Berufenen, die erst mit dem Erbfall wirksam wird[276]. Bei der Intestatberufung geht das Angebot unmittelbar vom Gesetz aus[277]. Jede Berufung zum Erben — mit Ausnahme der des Fiskus — läßt also nur ein Recht des Berufenen entstehen, die Wertbewegung mortis causa einzuleiten[278].

Durch seine Mitwirkung beim Erbvertrag wird der „Vertragsgegner" nicht verpflichtet, die *Erbschaft* oder das *Vermächtnis* anzunehmen. Er kann sie vielmehr ausschlagen, da er ja durch den Erbvertrag nicht sie, sondern nur die *Willenserklärung* des Erblassers „angenommen" hat[279]. Ein im Erbvertrag enthaltener Verzicht des Bedachten auf das Ausschlagungsrecht wäre unwirksam[280]. Durch einen Erbvertrag ist es also dem Bedachten gar nicht möglich, ein *Versprechen* anzunehmen. Gegenüber der Annahme eines Vertragsangebots im Schuld- oder Sachenrecht, zum

riß, 41 f.; *Staudinger-Lehmann,* Randnrn. 6 und 10 zu § 1941; *Staudinger-Dittmann,* Vorbemerkungen vor § 2274, Randnrn. 10 und 11; *Bartholomeyczik,* Erbrecht, § 25 II 3, S. 125; BGHZ 23, 249 (259).

[274] *Endemann* III 1, 628. Vgl. auch *Kipp-Coing,* § 81 IV 3 b, S. 357 f.; *Palandt-Keidel,* A. 3 a zu § 2301; *Staudinger-Boehmer,* Einleitung zum Erbrecht § 27, Randnr. 18; undeutlich *Lange,* Erbrecht, § 31 III 1 b, S. 332: „erhebliche Hindernisse".

[275] *Kipp-Coing,* § 81 IV 3 b, S. 357. Siehe auch oben Seite 44 und unten S. 150.

[276] *Stampe,* Unsere Rechts- und Begriffsbildung, 1907, 56.

[277] *Stampe* a.a.O.

[278] *Stampe* a.a.O.

[279] Vgl. *Lange,* Erbrecht, § 37 II 1, S. 403 mit A. 3.

[280] *Schiffner* a.a.O. 62 A. 21, 145 mit A. 7; *Strohal* I, § 45 I, S. 359 A. 2 Ziffer 2; *Crome* V, 146 A. 4; *Endemann* III 1, 627, 635; Grundriß, 68; *Staudinger-Dittmann,* Randnr. 3 zu § 2279; *Dietz,* Erbrecht, 82.

Beispiel eines Schenkungsversprechens (§ 518 I), durch die regelmäßig sofort bei Vertragsschluß Rechte und Pflichten der Parteien begründet werden, entstehen solche mit dem bloßen Abschluß eines Erbvertrages noch nicht, sondern erst mit dem Erbfall, wenn der Bedachte den Erblasser überlebt. Entscheidend ist dabei, ob sich der Erblasser in seiner Freiheit, von Todes wegen erneut und anderweitig zu verfügen, binden wollte oder nicht. Wählt er den Erbvertrag, liegt ein erbrechtlich bindendes, wählt er das Testament, liegt ein einseitiges, nicht bindendes Vermächtnis vor[281]. Um ein schuldrechtliches Versprechen handelt es sich in keinem Fall.

Der Begriff Erbvertrag bezeichnet im übrigen lediglich die Form, durch welche die Bindung des Erblassers an seine Verfügung Ausdruck findet[282]. Auch das Wort Vertragserbe (§§ 1941, 2287) bedeutet nur, daß seine Berufung nicht einseitig soll widerrufen werden können[283]. Es findet weder eine „Einigung" über den Erwerb im Sinne eines schuld- oder sachenrechtlichen Vertrages statt, noch braucht der „Gegner" dem Inhalt der Verfügung des Erblassers zuzustimmen[284]. Dieser wirkt lediglich formell als Empfänger der Erklärung des Erblassers mit, was besonders deutlich wird, wenn ein Dritter zum Erben eingesetzt werden soll[285].

Der herrschenden Auffassung kann insofern zugestimmt werden, als ein *überhaupt nicht auf Annahme berechnetes* „Schenkungsversprechen" im Rechtssinne kein solches darstellt, so daß § 2301 I unanwendbar ist. Im Wege der Auslegung (§ 133) muß dann ermittelt werden, ob die Erklärung in Wahrheit von vornherein trotz des Ausdrucks „Schenkungsversprechen" eine einseitige Verfügung von Todes wegen (Testament) enthält. § 2301 I S. 1 greift nur ein, wenn das Schenkungsversprechen unter der Überlebensbedingung als *Angebot zu einer inter vivos gemeinten Wertbewegung* erklärt worden ist. Es genügt jedoch, wenn es *zum Zweck der Annahme* durch den Beschenkten erteilt wurde. Die Annahme selbst braucht nicht erfolgt zu sein; mehr noch: eine „Annahme" unter Lebenden ist gar nicht mehr möglich. Denn unmittelbar mit der Beendigung der privatschriftlichen Erklärung durch den Schenker oder mit der Vollendung der Beurkundung durch den Richter oder Notar findet die gesetzliche Konversion in eine Verfügung von Todes wegen statt (§ 2301 I S. 1). Eine Offerte zu einer Schenkung inter vivos liegt damit nicht mehr vor, so daß sie weder unter Lebenden „angenommen" werden noch durch „Ablehnung" gemäß § 146 erlöschen kann. Hat

---

[281] Vgl. *von Lübtow*, JR 1951, 94.

[282] *Endemann* III 1, 629; Grundriß, 68.

[283] *Endemann* a.a.O.

[284] *Endemann* a.a.O.

[285] *Endemann* a.a.O.

der Beschenkte an der Beurkundung mitgewirkt, so entsteht unter den Voraussetzungen des § 2276 ein Erbvertrag, andernfalls ein ordentliches öffentliches oder ein holographisches Testament, falls deren Formerfordernisse erfüllt sind.

Folgende Fälle sind mithin zu unterscheiden. Hat X dem Y bei gleichzeitiger Anwesenheit vor dem Notar ein Schenkungsversprechen mit Überlebensbedingung abgegeben und beurkunden lassen, womit sich Y in der Urkunde einverstanden erklärt, dann wird diese „Versprechensschenkung" mit dem Abschluß der notariellen Verhandlung kraft Gesetzes (§ 2301 I S. 1) in einen Erbvertrag umgedeutet. War Y dagegen nicht anwesend, dann führt § 2301 I S. 1 zur Umdeutung in ein ordentliches öffentliches Testament. Falls X schließlich das auf Annahme durch Y berechnete Schenkungsversprechen mit Überlebensbedingung in Unkenntnis der §§ 518 I, 2301 I nur eigenhändig abgefaßt und unterschrieben hat, dann ist es gemäß § 2301 I S. 1 als privatschriftliches Testament (§ 2247) gültig. In den beiden zuletzt genannten Fällen kommt es rechtlich nicht darauf an, ob das *auf Annahme berechnete* „Versprechen" von Y auch wirklich schriftlich, mündlich oder durch schlüssiges Verhalten „angenommen" worden ist, ob Y die Annahme noch zu Lebzeiten des X abgelehnt hat oder ob X nach Abgabe des „Versprechens" gestorben ist, bevor Y von der Offerte Kenntnis erlangte. Denn ein Schenkungsversprechen setzt nur eine empfangs*bedürftige,* nicht aber eine bereits *empfangene* Erklärung voraus. Wenn in § 2301 I S. 1 also von einem „erteilten" Schenkungsversprechen die Rede ist, so bedeutet das nur die Abgabe einer *auf Annahme berechneten,* nicht aber eine schon angenommene Offerte.

Da § 2301 I den gesetzlichen Anwendungsfall einer Umdeutung darstellt, kommt es nur darauf an, ob das nichtige Schenkungsversprechen mit Überlebensklausel den Erfordernissen eines anderen Rechtsgeschäfts (§ 140) entspricht. Als ein solches anderes Rechtsgeschäft läßt das Gesetz nicht nur den Erbvertrag, sondern auch das öffentliche oder privatschriftliche Testament zu. Denn § 2301 I spricht ganz allgemein von Verfügungen von Todes wegen. Daß mit dieser Fassung keine sachliche Abweichung vom I. Entwurf „gemeint" war, ist unbeachtlich. Falsche theoretische Ansichten der Gesetzesverfasser binden weder Rechtsprechung noch Wissenschaft[286]. Entspricht daher ein Schenkungsversprechen mit Überlebensklausel den Formen des Erbvertrages, so wird es in ein erbvertragliches Vermächtnis umgedeutet (§ 2301 I). Entspricht es der Form des Testaments, so führt die Umdeutung von vornherein zu einer

[286] *von Lübtow,* Festschrift für H. Lehmann I, 1956, 344 mit weiteren Nachweisen in A. 50.

testamentarischen Vermächtnisanordnung[287]. Es ist kein Grund vorhanden, ein Schenkungsversprechen nach § 2301 I stets erst in einen Erbvertrag umzudeuten, sodann aber als Testament „aufrechtzuerhalten", also zum zweiten Mal umzudeuten, wenn zwar nicht die Formen des Erbvertrages, wohl aber die des Testaments eingehalten sind. Im übrigen würde das Anwendungsgebiet des § 2301 I zu sehr eingeengt, wenn immer die Erfordernisse des Erbvertrages erfüllt sein müßten, da dies praktisch nur selten der Fall ist. Die Einordnung des Schenkungsversprechens unter den Erbvertrag ist im übrigen geeignet, den Schenker zu belasten; denn der Erbvertrag ist regelmäßig unwiderruflich und der Rücktritt nur bei Vorbehalt in erschwerter Form gestattet, während auch bei der Schenkung von Todes wegen meistenteils die völlige Freiheit zum Widerruf beabsichtigt sein wird[288].

E. Die Erfüllung eines Schenkungsversprechens von Todes wegen zu Lebzeiten des Schenkers

Wie sich herausgestellt hat, erachtet das Gesetz ein Schenkungsversprechen mit Überlebensbedingung für nichtig und deutet es je nach der eingehaltenen Form in eine testamentarische oder erbvertragliche Verfügung von Todes wegen um (§ 2301 I S. 1). Nun finden jedoch die Vorschriften über Schenkungen unter Lebenden Anwendung, wenn der Schenker die Schenkung durch Leistung des Zuwendungsgegenstandes vollzieht (§ 2301 II). Die Voraussetzungen, die an den Begriff des Vollzuges im § 2301 II gestellt werden müssen, sind bereits oben behandelt worden[289]. Dabei wurde lediglich die donandi causa bewirkte Handschenkung mit Überlebensklausel zugrundegelegt[290].

Nun wird jedoch in Rechtsprechung[291] und Literatur[292] — allerdings ohne jede Begründung — die Auffassung vertreten, § 2301 II greife nicht

---

[287] Zutreffend *Dernburg-Engelmann* V, 243 mit A. 3; *Kretzschmar*, § 14 VII 3, S. 69; *von Tuhr* II 1, 291 f.; *Lange*, Erbrecht, § 31 II 1 a, S. 328 mit A. 4—6. Vgl. ferner *Boehmer*, Einführung in das Bürgerliche Recht, 197 („zum mindesten in die Form eines eigenhändigen Testaments gekleidet"); *Mattern*, BWNotZ 1965, 10. Wenig präzise *Kipp*, Erbrecht, § 41 II 2 und 3, S. 144 f. („unter Umständen auch eine letztwillige Verfügung"). Das LG Hamburg ZBlFG 1903, 537, will ein angenommenes Schenkungsversprechen von Todes wegen nach den Regeln des Erbvertrages, ein nicht angenommenes nach Testamentsregeln beurteilen.

[288] So zutreffend *Heck*, 31. Jahresbericht der Juristischen Gesellschaft Berlin, 1889/90, 69 f.

[289] Siehe Seite 33 ff.

[290] Siehe oben Seite 36.

[291] RG WarnRspr. 1913, 300 Nr. 249; 1915, 212 Nr. 142 = LZ 1915, Spalte 819 = Recht 1915 Nr. 1516.

[292] *F. Leonhard*, A. V zu § 2301; *Dernburg-Engelmann* V, 243 A. 5; *P. Meyer*, Lehrbuch, 470; *Planck-Greiff*, A. 4 Abs. 1 zu § 2301; *Dietz*, Erbrecht, 93;

nur dann ein, wenn die Schenkung ohne vorangegangenes Versprechen unmittelbar durch Leistung donandi causa vollzogen oder wenn trotz vorangegangenen nichtigen Versprechens die Leistung in Kenntnis der Nichtigkeit schenkweise als Handgeschäft bewirkt werde, sondern auch dann, wenn die Leistung zum Zweck der Erfüllung eines voraufgegangenen Schenkungsversprechens in Unkenntnis der Nichtigkeit erfolge. In seinen Urteilen vom 3. 5. 1911[293] und vom 29. 3. 1915[294] hat das Reichsgericht ausgeführt, durch die Vollziehung werde nicht nur bei Schenkungen unter Lebenden (§ 518 II), sondern auch bei Schenkungen von Todes wegen (§ 2301 II) der Mangel der Form geheilt. In bezug auf diese heilende Wirkung der Vollziehung mache es keinen Unterschied, ob die Leistung gleichzeitig mit der Schenkung oder erst hinterher in der Absicht bewirkt wird, ein vorausgegangenes Schenkungsversprechen zu erfüllen.

Demgegenüber bemerkte die I. Kommission[295], es werde in § 2301 II nicht von einer Schenkung gesprochen, die während des Schwebens der Bedingung erfüllt wird. Die vollzogene Schenkung schließe begrifflich in sich, daß durch die Veräußerung die Hingabe des geschenkten Gegenstandes animo donandi bewirkt werde. Sie meinte, die auf den Todesfall vollzogene Schenkung zerfalle nicht in zwei verschiedene Akte, die Schenkung und die Vollziehung, die zeitlich auseinander liegen könnten. Ein Versprechen könne zwar dem Vollzug vorausgehen, komme dann aber nur als Beweggrund in Betracht. Die Kommission hob hervor, die Vollziehung sei „an sich ein neues selbständiges Geschäft". Gleichwohl liege eine vollzogene Schenkung nicht mehr vor, wenn die Leistung „auf Grund des Versprechens solvendi causa" erfolge. Denn dann, so führte die Kommission aus, handele es sich entweder um die Erfüllung eines nichtigen Versprechens oder, wenn das Versprechen als Verfügung von Todes wegen gültig sei, um die „vorzeitige Erfüllung dieser Verfügung" und die Leistung könne als Erfüllung einer Nichtschuld zurückgefordert werden. Trete zu dem als Verfügung von Todes wegen gültigen Schenkungsversprechen eine vollzogene Schenkung bezüglich desselben Gegenstandes hinzu, so könne darin keine Aufhebung des Versprechens gefunden werden, da der Entwurf die ademtio legati, das heißt die Aufhebung eines Vermächtnisses durch schlüssiges Verhalten des Erblassers[296], nicht aufgenommen hat[297].

Staudinger-Dittmann, Randnr. 16 zu § 2301; *Ehard-Eder* in Soergel-Siebert, Randnr. 2 zu § 2301; *Bartholomeyczik*, Erbrecht, § 59 III 2 d, S. 392; RGRK-*Kregel*, A. 11 zu § 2301; *M. R. Schulze*, 23; *Boller*, 28 ff.

[293] RG WarnRspr. 1913, 300 Nr. 249.

[294] RG WarnRspr. 1915, 212 (214) Nr. 142.

[295] Motive V, 352.

[296] Motive V, 153.

[297] *Kipp*, Erbrecht, § 41 II 5, S. 146, nimmt hier im Falle eines Speziesvermächtnisses Wirkungslosigkeit des Vermächtnisses an. Bei einem Gattungs-

Die I. Kommission bezieht sich in diesem Zusammenhang auf ihre Erörterungen über die Versprechensschenkung unter Lebenden (§ 518 I und II)[298]. Dort ist ausgeführt, das Verhältnis des § 518 I zu § 518 II bestehe nicht darin, daß aus einer formlosen Versprechensschenkung (einem akzeptierten Schenkungsversprechen) eine — wenn auch nicht klagbare — Obligation mit Ausschluß der Rückforderung des zur Erfüllung Geleisteten (Naturalobligation) hervorgehe. Auch werde die sich aus der Formwidrigkeit des Schenkungsversprechens ergebende Nichtigkeit nicht etwa durch die Vollziehung geheilt. Ein formloses oder formwidriges Schenkungsversprechen sei vielmehr nichtig und konvalesziere auch nicht nachträglich durch die Vollziehung. Habe zum Beispiel der Schenker in dem Irrtum, zur Erfüllung des wegen Formfehlers nichtigen Vertrages rechtlich verpflichtet zu sein, solvendi causa geleistet, so handele es sich nicht um eine vollzogene Schenkung im Sinne des § 518 II, sondern nur um die Erfüllung einer irrtümlich als bestehend vorausgesetzten Verbindlichkeit. In einem solchen Falle könne die Leistung wegen Erfüllung einer Nichtschuld zurückgefordert werden. Diese Konsequenz, so meinte die I. Kommission, ergebe sich mangels entgegenstehender Bestimmungen nach allgemeinen Rechtsgrundsätzen von selbst (§§ 812 ff.). Der dingliche Akt habe dann nämlich nur das äußere Ansehen einer durch Veräußerung vollzogenen Schenkung. Geleistet werde nicht schenkweise, sondern zum Zweck der Erfüllung (animo solvendi). Denn auch die Vollziehung eines gültigen Schenkungsversprechens sei nicht selbst Schenkung, sondern nur die Erfüllung einer bestehenden Verbindlichkeit.

Anders verhalte es sich aber, so fuhr die Kommission fort, wenn der Schenker unter Absehen von der nichtigen Schenkung oder in Kenntnis der Nichtigkeit den versprochenen Zuwendungsgegenstand animo donandi leiste. Denn dann liege eine selbständige Zuwendung vor, und zwar eine neue, vollzogene Schenkung, die gemäß § 518 II gültig sei, auch wenn das nichtige Versprechen für sie vielleicht das Motiv gewesen sein sollte. Die Rechtslage sei dieselbe, wie wenn der Schenker ohne vorausgegangenes Versprechen unmittelbar „durch Veräußerung" an den Beschenkten die Schenkung animo donandi vollziehe. § 518 II setze dementsprechend keineswegs ein vorausgegangenes nichtiges Schenkungsversprechen voraus. Sie greife vielmehr ein, wenn der Schenker ohne Rücksicht auf das vorangegangene nichtige Versprechen oder, ohne daß ein solches Versprechen überhaupt erfolgt war, eine Schenkung durch den dem geschenkten Gegenstand entsprechenden dinglichen Akt vollzieht.

---

vermächtnis könne der von der vorzeitigen Erfüllung unberührt gebliebene Vermächtnisanspruch durch Aufrechnung mit der Bereicherungsforderung des Erben getilgt werden.

[298] §§ 440, 441 Entwurf I; Motive II, 295.

Bei den Beratungen der II. Kommission über die Schenkung von Todes wegen wurde „auf Wunsch eines Mitglieds" zu Protokoll genommen, „daß die Unterscheidung der Motive V S. 352, je nachdem die Schenkung animo donandi oder solvendi causa erfolge, von der Mehrheit nicht als zutreffend erachtet werde"[299].

Schon bei der Beratung der Schenkung unter Lebenden vermochte sich die II. Kommission nicht davon zu überzeugen[300], daß die Nichtigkeit des formlosen oder formwidrigen Schenkungsversprechens nicht durch Konvaleszenz behoben werden könne, wenn die Schenkung nachträglich zur Vollziehung gelange. Denn wenn man mit dem I. Entwurf unterscheiden wolle, ob die Leistung des Schenkers im Irrtum über die Nichtigkeit des Schenkungsversprechens oder unter Absehen vom Versprechen oder in Kenntnis seiner Nichtigkeit erfolgt sei, so würden „Feinheiten in das Gesetz hineingetragen, die der Verkehr nicht verstehen werde und durch welche die Handhabung des Gesetzes unnötigerweise erschwert werden würde". Die Unterscheidung könne auch in einzelnen Fällen „zu Unbilligkeiten führen". Die Praktikabilität des Rechts verlange hier, wo es sich um die Bedeutung und Wirkung einer Formvorschrift handele, eine Vereinfachung. „Ähnliche Erwägungen", wie sie die II. Kommission zu § 313 S. 2 (§ 351 II Entwurf I) bestimmt hätten[301], den wegen Formmangels nichtigen Vertrag auf Übertragung des Eigentums an Liegenschaften durch die nachfolgende Auflassung und Eintragung des Erwerbers in das Grundbuch gültig werden zu lassen, müßten auch hier Platz greifen.

Demgegenüber wurde von einigen Kommissionsmitgliedern zur Rechtfertigung des I. Entwurfs bemerkt[302], in § 518 II (§ 441 Entwurf I) behandele der I. Entwurf die durch Veräußerung vollzogene Schenkung als gültig, ohne die Frage zu berühren, ob dem Vollzug ein Schenkungsversprechen voraufgegangen oder ob es ohne ein Versprechen unmittelbar vorgenommen sei. In beiden Fällen liege eine sachliche Verschiedenheit nicht vor, und es sei daher gerechtfertigt, sie im Gesetz gleichmäßig zu ordnen. Davon müsse jedoch die Bewirkung der Leistung aufgrund eines abgegebenen Schenkungsversprechens unterschieden werden, das der Entwurf wie die Erfüllung einer obligatorischen Verbindlichkeit behandeln wolle. Daraus folge, daß die irrtümliche Erfüllung eines wegen Formmangels ungültigen Schenkungsversprechens mittels der Kondiktion rückgängig gemacht werden könne. Es empfehle sich nicht, diese allgemeinen Grundsätze zu ändern. Insbesondere sei es nicht geraten, den der singulären Bestimmung des § 313 S. 2 zugrundeliegenden Rechts-

---

[299] Protokolle V, 462.

[300] Protokolle II, 11.

[301] Dazu Protokolle I, 462, 463.

[302] Protokolle II, 11 f.

gedanken, der in der Eigenart des Grundbuchrechts seine Rechtfertigung finde, hierher zu übertragen.

Die Auffassung der I. Kommission überzeugt angesichts ihrer einleuchtenden Begründung schlechthin. Die dort getroffene Unterscheidung der verschiedenen Vollzugsarten (animo donandi, animo solvendi) ist sachlich durchaus gerechtfertigt. Von schwer verständlichen und lästigen „Feinheiten“ kann überhaupt keine Rede sein.

Hat der Erblasser eine nach § 2301 I *formgültige* Versprechensschenkung zu Lebzeiten solvendi causa bewirkt, dann liegt der Tatbestand des § 2301 II nicht vor. Dann ist dies vielmehr so zu beurteilen, wie wenn ein Erblasser eine Vermächtnisanordnung bereits vor dem Erbfall vollzogen hätte[303].

Handelt es sich um die Bewirkung der Leistung durch den Erblasser-Schenker im Hinblick auf ein *formnichtiges* Versprechen solvendi causa, dann sind die Voraussetzungen des § 2301 II ebensowenig gegeben. Dazu folgendes Beispiel:

> A hatte seinem Neffen N anläßlich dessen Verlobung mündlich versprochen, ihm sein Empire-Herrenzimmer zu schenken, wenn er vor dem Neffen versterben sollte. Da sich N in der folgenden Zeit gegenüber der Ehefrau des A, die dieser zu seiner Alleinerbin eingesetzt hatte, unbotmäßig benimmt, erfüllt A selbst das „Versprechen“ am Hochzeitstage des N im Wege einer durch sein Vorversterben aufschiebend bedingten Übereignung der Möbel. A glaubte, gegen ihn bestehe eine — wenn auch bedingte, so doch nicht aufhebbare — Forderung seines Neffen, deren Erfüllung er nicht seiner alleinerbenden Ehefrau zumuten wollte.

Hier hat A auf eine bloß vermeintliche Schuld geleistet. Denn abgesehen davon, daß selbst bei einem formgültigen Versprechen zu seinen Lebzeiten eine Schuld niemals vorhanden gewesen wäre (§ 2301 I S. 1), kann eine solche im vorliegenden Fall auch nach dem Tode des A nicht entstehen, da die Formerfordernisse einer Verfügung von Todes wegen nicht gewahrt sind. A selbst oder nach seinem Tode seine Ehefrau ist daher berechtigt, die Rückübereignung der Möbel von N zu verlangen (§ 812 I S. 1; arg. § 814).

Wußte A dagegen von dem Formmangel des Versprechens und leistete er trotzdem, dann kommt eine Kondiktion nicht in Betracht (§ 814); denn dann liegt eine donandi causa sofort bewirkte Handschenkung vor. Jetzt findet § 2301 II Anwendung.

---

[303] Dazu *Wiechel*, 35 ff.; *Kipp*, Erbrecht, § 41 II 5, S. 146.

§ 2301 II greift mithin immer nur dann ein, wenn der Schenker animo donandi eine unter der Überlebensbedingung sofort vollzogene Schenkung (Handschenkung) vornimmt. Es spielt dabei allerdings keine Rolle, ob dem Handgeschäft eine gültige oder unwirksame Versprechensschenkung voraufgegangen war oder nicht.

F. Die Schenkung von Todes wegen de lege ferenda

Philipp Heck[304] erblickte mit Recht in der von der I. Kommission entworfenen Regelung der Schenkung von Todes wegen keine geeignete Lösung der in diesem Zusammenhang auftretenden Rechtsfragen. Er beanstandete dreierlei. Zunächst sei das legislative Problem zu eng[305] gefaßt. Denn es werde lediglich die Schenkung unter der Bedingung des Vorversterbens des Schenkers geregelt. Dies sei nur eine einzige Spezialform der Schenkung. Für alle anderen Fälle der in ihrer Wirkung vom Tode des Schenkers abhängigen Schenkung fehle jede Sonderbestimmung, so daß es der Praxis überlassen bleibe, ob sie die allgemeinen Grundsätze über die Schenkung unter Lebenden anwenden wolle. Im übrigen stelle der Ausschluß der Vererblichkeit des Rechts des Bedachten im Falle seines Vorversterbens kein entscheidendes Kriterium dar.

Zum anderen, so meint *Heck*, sei es nicht gerechtfertigt, die Schenkungen auf den Todesfall verschieden zu behandeln, je nachdem ob die Schenkung durch Veräußerung vollzogen oder nur ein Schenkungsversprechen erteilt sei. Es treffe nämlich nicht zu, daß ein besonderer Schutz der Nachlaßinteressenten bei den durch Veräußerung vollzogenen Schenkungen nicht erforderlich sei, weil die Wirkung einer solchen Schenkung den Schenker selbst berühre und dieser daher in der Minderung seines Vermögens vorsichtig sein werde. Denn derjenige, der Wertpapiere unter Vorbehalt des Zinsgenusses und des freien Widerrufsrechts unter einer aufschiebenden Bedingung zu Eigentum übertrage, bringe überhaupt kein Opfer[306], während derjenige Erblasser, der ein unwiderrufliches Schenkungsversprechen erteile, an entgegenstehenden letztwilligen Verfügungen gehindert sei.

Zum dritten schließlich erschöpfe die Regelung die auftauchenden Möglichkeiten der Schenkung von Todes wegen in keiner Weise. Da nämlich unter dem Begriff der Vollziehung durch Veräußerung nur die Rechtsübertragung verstanden werden könne, fielen zwei Tatbestands-

---

[304] Die Lebensversicherung zugunsten Dritter — eine Schenkung auf den Todesfall, 1890, 108 ff.

[305] Vgl. auch *Bartholomeyczik*, Erbeinsetzung, 168 ff.

[306] Siehe auch *Heck*, 31. Jahresbericht der Juristischen Gesellschaft Berlin 1889/90, 70.

gruppen völlig aus: Einmal die Fälle der Wertübertragung, in denen kein Versprechen vorliege, und zweitens diejenigen Zuwendungen auf den Todesfall, bei denen nach dem Willen der Parteien zu Lebzeiten des Schenkers für den Beschenkten überhaupt noch kein Recht entstehen solle. Die Gültigkeit von Zuwendungen der letzten Art sei mindestens insoweit nicht zu leugnen, als sie durch den Vertrag zugunsten Dritter ermöglicht würden.

Dieser Kritik kann im wesentlichen zugestimmt werden[307]. Wie schon gezeigt[308], trifft es nicht zu, lebzeitige und erbrechtliche Zuwendungen danach zu unterscheiden, ob bereits eine *dinglich-rechtliche Vermögensminderung* durch den Erblasser zu dessen Lebzeiten stattgefunden hat oder nicht. Denn der schuldrechtlich unter einer Überlebensbedingung auflösend oder aufschiebend *verpflichtete* Erblasser würde ebenfalls eine Vermögenseinbuße erleiden, wenn auch eine schwächere, weil nur seine Erben einem Schadensersatzanspruch des Berechtigten ausgesetzt wären (§ 160 I). Es liegt rechtspolitisch kein triftiger Grund vor, den Eintritt einer solchen schuldrechtlichen Anwartschaft des Berechtigten (§ 160) gänzlich zu verhindern (§ 2301 I), ein kaum stärker wirkendes dingliches Anwartschaftsrecht dagegen sogar durch formlose Vereinbarung zuzulassen (§§ 2301 II, 516). Es hätte vollkommen genügt, auch ein solches Schenkungsversprechen, das durch das Überleben des Beschenkten bedingt wird, der Form gerichtlicher oder notarieller Beurkundung (§ 518 I) zu unterwerfen und die Annahme durch den Beschenkten von jeder Form freizustellen. Der in § 2301 I getroffenen Regelung hätte es angesichts des § 518 I mithin gar nicht bedurft.

Ein möglicher Einwand, daß auf diese Weise die Vorschriften über die Verfügungen von Todes wegen umgangen werden könnten, wäre nicht gerechtfertigt. Denn die strenge Form des Schenkungsversprechens unter Lebenden (§ 518 I) ist ja gerade im Hinblick darauf statuiert worden, die Umgehung erbrechtlicher Vorschriften illusorisch zu machen. Das hat bereits die I. Kommission bei der Beratung des § 518 I mit aller Klarheit ausgesprochen[309]:

> „Erforderlich ist die Form aber nur für das Schenkungsversprechen, insbesondere zur Verhütung übereilter Schenkungsversprechen sowie behufs Beseitigung der in manchen Fällen nicht ausgeschlossenen Zweifel, ob ein wirkliches Schenkungsversprechen oder nur die Ankündigung der Absicht, künftig schenken zu wollen, vorliegt,

---

[307] Demgegenüber hält *Hammerstein*, 49, die Regelung des BGB einerseits für „in glücklicher Weise gelungen", andererseits (auf derselben Seite) fordert er eine „präzisere Fassung des § 2301 Abs. 1", da die Schenkung von Todes wegen „auch heute nicht unwesentliche Streitfragen hervorruft".

[308] Siehe oben Seite 47.

[309] Motive II, 293,

außerdem, damit die Umgehung der Vorschriften über die Form der letztwilligen Verfügungen und der Schenkungen auf den Todesfall thunlichst verhindert, auch Streitigkeiten über die angeblichen Schenkungsversprechen eines Verstorbenen vorgebeugt wird".

Es ist also nicht einzusehen, warum bei einem Schenkungsversprechen unter der Überlebensbedingung die Beurkundung des Versprechens nicht ausreichen soll.

Wie bereits dargetan[310], erscheint es zudem systematisch verfehlt, auf ein Schenkungsversprechen von Todes wegen nur die Einhaltung der Vorschriften des *Erbvertrages* zu verlangen.

Außerdem zieht das Gesetz die Grenze zwischen der formbedürftigen Verfügung von Todes wegen (§ 2301 I S. 1) und der formlos gültigen „Zuwendung unter Lebenden auf den Todesfall" (§ 2301 II) nach denselben rechtspolitischen Gesichtspunkten wie die zwischen der formlos gültigen und formnichtigen Schenkung unter Lebenden (§ 518)[311]. Darin liegt, wie *Bartholomeyczik* zutreffend bemerkt[312], ein weiterer Fehler des Gesetzes. Die Formvorschriften des Erbrechts sollen nämlich im Gegensatz zu denen des Rechts der Schenkung unter Lebenden *nicht nur* vor übereilten unentgeltlichen Zuwendungen an den Beschenkten warnen[313]. Denn während sich der Schenker bei Schenkungen unter Lebenden durch sein Verhalten gegenüber dem Beschenkten selbst gefährdet, tut er dies bei Zuwendungen von Todes wegen, deren Wirkungen erst bei seinem Tode eintreten und vom Überleben des Bedachten abhängen, gerade nicht[314].

Ein weiterer dogmatischer Bruch in der gesetzlichen Konstruktion, auf der § 2301 beruht, liegt darin, daß der Vollzug eines Zuwendungsgeschäfts darüber entscheiden soll, ob es sich bei dem Grundgeschäft um eine Zuwendung unter Lebenden oder von Todes wegen handelt. Dazu sind die Vollzugsgeschäfte aber nicht geeignet. Denn sie stellen abstrakte „farblose" Rechtsgeschäfte dar. Für die Frage „unter Lebenden" oder „von Todes wegen" kommt es vielmehr einzig und allein auf die rechtliche Struktur des Grundgeschäfts an. Zutreffend bemerkt *Stampe*[315], nur die Einleitungsakte der Wertbewegungen, die sogenannten Grundgeschäfte, können inter vivos oder mortis causa vorgenommen werden, nicht dagegen die zu den sogenannten Hilfsgeschäften zählen-

---

[310] Oben Seite 107 ff.

[311] *Bartholomeyczik*, Erbrecht, § 59 III 1, S. 390.

[312] a.a.O.

[313] *Lange*, NJW 1963, 1575.

[314] *Bartholomeyczik* a.a.O.

[315] Unsere Rechts- und Begriffsbildung, 1907, 41 f.

den Abwicklungs-, Sicherungs-, Veränderungs- oder Auflösungsgeschäfte, da sie nur dem Fortgang der durch das Grundgeschäft eingeleiteten Wertbewegung dienen.

Daß es verfehlt ist, überhaupt die Frage zu stellen, ob etwa die Übereignung einer Sache oder die Abtretung einer Forderung unter Lebenden oder von Todes wegen, entgeltlich oder unentgeltlich geschieht, zeigt eine Gegenüberstellung der Erfüllung eines Vermächtnisses einerseits und einer auf den Erben übergegangenen Kaufpreisschuld des Erblassers (§§ 433 II, 1967) andererseits. Das Vermächtnis stellt eine Zuwendung von Todes wegen, der Kaufvertrag, den der Erblasser abgeschlossen hat, ein Rechtsgeschäft unter Lebenden dar. Vollzogen werden beide Rechtsgeschäfte vom Erben, also nach dem Tode des Erblassers. Gleichwohl ändert sich an der rechtlichen Struktur des Grundgeschäfts als einer Verfügung von Todes wegen einerseits und eines Rechtsgeschäfts unter Lebenden andererseits nichts.

Hinzu kommt, daß die abstrakten Verfügungsgeschäfte mit unmittelbar wirkender Rechtsänderung (Bewirkung, Leistung, Erfüllung, Vollzug) stets „unter Lebenden" stattfinden, so daß der Vollzug eines Zuwendungsgeschäfts nicht das Kriterium dafür bilden kann, ob die Zuwendung unter Lebenden oder von Todes wegen abgeschlossen worden ist. Man kann sich schließlich gar nicht vorstellen, wie eine Verfügung von Todes wegen — und um eine solche handelt es sich bei § 2301 I S. 1 — durch ein Rechtsgeschäft zu Lebzeiten des Erblassers soll vollzogen werden können[316]. Denn dann würde es sich bei § 2301 II um eine vorweggenommene Erbfolge oder Vermächtnisanordnung handeln. Zu Lebzeiten vorweggenommene Verfügungen von Todes wegen gibt es jedoch nicht.

Mit Recht bemerkte daher schon *Endemann*[317], § 2301 II sei überflüssig[318]. Auch *von Lübtow* weist zutreffend darauf hin[319], daß die ohnehin schon unklaren Vorstellungen in der Lehre über die Schenkung von Todes wegen durch die Fassung des § 2301 II noch mehr verdunkelt werden. Es brauchte gewiß nicht besonders hervorgehoben zu werden, daß es sich in den Fällen, in denen eine durch das Überleben des Bedachten bedingte schenkweise Zuwendung (Handschenkung) erfolgt ist, um ein

---

[316] Schenkt ein Erblasser jemandem eine Sache, die er ihm zuvor testamentarisch vermacht hatte, so liegt eine gewöhnliche Schenkung unter Lebenden vor (vgl. RGZ 95, 12 ff.). Stirbt der Erblasser-Schenker bald darauf, dann ist die Vermächtnisanordnung gemäß § 2171 S. 1 nichtig, da sie sich auf eine rechtlich unmögliche Leistung richtet. Juristisch kann also von einer „vorweggenommenen Vermächtnisanordnung" gar keine Rede sein.

[317] III 1, 658 A. 10.

[318] Vgl. auch *Rötelmann*, NJW 1959, 662 rechte Spalte a.E.

[319] JR 1951, 95.

Rechtsgeschäft inter vivos handele. Hat nämlich der Erblasser die Zuwendung zu Lebzeiten selbst vollzogen, dann verfügt er nicht als Erblasser über seine Nachlaßrechte, sondern über sein gegenwärtiges Vermögen. Allein deshalb liegt ein Rechtsgeschäft unter Lebenden[320] vor.

§ 2301 ist nach alledem de lege ferenda eine Vorschrift, für die rechtspolitisch kein Bedürfnis besteht[321]. Nicht zu Unrecht wird sie als „hybride Erscheinung" bezeichnet[322]. Bereits die I. Kommission hatte richtig erkannt, daß die Formen der testamentarischen und der vertragsweisen Zuwendung von Todes wegen sowie die Vorschriften über die Schenkung unter Lebenden genügten, um der Betätigung jeder Willensmeinung der Beteiligten Raum zu lassen[323]. Durch die Aufnahme des § 2301 ins Gesetz hat sie diese Erkenntnis nur wieder verdunkelt.

---

[320] *Endemann* III 1, 658.

[321] Schon in bezug auf das Preußische Allgemeine Landrecht (I, 11, §§ 1134 bis 1139) meinte *Koch* (Das Preußische Erbrecht, 1138), für das Rechtsinstitut der Schenkung von Todes wegen bestehe kein Bedürfnis. Und *Gruchot* fragt in seinen „Glossen zum Allgemeinen Landrecht" (GruchBeitr 13, 1869, 856): „Was haben wir mit der Beibehaltung dieses Rechtsinstitutes gewonnen?" Er fährt fort: „Ein Bedürfnis lag dazu keinesfalls vor. Derjenige, der nur auf seinen Todesfall einem anderen etwas zuwenden, also bis dahin sowohl den Gegenstand der Zuwendung in seinem Vermögen behalten, als auch den willkürlichen Widerruf seines Liberalitätsaktes wahren will, kann seinen Zweck nicht einfacher und sicherer als im Wege der letztwilligen Verfügung erreichen." In demselben Sinne für das Sächsische BGB (§§ 2500 ff.) *Sehling*, 22. Demgegenüber befürwortet für das geltende Recht *M. R. Schulze*, 7, ausdrücklich, aber mit kaum überzeugender Begründung, die Beibehaltung der in § 2301 getroffenen Bestimmung.

[322] *von Lübtow*, JR 1951, 94.

[323] Motive V, 350.

Dritter Teil

Der Vertrag zugunsten Dritter auf den Todesfall

Nachdem sich herausgestellt hat, daß der Tatbestand des § 2301 I die Umdeutung eines von Haus aus lebzeitigen Geschäfts in eine *Zuwendung von Todes wegen*, der des § 2301 II dagegen begrifflich-dogmatisch eine — wenn auch durch das Überleben des Bedachten aufschiebend oder durch sein Vorversterben auflösend bedingte — *Zuwendung unter Lebenden* enthält, taucht nunmehr die Frage auf, welche rechtliche Struktur einer Zuwendung zukommt, die einem Dritten nach Maßgabe des § 331 I gemacht wird.

Diese Vorschrift lautet:

> „Soll die Leistung an den Dritten nach dem Tode desjenigen erfolgen, welchem sie versprochen wird, so erwirbt der Dritte das Recht auf die Leistung im Zweifel mit dem Tode des Versprechensempfängers".

Zur Erläuterung der mit § 331 I verbundenen Rechtsfragen soll von folgendem praktischen Fall ausgegangen werden:

> Der Verkäufer A (Versprechensempfänger) verkauft dem Käufer B (Versprechenden) durch mündliche Vereinbarung ein Gemälde mit der Abrede, daß B den Kaufpreis in Höhe von 1000 DM nach dem Tode des A an C (Dritter) zahlen und C auch berechtigt sein soll, die Zahlung nach A's Tode von B zu verlangen. C weiß von diesem Geschäft nichts.

Es kommt zunächst darauf an, ob eine solche Drittbegünstigung ohne Mitwirkung des Dritten wirksam ist und gegebenenfalls auf welchen Rechtsbeziehungen der Erwerb des Dritten beruht.

A. Der Begründungsakt für den Rechtserwerb des Dritten

Einen *Vertrag zugunsten Dritter* (§§ 328 ff.) als solchen, das heißt einen so zu nennenden Vertragstyp, gibt es nicht[1]. Das zeigt schon seine Kodi-

---

[1] *Planck-Siber*, Vorbemerkung II vor § 328; *Palandt-Danckelmann*, Einführung 2 a vor § 328; *Fikentscher*, § 37 III 1, S. 140; *von Lübtow*, Richtlinien,

fizierung im Allgemeinen Teil des Schuldrechts. Es ist deshalb irreführend, wenn zum Beispiel behauptet wird[2], Verträge über eine Leistung an einen Dritten bedürften „als solche" keiner Form. Man muß vielmehr stets von einem Kauf zugunsten Dritter, einer Miete zugunsten Dritter, einem Werkvertrag zugunsten Dritter, einem Lebensversicherungsvertrag zugunsten Dritter und so weiter sprechen[3]. Für die Frage der Zulässigkeit und Gültigkeit des Vertrages einschließlich der Begünstigung des Dritten sind die Rechtsbeziehungen der Parteien zu dem Dritten, insbesondere die des Versprechensempfängers zum Dritten, rechtlich ohne jede Bedeutung[4].

Auch der *Vertrag zugunsten Dritter auf den Todesfall* (§ 331 I) kann verschiedenen Zwecken dienen. Es kommen nicht nur die im § 330 genannten Vertragstypen (Lebensversicherungs-[5] und Leibrentenverträge, unentgeltliche Zuwendungen mit einer Auflage sowie Vermögens- und Gutsübernahmeverträge), sondern auch andere Geschäftsarten in Be-

---

16; *Fricke*, 5; *Kühlmorgen*, 8; *Dorow*, 31; *Giesen*, 71; *Köster*, 2. — Zu Unrecht hält *Dniestrzanski*, 345 ff., den Vertrag zugunsten Dritter lediglich für eine Unterart des Auftrages; dagegen *Kipp*, ZHR 57, 217 f.; *Schaefer*, 4.

[2] Vgl. RGZ 88, 137 (139); RG WarnR 1914, 341 Nr. 243; *Oertmann*, A. 4 zu § 328; *Th. Wolff*, BankArch. 21, 195. Unzutreffend insoweit auch *Heilmann*, ZHR 114, 1951, 19: „seinem Wesen nach völlig selbständig".

[3] *Hellwig*, 44; *Planck-Siber* a.a.O.; *Palandt-Danckelmann* a.a.O.; *von Lübtow* a.a.O.; *Fricke* a.a.O.; *Kohlbach*, 8; *Dorow* a.a.O.; *Giesen* a.a.O.; *Hornig* in Schlegelberger-Vogels, A. 6 zu § 328; *Lange*, NJW 1965, 657.

[4] *Hellwig*, 354; *Fricke*, 8 ff.; *Lange*, Erbrecht, § 31 II 2 a, S. 330 mit A. 7; *Kipp-Coing*, § 81 V 1 a, S. 358.

[5] Zum Lebensversicherungsvertrag zugunsten Dritter vgl. insbesondere: *Behrend*, LZ 1907, 872 ff.; LZ 1908, 125 ff.; *Berliner*, LZ 1909, 115 ff., 198 ff., 283 ff., 366 ff.; *Brecher*, Die Interessenconflicte bezüglich der Lebensversicherungssumme, 1902; *Bruck-Dörstling*, § 15, S. 222—270; *Bürkner*, LZ 1910, 845 ff.; ZgesVersW 1911, 808 ff.; *Danz*, Recht 1905, 89 ff.; *Dörstling*, ZVersW 1917, 172 f.; 1915, 213 f.; *Eckstein*, ZZP 41, 1911, 67 ff.; GruchBeitr. 55, 1911, 751 ff.; *Ehrenberg*, Recht 1911, 4 ff.; IherJahrb. 41, 1900, 341 ff.; *Emminghaus*, LZ 1907, 29 ff.; LZ 1909, 454 f.; *Fuld*, ZVersRW 1898, 456 ff.; *O. M. von Gierke*, Der Lebensversicherungsvertrag zugunsten Dritter, ZHR 1936 (Beiheft 7); *Hamelbeck*, NJW 1965, 955; *Hausmann*, ZVersW 1918, 291 f.; *Josef*, IherJahrb. 66, 1916, 30 ff.; AcP 42, 1916, 319 ff.; GruchBeitr. 57, 1913, 564 ff.; *Kirchmann*, LZ 1912, 614 ff.; ZgesVersW 1913, 449 ff.; *Kühlmorgen*, Die Lebensversicherungsverträge zugunsten Dritter, 1927; *Küry jun.*, Lebensversicherung und Vertrag zugunsten Dritter, Basel 1932; *Lederle*, Die Lebensversicherung unter besonderer Berücksichtigung ihrer rechtlichen Beziehungen zum ehelichen Güterrecht, Erb- und Konkursrecht sowie ihrer Besteuerung, 1913; *Mohr*, VersR 1955, 723; *Natter*, ZBlFG 1908, 303 ff.; *Reinicke*, NJW 1956, 1053 ff.; *Schwarz*, Lebensversicherung zugunsten Dritter, 1914; *Vitzthum von Eckstaedt*, ZgesVersW 1904, 301 ff.; *Wussow*, NJW 1964, 1259 ff.; *Zehner*, AcP 153, 1954, 424 ff., sowie die im Literaturverzeichnis genannten Dissertationen von *Bartetzko*, *Borgmann*, *Draeger*, *Ebmeyer*, *Geister*, *Gössmann*, *Hengehold*, *Knoch*, *Lücke*, *Mehn*, *Niewiesch*, *Ramin*, *Rückbeil*, *A. Stahl*, *Stübler*, *Zehner* und *Hoffmann*.

tracht[6]. So ist es zum Beispiel möglich, daß bei einem Kaufvertrage die Parteien vereinbaren, den zunächst gestundeten Kaufpreis solle ein Dritter mit dem Tode des Verkäufers vom Käufer verlangen dürfen[7]. Auch kann eine Sache mit der Maßgabe hinterlegt werden, daß der Verwahrer sie beim Tode des Hinterlegers einem Dritten herauszugeben verpflichtet ist[8]. Wenn in der Literatur die Ansicht vertreten wird[9], Lebensversicherungs- und Gutsübernahmeverträge seien „durch Gesetz oder Gewohnheitsrecht besonders herausgehobene Tatbestände"[10] oder „als selbständige, der Befriedigung eines eingebürgerten und berechtigten Sonderbedürfnisses dienende Rechtsformen anerkannt"[11], so läßt sich dies nicht mit dem Hinweis auf § 330 rechtfertigen. Denn der Gesetzgeber hat die dort erwähnten Tatbestände, insbesondere den Lebensversicherungsvertrag, lediglich als praktisch wichtigste Fälle bezeichnet[12].

Ergibt die Auslegung des jeweils in Betracht kommenden Vertrages zugunsten Dritter, daß der Dritte überhaupt berechtigt sein soll, selbst die Leistung zu fordern, wofür die §§ 328 II, 330 Auslegungsregeln aufstellen[13], so erwirbt der Dritte im Falle des § 331 I den Anspruch auf die Leistung mit dem Tode des Versprechensempfängers[14]. Dies setzt stets voraus, daß er den Versprechensempfänger[15] überlebt[16].

---

[6] Zum Beispiel Bankdepotverträge (RGZ 88, 137 ff.; RG LZ 1916 Spalte 383; BGHZ 41, 95 f.), Sparverträge (RGZ 106, 1 ff.; BGH NJW 1965, 1913 f.; BGHZ 46, 198 ff.), Gesellschaftsverträge (RGZ 80, 175 ff.; RG JW 1913, 40). Vgl. auch *Wieacker*, Festschrift für H. Lehmann I, 283 f.; *Staudinger-Dittmann*, Randnr. 37 zu § 2301; RGRK-*Kregel*, A. 18 zu § 2301; *Fricke*, 1 f.; *Müller*, 3 f. Anderer Ansicht *Fabricius*, FamRZ 1967, 60 f.

[7] *J. Lehmann*, ArchBürgR 36, 82.

[8] *Hellwig*, 351; *J. Lehmann* a.a.O.; *Fricke*, 2.

[9] *Staudinger-Boehmer*, Einleitung § 27, Randnrn. 7 ff.; *Boehmer*, Grundlagen II 2, 92 f.; *Kipp-Coing*, § 81 V 3, S. 359 f. Auch *J. Lehmann*, ArchBürgR 36, 83, 86, 91, 94 f., will Lebensversicherungs- und Gutsübernahmeverträge zu Unrecht anders behandeln als beispielsweise den Depotvertrag.

[10] So *Kipp-Coing*, § 81 V 3, S. 359 f.

[11] So *Staudinger-Boehmer*, Einleitung § 27, Randnr. 8.

[12] Protokolle I, 759; Denkschrift, 53 f.

[13] Für den Fall, daß in einem Vertrage sich ein Teil zur Befriedigung eines Gläubigers des anderen Teiles verpflichtet, ohne die Schuld zu übernehmen, erlangt der Gläubiger im Zweifel nicht das Recht, Befriedigung zu verlangen (§ 329).

[14] *Hellwig*, 350; *Kipp*, Festschrift für Luitpold von Bayern, 134 ff.; *Strohal* I, § 29 A. 3, S. 200 f.

[15] In RGZ 80, 175 (177) verwechselt das Reichsgericht in diesem Zusammenhang den Versprechensempfänger mit dem Versprechenden.

[16] *Hellwig*, 351; *von Tuhr* I, 182 A. 7; II 2, 76, 325 A. 10; *Crome* V, 227; *Endemann* I, 718 A. 17; III 1, 216; *Enneccerus-Lehmann*, § 35 III 1, S. 153; *Erman-Westermann*, A. 2 zu § 331; *Dietz*, 104; *Staudinger-Boehmer*, Einleitung § 27, Randnr. 2; *A. Blomeyer*, Schuldrecht, § 42 V, S. 260; *J. Lehmann*, ArchBürgR 36, 81; *Ebmeyer*, 10; *Gast*, 28 mit weiteren Nachweisen; *Geginat*, 17 f. Vgl. auch § 168 VVG.

Man muß deshalb beachten, daß § 331 I die Frage beantwortet, *wann* der Dritte dem Versprechenden gegenüber forderungsberechtigt wird[17]. Sie darf nicht mit dem anderen Problem verwechselt werden[18], *ob* der Dritte überhaupt den Anspruch auf die Leistung erlangt, das heißt ob er ohne Mitwirkung des Versprechensempfängers die Übertragung des Leistungsgegenstandes an sich selbst erzwingen kann. Dies ergibt sich aus § 328 II oder gegebenenfalls aus § 330[19].

Der Vertrag zugunsten Dritter auf den Todesfall (§ 331) wird zwischen dem Versprechenden (B) und dem Versprechensempfänger (A) geschlossen. Es spielt dabei keine Rolle, ob die Anspruchsberechtigung des Dritten bereits bei Begründung des Vertrages zwischen dem Versprechenden und dem Versprechensempfänger oder erst durch eine spätere Vereinbarung zwischen diesen bestimmt wird[20]. Als Forderungsbegründungsakt kommt allein der Vertrag zwischen dem Versprechenden und dem Versprechensempfänger in Betracht. Der Dritte braucht diesem Abkommen weder beizutreten[21] noch es überhaupt zu kennen[22].

B. Der Rechtserwerb des Dritten

Durch den Vertrag nach § 331 erwirbt der Dritte vor dem Tode des Versprechensempfängers kein Recht, weder ein bedingtes noch ein künftiges, sondern eine bloße, rechtlich in keiner Weise geschützte, tatsächliche Aussicht (Hoffnung, Chance)[23]. Es handelt sich vor dem Tode des Versprechensempfängers (Erblassers) ebenso wie bei der Erbeinsetzung

---

[17] *Fricke*, 6.

[18] Wie *Hellwig*, 156, es tut. Zutreffend *Knoch*, 17.

[19] *Knoch*, 15 ff.; *Fricke*, 6 f. Nach *Hellwig*, 156, und *Seyfferth*, 11, beantwortet § 331 I beide Fragen.

[20] *Heilmann*, ZHR 114, 19; *Th. Wolff*, BankArch 21, 194; *Fricke*, 5 f.

[21] RGZ 51, 403 (405); 71, 324 (326); 80, 175 (177); 88, 137 (138); 106, 1 ff.; *Th. Wolff* a.a.O.; *Enneccerus-Lehmann*, § 34 II 1, S. 146.

[22] *Enneccerus-Lehmann*, § 35 IV, S. 154; *Fikentscher*, § 37 I 2 b, S. 139; *Fricke*, 8; *Giesen*, 73; *Köster*, 8.

[23] Protokolle I, 760; *Hellwig*, 211 f. mit A. 393; *Ehrenberg*, IherJahrb. 41, 383; *Th. Wolff*, BankArch 21, 195; *Josef*, ArchBürgR 42, 328; *Planck-Siber*, A. 1 a α zu § 331; *Crome* V, 226 A. 16; *Endemann* III 1, 216; *F. Leonhard*, Allgemeines Schuldrecht, 359; *Heck*, Schuldrecht, 146; Interessenjurisprudenz, 22; *Oertmann*, A. 1 b zu § 331; *Boehmer*, Reichsgerichtspraxis III, 312; *Fricke*, 25, 56; *Enneccerus-Lehmann*, § 35 III 2, S. 153; *Palandt-Danckelmann*, A. 1 a zu § 331; RGRK-*Wilde*, A. 3 zu § 331; *Reimer-Schmidt* in Soergel-Siebert, Randnr. 2 zu § 331; *Esser*, § 88, 2, S. 410; *Hornig* in Schlegelberger-Vogels, A. I 1 zu § 331; *Brecher*, 8; *Aberer*, 10; *Giesen*, 86 f.; *Dorow*, 40 mit weiteren Nachweisen in A. 72; RGZ 51, 403 (404); 61, 217 (218); 71, 324 (326); 80, 175 (177). Abweichend *Eckstein*, GruchBeitr. 55, 751 ff., 758 ff., 762 mit A. 1 (S. 751): der Dritte erwerbe den noch nicht fälligen Anspruch im Zeitpunkt des Vertragsschlusses; *Hengehold*, 42 ff., 45.

oder Vermächtnisanordnung weder um ein Anwartschaftsrecht noch um eine rechtlich geschützte Anwartschaft. Denn dem Versprechensempfänger steht es frei, über den Anspruch gegen den Versprechenden unter Lebenden oder von Todes wegen zu verfügen[24]. Zu Lebzeiten des Versprechensempfängers gehört die Forderung zu seinem Vermögen, unterliegt bei der Zwangsvollstreckung dem Zugriff seiner Gläubiger[25] und fällt bei Eröffnung des Konkursverfahrens gegen ihn in die Konkursmasse[26].

Stirbt der Dritte vor dem Versprechensempfänger, so geht mit dem Tode des Versprechensempfängers keine Rechtsposition auf die Erben des Dritten über[27], weil diesem eine solche niemals zugestanden hat. Die Absprache nach § 331 ist durch das Vorversterben des Dritten wirkungslos geworden[28]. Der Anspruch gegen den Versprechenden gelangt dann in den Nachlaß des Versprechensempfängers[29].

Überlebt der Dritte dagegen den Versprechensempfänger, so erwirbt er mit dessen Tode ein Forderungsrecht gegen den Versprechenden (§ 331 I); denn der Erwerb des Rechts durch den Dritten gemäß § 331 I hängt, wie gesagt, davon ab, daß er den Versprechensempfänger überlebt[30].

Bei den Verträgen zugunsten Dritter ist zu unterscheiden, ob der Zuwendungsgegenstand aus dem Vermögen des Versprechenden oder aus dem des Versprechensempfängers stammt[31]. Den regelmäßigen, norma-

---

[24] §§ 328, 332 BGB, § 166 VVG; *Hellwig*, 225 f., 288 f.; *Staudinger-Boehmer*, Einleitung § 27, Randnr. 2; *Dorow*, 40 mit weiteren Nachweisen A. 71; *Brecher*, 6; *Borgmann*, 10 ff.; *Th. Wolff* a.a.O.; *Knoch*, 19 f.; *Bartetzko*, 12; *von Ahlefeldt*, 29 f.; *Scheibengraber*, 8 ff. Unrichtig *Hengehold*, 42 ff.

[25] *Zehner*, AcP 153, 426 mit weiteren Nachweisen in A. 3.

[26] *Th. Wolff*, BankArch 21, 195.

[27] *Staudinger-Boehmer* a.a.O.; *Brecher*, 8; *Ebmeyer*, 11.

[28] *Th. Wolff* a.a.O.

[29] *Th. Wolff* a.a.O.

[30] Es ist natürlich auch zulässig, daß der Dritte das Recht sofort erwirbt und sein Überleben die Forderung lediglich fällig macht; vgl. *Hornig* in Schlegelberger-Vogels, A. I 1 zu § 331; *Ritter*, 81. Dann aber liegt ein Fall des § 331 nicht vor.

[31] Vgl. *Boehmer*, Reichsgerichtspraxis III, 312 ff.; *Staudinger-Boehmer*, Einleitung § 27, Randnr. 16; *F. Leonhard*, Allgemeines Schuldrecht, 365; *Bartholomeyczik*, Erbrecht, § 59 IV 4, S. 393; *Dorow*, 38 f.; *Giesen*, 82 ff.; *von Spindler*, 65 ff., 70 ff. — Die Literatur unterscheidet hier zwischen „direkter" oder „unmittelbarer" (der Gegenstand gehört dem Versprechensempfänger) und „indirekter" oder „mittelbarer" Zuwendung (der Gegenstand gehört dem Versprechenden). Außerdem spricht man von „direkter" oder „unmittelbarer" Zuwendung bei Schenkung, Testament oder Erbvertrag, von „indirekter" oder „mittelbarer" dagegen bei dem Vertrag zugunsten Dritter. Vgl. *Wieacker*, Festschrift für H. Lehmann I, 271 f. mit Beispielen aus der Rechtsprechung; *Bartholomeyczik*, Erbeinsetzung, 172 ff.; Erbrecht, § 59 III 2 c, S. 372; *Wiedemann*, Übertragung, 181; *Hinz*, JuS 1965, 304 f.; *Brox*, Randnrn. 874 und 875.

len, typischen Fall des Vertrages zugunsten Dritter bildet derjenige, in dem der Leistungsgegenstand zum Vermögen des Versprechenden gehört[32]. Das zeigt ein Blick in die Protokolle der II. Kommission[33]. Dort war die Mehrheit der Auffassung, daß die Vorschriften über den Vertrag zugunsten Dritter dann „nicht passen“, wenn zum Beispiel eine Sache einem Boten mit dem Auftrage übergeben wird, sie einem Dritten zu überbringen.

Was den Regelfall anlangt, bei dem also das Eigentum am Leistungsgegenstand dem Versprechenden zusteht, so soll von folgendem praktischen Beispiel ausgegangen werden.

> A verkauft dem B eine Skulptur für 5000 DM und vereinbart mit ihm, daß C berechtigt sein solle, nach dem Tode des A die Zahlung des Kaufpreises von B zu verlangen.

Hier hat zunächst A mit Abschluß des Kaufvertrages gemäß § 433 II einen Anspruch auf Zahlung der Kaufsumme erworben. Da es sich um einen Vertrag zugunsten Dritter auf den Todesfall handelt, erlangt C erst mit dem Tode des A (Versprechensempfängers) das Recht auf die Leistung gegen B (Versprechenden). Mit Hilfe der Forderung soll der Dritte in die Lage versetzt werden, einen Gegenstand zu verlangen, der sich nicht im Vermögen des Versprechensempfängers befindet. Denn im Normalfall eines Vertrages zugunsten Dritter steht ja der Gegenstand der Wertbewegung, also beim Bankdepotvertrag gemäß § 15 DepotG die Wertpapiere, beim Lebensversicherungsvertrag die Versicherungssumme[34], beim Gutsübernahmevertrag die Abfindungssumme, im Vermögen des Versprechenden (Bank, Versicherer, Übernehmer)[35].

Vgl. auch *J. Lehmann*, ArchBürgR 36, 81 ff.; *Fricke*, 2 f.; *Boller*, 79 ff. („Zuwendungen auf den Todesfall durch Hilfspersonen“). *Eckstein*, ZZP 41, 1911, 90 ff., bemerkt: „*Gegenstand der Schenkung*“, die *Eckstein* zwischen dem Versprechensempfänger und dem Dritten annimmt, „kann sein der zu leistende *Gegenstand selbst oder* aber der *Anspruch auf die Leistung.*“ Die verschiedenartige Verwendung der Begriffspaare direkt und indirekt, mittelbar und unmittelbar läßt sie zur wissenschaftlichen Systembildung ganz untauglich werden.

[32] Siehe das Schaubild bei *Hoffmann*, Der Vertrag (besonders der Lebensversicherungsvertrag) zugunsten Dritter von Todes wegen, eine Erbeinsetzung im Valutaverhältnis, Diss. Erlangen 1954, III.

[33] Protokolle I, 756.

[34] *Emminghaus*, LZ 1909, 454.

[35] Zum Sparkassenvertrag zugunsten eines Dritten BGHZ 46, 198 ff., ferner die im Literaturverzeichnis aufgeführten Dissertationen von *Maß*, *Mau*, *Wapler* und *Ritter*. — Über die Anwendbarkeit und Tragweite des § 331 im Gesellschaftsrecht siehe die Kölner Dissertation von *Neukirchen* (1938) sowie *Vins*, ZHR 86, 325 ff.

Für den Lebensversicherungsvertrag zugunsten Dritter wird allerdings in der Literatur von einigen Autoren[36] die vom Versicherungsnehmer an den Versicherer gezahlten Prämien als Gegenstand der dem Dritten gemachten Zuwendung angesehen; denn das Vermögen des Versicherungsnehmers werde zu seinen Lebzeiten nur um die Prämien gemindert. Infolgedessen, so wird gefolgert, müßten die Prämien auch das Zuwendungsobjekt sein. Diese Ansicht hängt mit der verfehlten Vorstellung zusammen, daß der Vertrag zwischen Versprechensempfänger und Versprechendem, soweit er das Kausalgeschäft für den Erwerb des Rechts durch den Dritten herstellt[37], den Charakter einer Schenkung trage[38], die immer formlos gültig sei, weil der Versprechensempfänger sein Vermögen „sofort und unmittelbar mindert" (§§ 518 II, 2301 II). Das Reichsgericht[39] und der Bundesgerichtshof[40] sind zudem der Ansicht, der Umstand, daß der Leistung des Versprechensempfängers an den Versprechenden, zum Beispiel den Prämien bei einem Lebensversicherungs- oder Bausparvertrag, die Bedeutung der Erfüllung eines gegenseitigen entgeltlichen Vertrages zukomme, stehe ihrer gleichzeitigen Eigenschaft als einer unentgeltlichen Zuwendung im Verhältnis zu dem Dritten nicht entgegen. Diese Auffassung trifft indessen nicht zu. Denn ein Schuldner kann einen Dritten nicht dadurch beschenken, daß er dem Gläubiger die Schuld bezahlt[41].

Daß tatsächlich das Objekt der Zuwendung, in dessen Genuß der Dritte mit Hilfe des durch ihn vom Versprechensempfänger erworbenen Rechts

---

[36] *Boehmer*, Grundlagen II 2, 93; *Staudinger-Boehmer*, Einleitung § 27, Randnr. 12; *Staudinger-Dittmann*, Randnr. 41 zu § 2301; *Palandt-Keidel*, A. 4 zu § 2301; *A. Stahl*, 49 f., 56; *Lücke*, 20 f. — Ganz unhaltbar ist die Auffassung des Reichsgerichts in seinem Urteil vom 25. 3. 1930 (RGZ 128, 187 ff.), wonach infolge der Zahlung der Prämien aus Mitteln des Versicherungsnehmers der Dritte, wenn es zur Auszahlung der Versicherungssumme an ihn kommt, „um die aufgewendeten Prämienbeträge mittelbar aus dem Vermögen des Versicherungsnehmers bereichert" sei, und zwar um den gesamten Betrag der gezahlten Prämien, nicht nur um das Deckungskapital des Versicherers, „weil der Anspruch auf die Gegenleistung des letzteren den Gegenstand der Schenkung bildet" (RGZ a.a.O. 190). Wenn, was allein richtig ist und in dem genannten Urteil kurz zuvor auch gesagt wurde, der Dritte originär lediglich einen Anspruch auf Zahlung der Versicherungssumme erwirbt (so auch *Constam*, 14 f.; *Emminghaus* a.a.O.), dann kann der Dritte unter keinen Umständen, weder unmittelbar noch mittelbar, um die aufgewendeten Prämienbeträge bereichert sein. Zutreffend *Oertmann*, AcP 138, 68 ff.; *Dorow*, 34 f., 56 ff. mit Nachweisen. Siehe auch das im Text Folgende.

[37] Zur Konstruktion siehe RGZ 128, 187 (189) und BGHZ 41, 95 (97).

[38] Zutreffend *Emminghaus*, LZ 1909, 454 f. (keine Schenkung, sondern „Zuwendung sui iuris").

[39] RGZ 128, 187 (191).

[40] NJW 1965, 1913 (1914).

[41] *Stampe*, Unsere Rechts- und Begriffsbildung, 88; *Planck-Siber*, A. 3 b zu § 328. Zutreffend *von Tuhr*, KritVSchr. 43, 568; vgl. auch *O. M. von Gierke*, 54 ff.

auf die Leistung kommen soll, in der Regel einen für den Versprechensempfänger fremden Gegenstand darstellt, ergibt sich mit aller Klarheit aus den Protokollen der II. Kommission[42]. Dort heißt es:

> „Die allgemeine wirtschaftliche Bedeutung des Versprechens zugunsten Dritter liege darin, daß es eine *Zuwendung aus dem Vermögen des Versprechenden* an den Dritten ermögliche ohne die Notwendigkeit der doppelten Übertragung des Vermögensgegenstandes zunächst vom Versprechenden an den Versprechensempfänger, dann von diesem an den Dritten“[43].

Damit der Dritte imstande ist, sich den Zuwendungsgegenstand vom Versprechenden zu verschaffen, ohne auf die Mithilfe des Versprechensempfängers angewiesen zu sein[44], erwirbt er in den Fällen des § 331 I das Recht, vom Versprechenden die Leistung zu fordern.

Es ist in diesem Zusammenhang eine alte Streitfrage, ob das Forderungsrecht des Versprechensempfängers mit seinem Tode auf den Dritten übergeht[45] oder ob der Dritte ein originäres Recht auf die Leistung gegen den Versprechenden ohne Durchgang durch das Vermögen des Versprechensempfängers[46] erlangt.

Vor dem Inkrafttreten des BGB hatte man versucht, das Recht des Dritten bald durch Fiktion einer Beitrittserklärung des Dritten, bald durch Fiktion einer „stillschweigenden“ Zession oder Ermächtigung[47], bald durch Fiktion einer Geschäftsführung ohne Auftrag zu begründen[48].

---

[42] I, 755. Vgl. auch *Bartholomeyczik*, Erbeinsetzung, 173, 183 f.

[43] Dies verkennt *Kipp-Coing*, § 81 V 1 b, S. 358, der gerade umgekehrt eine Wertbewegung aus dem Vermögen des Versprechensempfängers auf dem Umweg über das Vermögen des Versprechenden in das des begünstigten Dritten annimmt. Unzutreffend auch *A. Stahl*, 13; *H. Müller*, 14 f. Richtig dagegen *Hellwig*, 45; *Seyfferth*, 42.

[44] So ist der schon in den Motiven II, 268, verwendete Ausdruck „selbständiges Forderungsrecht“ zu verstehen.

[45] *Hellwig*, 337; *Ramin*, 62; *Brecher*, 14 f.; *Geister*, 32; *Termeer*, 60; *Constam*, 40 ff.; *Schwarz*, 23 ff.; *Bartetzko*, 15 ff.; *Knoch*, 39; *Zehner*, AcP 153, 430; *Hoffmann*, AcP 158, 190 ff.; *Lange*, NJW 1965, 657 f.

[46] *Windscheid-Kipp* II, 306; Denkschrift, 54; *von Tuhr* II 1, 36; *Oertmann*, A. 2 zu § 328; *Ehrenberg*, IherJahrb. 41, 381; *Heilmann*, ZHR 113, 87 ff.; 114, 23; *Wesenberg*, 133; *Staudinger-Werner*, Randnr. 2 zu § 328, Randnr. 2 zu § 330; *Palandt-Danckelmann*, Einführung 3 vor § 328; *Reimer Schmidt* in Soergel-Siebert, Randnr. 5 vor § 328; *Reinicke*, NJW 1956, 1053 f.; *Bartholomeyczik*, Erbeinsetzung, 173; *Kühlmorgen*, 81 f., 83 mit weiteren Nachweisen in A. 1 und 2; *A. Stahl*, 12. Siehe ferner *O. M. von Gierke*, 18 ff., 27 f. (ebenfalls mit weiteren Nachweisen S. 21 A. 84); *Mehn*, 23 ff.; *Köster*, 9 ff.; *Kämper*, 12, 17; *Hinz*, JuS 1965, 302 rechte Spalte.

[47] Eine Ermächtigung nahm vor allem *Bähr*, IherJahrb. 6, 146 f., an; vgl. denselben, Urteile des Reichsgerichts, 76 ff., 83 ff.; AcP 67, 157 ff.

[48] Motive II, 265 f.; *Windscheid-Kipp* II, 304 ff.; *Brecher*, 15.

Diese kontroversen Konstruktionsversuche[49] haben die Verfasser des BGB aufgegeben[50] und sich der Ansicht angeschlossen, wonach der Dritte durch die Fremdklausel unmittelbar ein selbständiges Recht auf die Leistung gegen den Versprechenden erlangt[51].

Nun wird bisweilen behauptet[52], der in den §§ 328 I, 329, 330 gebrauchte Ausdruck „unmittelbar" bedeute lediglich „ohne eigene Mitwirkung" des Dritten, ohne seine Annahme, ja selbst ohne seine Kenntnis. Die Auffassung wird durch die Enstehungsgeschichte der Vorschriften über den Vertrag zugunsten Dritter widerlegt. Denn unter dem „unmittelbaren" Rechtserwerb des Dritten verstand man gerade den Erwerb des Anspruchs ohne Durchgang durch das Vermögen des Versprechensempfängers[53]. Es ist mithin verfehlt anzunehmen[54], die Konstruktion eines originären Rechtserwerbs sei „eines der gepriesensten Erzeugnisse der Begriffsjurisprudenz".

Infolgedessen unterscheidet sich der Vertrag zugunsten Dritter grundlegend von der Abtretung, mit der er in der Literatur manchmal verglichen wird[55]. Die Annahme einer Übertragung steht mit dem Begriff und der Eigenart eines Vertrages zugunsten Dritter geradezu im Widerspruch[56]. Denn die Abtretung erfordert einen Vertrag zwischen dem bisherigen und dem neuen Gläubiger, der Vertrag zugunsten Dritter dagegen einen solchen zwischen dem bisherigen Gläubiger und dem Schuldner[57]. Außerdem erwirbt bei der Zession der Zessionar das Recht des Zedenten (§ 398). Beim Vertrag zugunsten Dritter indessen erlangt der Dritte aufgrund der Absprache zu seinen Gunsten im Hauptvertrag von vornherein ein eigenes, nicht ein vom Versprechensempfänger über-

---

[49] Dazu *Windscheid-Kipp* II, 305 f.; *Weise*, 2 ff.; ausführlich *Georgi*, 5 ff.; *Hölscher*, 6 f.; *Gast*, 17 ff.; *Eylenburg*, 16 ff.; *H. Stahl*, 29 ff.

[50] Motive II, 265 ff., 268; *Reinicke*, NJW 1956, 1053.

[51] Motive II, 266, 268; *F. Leonhard*, Allgemeines Schuldrecht, 349 f.

[52] *Heck*, Schuldrecht, 145, 149; Interessenjurisprudenz, 24 f.; JW 1932, 2518; *Danz*, Die Auslegung der Rechtsgeschäfte, 249, 261; *O. M. von Gierke*, 18, 26 f.; *Kipp-Coing*, § 81 V 1 b, S. 358; *Ettlinger*, 51 ff.; *Borgmann*, 3; *Hoffmann*, AcP 158, 191; *Hinz*, JuS 1965, 301 linke Spalte.

[53] Vgl. *Gareis*, 241, 250, 278 f., 284; *Karlowa*, Das Rechtsgeschäft und seine Wirkung, 71; *Regelsberger*, AcP 67, 14; *R. Cohen*, 53 mit weiteren Nachweisen in A. 123; *Palandt-Danckelmann*, Einführung 3 vor § 328; *Hartmann*, 9 f.

[54] Wie *Stampe*, Unsere Rechts- und Begriffsbildung, 89, es tut. Vgl. auch *Hoffmann*, AcP 158, 191 A. 65.

[55] So von *Hellwig*, 330 f.; *Kreß*, Allgemeines Schuldrecht, 618 f.; *Henle*, Schuldrecht, 399; *A. Blomeyer*, Festschrift für Rabel I, 313 ff., 325 ff.; *Heck*, Schuldrecht, 149; *von Tuhr* II 2, 58 f. A. 65; *Kühlmorgen*, 81 A. 3; *Fikentscher*, 140 f.; vgl. auch RGZ 66, 162; 106, 1 (2). Zur Abgrenzung von Zession und Vertrag zugunsten Dritter *H. Müller*, 44 ff.; *Hartmann*, 46 ff. Vgl. ferner *Haymann*, JW 1933, 770 ff.

[56] RGZ 24, 337. Zustimmend *Gössmann*, 17 mit A. 1; *Fricke*, 8.

[57] *Heilmann*, ZHR 113, 91; *Kämper*, 16 f.

nommenes und abgeleitetes, kein derivatives, sondern ein originäres Recht[58]. Entsteht das Recht des Dritten mit dem Tode des Versprechensempfängers (§ 331 I), so folgt daraus, daß es niemals zum Vermögen des Versprechensempfängers gehört hat, also auch nicht in dessen Nachlaß fallen kann[59].

Gegen die Auffassung, der Vertrag zugunsten Dritter sei eine besondere Form der Abtretung oder zumindest mit ihr verwandt, spricht außerdem, daß sich der Vertrag zugunsten Dritter nicht stets und ausnahmslos als Rechtsgeschäft mit Zessionswirkung konstruieren läßt. Eine solche Analyse versagt nämlich in allen den Fällen, in denen der Dritte einen Anspruch auf Leistung eines Gegenstandes erlangen soll, der sich im Vermögen des Versprechensempfängers befindet[60]. Das soll an folgendem Beispiel erläutert werden.

> A hinterlegt bei B einen wertvollen Ring und vereinbart mit B, daß C berechtigt sein soll, mit dem Tode des A die Übereignung des Ringes von B zu verlangen[61].

Hier bleibt A bis zu seinem Tode Eigentümer. Mit dem Tode geht das Eigentum gemäß § 1922 auf seine Erben über[62]. Wollte A dem C lediglich

---

[58] *von Tuhr* II 1, 36; *Wesenberg*, 133; *Reimer Schmidt* in Soergel-Siebert, Randnr. 5 vor § 328; *Palandt-Danckelmann*, Einführung 3 vor § 328. Ebenso bereits *Karlowa* a.a.O. 69; *Unger*, IherJahrb. 10, 63 f.

[59] RGZ 51, 403 (404 f.); 61, 217 (218); 80, 175 (177); 88, 137 (139); 128, 187 (190); BGHZ 41, 95 (96); *Hellwig*, 360 ff.; *von Tuhr*, KritVSchr. 43, 568 mit A. 1; *Brecher*, 10; *Endemann* I, 713 A. 3, 718 A. 17; III 1, 215, 216; *Kreß*, 618; *Henle*, Schuldrecht, 399.

[60] Vgl. RGZ 80, 175 ff.; 98, 279 ff.; BGHZ 41, 95 ff. (dazu *Büsselberg*, NJW 1964, 1952); *Hellwig*, 362 ff.; *Heilmann*, ZHR 114, 21 ff.; *von Spindler*, 70 ff.; *Hoffmann*, AcP 158, 218 ff. mit A. 204.

[61] *Planck-Siber*, Vorbemerkung vor § 328, spricht hier von „Verträgen auf Weitergabe". Ebenso *Bartholomeyczik*, Erbeinsetzung, 174 f.; *Saupe*, 22 ff. Um solche Fälle handelt es sich in RGZ 83, 223 ff. („Bonifazius"-Fall) und 98, 279 ff.

[62] *Fricke*, 27, 36; *Hoffmann*, AcP 158, 220; *Hinz*, JuS 1965, 304 rechte Spalte, der sich im Anschluß an *Staudinger-Boehmer*, Einleitung § 26, Randnr. 5, § 27 Randnr. 14, mit Recht gegen die verfehlte Formulierung in RGZ 80, 175 (177 f.) wendet. *Hellwig*, 363, ist der Meinung, daß der Dritte Eigentümer wird, sobald er ein unwiderrufliches Recht auf Herausgabe gegen den Versprechenden erlangt hat. Aus seiner insoweit durchaus zutreffenden Erkenntnis, daß es beim Vertrag zugunsten Dritter auf den Todesfall keiner Vereinbarung zwischen Versprechensempfänger und Drittem über das Zuwendungsgeschäft bedarf (dazu unten Seite 150 f.), folgert nun *Hellwig*, es sei auch keine Einigung über den Eigentumsübergang erforderlich. Man habe es hier also in Analogie zu dem gemeinrechtlichen Vindikationsvermächtnis mit einer singulären Rechtserscheinung zu tun, wonach der bedachte Dritte ipso iure Eigentümer der beim Versprechenden hinterlegten Sache wird, wenn der Versprechensempfänger stirbt; zustimmend *von Tuhr*, KritVSchr. 43, 569, 570 (mit Anmerkung der Redaktion: „Diesen Satz bezweifeln wir sehr"); *Endemann* III 1, 221 mit A. 31. Dagegen zutreffend *Kipp*, Festschrift für Luitpold von Bayern, 141; *Kluckhohn*, Verfügungen zugunsten Dritter, 1914,

den Besitz an dem Ring zukommen lassen, so läge keine Besonderheit gegenüber dem gewöhnlichen Vertrag zugunsten Dritter vor: Mit dem Tode des A würde C einen Anspruch auf Herausgabe des Ringes gemäß den §§ 331 I, 695 gegen B erwerben und dementsprechend von B die Einräumung des unmittelbaren Besitzes, nicht aber die Verschaffung des Eigentums, das B ja auch gar nicht zusteht, verlangen können. Um die bloße Besitzübertragung auf C durch B handelt es sich jedoch nicht[63]. Nach dem Willen der Vertragsparteien A und B soll C vielmehr berechtigt sein, von B die Übereignung des Ringes zu fordern. Es taucht mithin die Frage auf, ob im Wege des Vertrages zugunsten Dritter der Dritte das Recht auf Leistung (Übereignung) eines Gegenstandes erwerben kann, der sich im Vermögen des Versprechensempfängers befindet.

Bei den Beratungen der II. Kommission wurde ein Antrag eingebracht, der folgendes vorsah:

> „Ein solcher Wille der Vertragschließenden" (das heißt die selbständige Berechtigung des Dritten) „ist insbesondere im Zweifel anzunehmen, wenn bei Abschluß (eines Lebensversicherungs- oder) eines Leibrenten-Vertrages die Zahlung der (Versicherungssumme oder der) Leibrente, *bei Übertragung eines Vermögensgegenstandes die Rückerstattung desselben oder seines Wertes,* im Falle der Zuwendung durch Schenkung oder anderweiten unentgeltlichen Vertrag irgend welche Leistung an einen Dritten versprochen ist[64]."

Zu dem Fall, daß „bei Übertragung eines Vermögensgegenstandes die Rückerstattung desselben oder seines Wertes an einen Dritten versprochen ist", bemerkte die Mehrheit der Kommissionsmitglieder, er bleibe „besser unerwähnt"[65]. Denn wenn der Antragsteller hierbei zum Beispiel an die Einzahlung einer Summe bei einer Sparkasse für einen Dritten, die Hingabe eines Darlehens mit Vereinbarung der Rückzahlung an einen Dritten gedacht habe, so sei die Fassung doch „nicht deutlich genug, um die Anwendung der Bestimmung auf Fälle, für die sie nicht passe, zum Beispiel auf die *Übergabe einer Sache an einen Boten mit dem Auftrag, sie einem Dritten zu überbringen,* auszuschließen"[66].

195. *Kluckhohn* a.a.O. 195 f. ist allerdings der Ansicht, die zum Eigentumserwerb des Dritten notwendige Einigung erfolge zwischen dem Versprechensempfänger und dem Versprechenden zugunsten des Dritten. *Hoffmann,* AcP 158, 220, bemerkt, das Eigentumsrecht an der hinterlegten Sache gehe mit dem Tode des Versprechensempfängers auf den Dritten in einer der Erbeinsetzung ähnlichen „Einzelrechtsnachfolge von Todes wegen" über.

[63] *Hoffmann,* AcP 158, 220 A. 214, bemerkt zutreffend, der bloße Besitzverschaffungsanspruch sei praktisch bedeutungslos. Vgl. auch *Hellwig,* 362 f. Dies läßt *Ettlinger,* 41, außer acht.

[64] Protokolle I, 751.

[65] Protokolle I, 756.

[66] Protokolle a.a.O.

Es ist indessen nicht einzusehen, warum die Vorschriften über den Vertrag zugunsten Dritter „nicht passen" sollen, wenn es sich um die Begründung eines Rechts für den Dritten handelt, das auf Leistung eines dem Versprechenden nicht gehörenden Gegenstandes gerichtet ist. X kann sich schuldrechtlich gegenüber Y ebensogut verpflichten, diesem eine eigene Sache wie auch eine solche zu übereignen, die dem Z gehört[67]. Sind X (Versprechender) und Y (Versprechensempfänger) gemäß den §§ 328 ff. berechtigt zu vereinbaren, daß ein Dritter (D) forderungsberechtigt ist, wenn dem X die Sache gehört, dann ist kein zwingender Grund vorhanden, warum dieser Weg nicht gangbar sein soll, wenn die Sache einem Vierten (Z) zusteht. Infolgedessen muß sich der Versprechende (X) auch schuldrechtlich wirksam dem Versprechensempfänger (Y) gegenüber verpflichten können, dem Dritten (D) eine Sache zu übereignen, die dem Versprechensempfänger (Y) selbst gehört.

In einem solchen Fall entsteht notwendigerweise der Anspruch auf die Leistung (Übereignung durch den Versprechenden) erst mit dem Tode des Versprechensempfängers in der Person des Dritten. Eine zessionsgleiche Wirkung ist gar nicht denkbar, weil überhaupt kein Recht bestanden hat, das bis zum Tode dem Versprechensempfänger hätte zustehen können[68]. Denn niemand vermag die Übereignung einer Sache zu verlangen, die ihm selbst gehört.

Das Eigentumsrecht an dem Leistungsgegenstand, das mit dem Tode des Versprechensempfängers gemäß § 1922 auf dessen Erben übergeht, kann der Dritte zwar nicht ipso iure mit dem Tode des Versprechensempfängers erlangen[69], da das Gesetz, wie die Überschrift zu den §§ 328 ff. zeigt, nur Verträge auf „Leistung an einen Dritten" kennt, wohl aber durch einen Übertragungsakt des Versprechenden[70] als eines auf den Todesfall Bevollmächtigten oder Ermächtigten[71], je nachdem

---

[67] Die Frage des Schadensersatzes bei subjektiver Unmöglichkeit der Leistung des Versprechenden ist hierbei rechtlich ohne Bedeutung.

[68] *Hoffmann*, AcP 158, 219.

[69] Die Frage der Zulässigkeit von dinglich wirkenden Verträgen zugunsten Dritter ist umstritten. Nachweise bei *Staudinger-Boehmer*, Einleitung § 27, Randnr. 14; *Wolff-Raiser*, Sachenrecht[10], 1957, § 11 A. 7, S. 40 f., § 38 II 3 mit A. 18 und 19, S. 121; *Brox*, Randnr. 883. Reichsgericht und Bundesgerichtshof lehnen dingliche Verträge zugunsten Dritter in ständiger Rechtsprechung ab: RGZ 66, 97 (99 f.); 98, 279 (281 ff.); 106, 1 (3); BGHZ 41, 95 (96).

[70] Zutreffend *Kipp*, Festschrift für Luitpold von Bayern, 141.

[71] Zur Zulässigkeit der Vollmacht auf den Todesfall *von Tuhr* II 2, 401 mit A. 157—159; *Oertmann*, BankArch 13, 5 ff.; *Enneccerus-Nipperdey* II, § 186 V mit A. 21, S. 1145; *Flume*, Rechtsgeschäft, 847 ff.; *Wieacker*, Festschrift für H. Lehmann I, 272; *Hinz*, JuS 1965, 304 rechte Spalte unten, alle mit weiteren Nachweisen. — Übereignet der Versprechensempfänger den Zuwendungsgegenstand „treuhänderisch" dem Versprechenden zum Zweck der Übertragung auf den Dritten (dazu *Hinz* a.a.O. 305), dann liegt der gewöhnliche Fall eines

welche Vereinbarung insoweit zwischen dem Erblasser und dem Versprechenden getroffen worden ist[72]. Die Erben, die an solche Absprachen ihres Erblassers aufgrund des Vertrages mit dem Versprechenden gebunden sind, müssen die Übereignung durch den Versprechenden an den Dritten dulden[73].

Stirbt der Dritte vor dem Versprechensempfänger, so ist ein Anspruch auf Übereignung gar nicht erst entstanden. Weist der Dritte nach dem Tode des Vesprechensempfängers das Recht, von dem Versprechenden die Übereignung des dem Versprechensempfänger oder jetzt dessen Erben gehörenden Gegenstandes zu verlangen, gemäß § 333 zurück, so erlischt es mit auf den Erbfall zurückwirkender Kraft[74].

Die Auffassung, daß bei dem Vertrag zugunsten Dritter nach § 331 I das Recht des Versprechensempfängers in gleicher Weise wie bei einer Zession auf den Dritten übergeht, kann nach alledem nicht gebilligt werden. Denn die rechtliche Konstruktion kann nicht verschieden sein, je nachdem, ob der Leistungsgegenstand dem Versprechensempfänger selbst gehört oder — wie in der Regel — einem anderen. Außerdem darf es konstruktiv keinen Unterschied machen, ob die Fremdklausel bereits bei Abschluß des Hauptvertrages vereinbart wird oder erst später[75]. Bei

---

Vertrages zugunsten Dritter vor, bei dem sich der Leistungsgegenstand im Vermögen des Versprechenden befindet, wenn auch das Eigentumsrecht im Verhältnis zum Versprechensempfänger „treuhänderisch gebunden" ist.

[72] Das bedarf allerdings im Einzelfall genauer Aufklärung. In BGHZ 41, 95 = NJW 1964, 1124 f. sah das Gericht eine Bevollmächtigung der Bank nicht für erteilt an (NJW 1964, 1124 f., insoweit in der amtlichen Sammlung nicht abgedruckt). Vgl. auch *Hinz*, JuS 1965, 304 rechte Spalte oben. Das genannte BGH-Urteil weist allerdings in diesem Zusammenhang eine Unstimmigkeit auf: Zunächst heißt es, der Tatrichter habe unangreifbar festgestellt, „daß die Bank von einer etwaigen Vollmacht keinen Gebrauch gemacht (habe), indem sie mit der Aushändigung der Papiere an die Beklagte *nur ihre schuldrechtliche Verwahrerpflicht erfüllen*, aber keine dingliche Rechtsänderung vornehmen wollte" (NJW 1964, 1125 linke Spalte oben). Weiter unten gibt der BGH dem Berufungsgericht die Prüfung auf, ob „der Kontoinhaber *zugleich* mit dem Abschluß des Vertrages zugunsten des Dritten das Angebot *seines* Schenkungsversprechens gegenüber dem Partner dieses Vertrages (Bank) zur Weiterleitung an den Bedachten erklärt" habe (NJW 1964, 1125 rechte Spalte Mitte = BGHZ 41, 95, 97). Wenn feststeht, daß die Bank nur ihre Verwahrerpflicht erfüllen wollte, dann ist nicht verständlich, wie sie außerdem zur „Weiterleitung" einer Schenkungsofferte verpflichtet gewesen sein könnte.

[73] Vgl. *Hinz*, JuS 1965, 305 rechte Spalte, der hier zutreffend zwischen Duldungs- und Leistungspflicht des Erben unterscheidet.

[74] Motive II, 272; *Bachmann*, 40 ff.

[75] *von Tuhr* II 1, 36; *Ehrenberg*, IherJahrb. 41, 361, 381; *Kühlmorgen*, 78 ff.; *O. M. von Gierke*, 21 ff., 25 ff.; *Dorow*, 55. — Für den Lebensversicherungsvertrag nimmt das Reichsgericht bei späterer Benennung des Dritten zu Unrecht einen abgeleiteten Forderungserwerb an (RGZ 62, 46; 66, 158), bei sofortiger Drittbegünstigung dagegen einen originären (RGZ 24, 339; 29, 321; 51, 403; 54, 96 f.; 62, 48; 71, 324; 127, 271; ebenso OLG Stuttgart DJZ 1902, 439).

sofortiger Vereinbarung entsteht das Recht auf die Leistung sogleich für den Dritten. Der Versprechensempfänger erlangt allenfalls das Recht gegen den Versprechenden, Leistung an den Dritten zu fordern (§ 335). Bei späterer Vereinbarung erlischt das Recht des Versprechensempfängers[76] gegen den Versprechenden auf Leistung an sich selbst. Einen inhaltsgleichen Anspruch[77] erwirbt jetzt der Dritte[78]. Der Versprechensempfänger wird gegebenenfalls nach § 335 berechtigt.

Es kann schließlich auch nicht zu einer verschiedenartigen Betrachtung führen, ob der Dritte das Recht auf die Leistung sofort oder erst zu einem zukünftigen Zeitpunkt erlangen soll, etwa mit dem Tode des Versprechensempfängers (§ 331 I). Dann entfällt zwar die Möglichkeit, daß der Versprechensempfänger selbst das Recht haben kann, nunmehr Leistung an den Dritten zu fordern (§ 335); indessen vermögen seine Erben Träger eines solchen Rechts zu sein[79].

C. Die rechtliche Struktur der Drittbegünstigung

Hellwig[80] stellt sich die rechtliche Struktur des Vertrages zugunsten Dritter auf den Todesfall so vor, daß der Vertrag zwischen dem Versprechensempfänger und dem Versprechenden (Bankdepotvertrag, Lebensversicherungsvertrag), den er den *„Hauptvertrag"* nennt, ein Geschäft unter Lebenden, die Abrede der Parteien über die Begünstigung des Dritten als *Nebenvertrag*[81] ein *„eigenartiges Rechtsgeschäft von*

[76] In der Literatur wird demgegenüber bisweilen das Bild gebraucht, das Recht des Dritten spalte sich von dem des Versprechensempfängers ab; *Kühlmorgen* a.a.O.; *A. Blomeyer*, Schuldrecht, § 42 VI 2, S. 260; *Palandt-Danckelmann*, Einführung 2 c vor § 328.

[77] In den Fällen des § 331 ist das Recht gegen den Versprechenden mit dem Tode des Versprechensempfängers und dem Erwerb eines entsprechenden Anspruchs durch den Dritten zwar fällig geworden. Im übrigen aber richtet sich die Forderung des Dritten verglichen mit dem erloschenen Recht des Versprechensempfängers gegen denselben Schuldner, lautet auf denselben Betrag oder sonstigen Leistungsgegenstand, bleibt durch eine Teilabtretung, Pfändung oder Verpfändung in gleicher Weise vermindert oder beschränkt und ist denselben Einwendungen aus dem Vertrage zwischen dem Versprechenden und dem Versprechensempfänger ausgesetzt (§ 334). Insoweit zutreffend *Brecher*, 19.

[78] So *Hengehold*, 43 f.; *Rückbeil*, 14; *Fricke*, 3. — Die zur Sicherung der Forderung des Versprechensempfängers bestellten Bürgschaften oder Pfandrechte gehen nicht etwa unter, sondern sichern jetzt das Anrecht des Dritten auf Empfangnahme und Behaltendürfen des Leistungsgegenstandes. Denn eine Befriedigung durch den Schuldner ist noch nicht erfolgt. Siehe dazu *von Lübtow*, Die Entwicklung des Darlehensbegriffs im römischen und im geltenden Recht, 1965, 159 ff.; Festschrift für Fragistas, 1966, 262 ff.

[79] *Hornig* in Schlegelberger-Vogels, Randnr. 1 zu § 335.

[80] Verträge, 352 ff.

[81] Ebenso *Geister*, 12, 14, 28; *Kirschbaum*, 7 ff., 18 ff.; *Melsheimer*, 46 ff.

Todes wegen" sei, das sich einerseits im Hinblick auf die Voraussetzungen, die Form und die Wirkung von den Schenkungen ebenso scharf unterscheide wie von den Vermächtnissen, andererseits aber mit den Vermächtnissen sehr viel Gemeinsames habe[82].

Diese Ansicht verdient jedoch keinen Beifall. Das Gesetz geht in den §§ 328 ff. bei den Rechtsbeziehungen zwischen dem Versprechensempfänger und dem Versprechenden lediglich von *einem* Vertrage aus. Es behandelt die Abrede zwischen den Kontrahenten zugunsten des Dritten nur als *Bestandteil* eines einheitlichen Vertrages[83]. Die Abrede zugunsten des Dritten ist der gesetzliche Anwendungsfall einer nach § 305 zulässigen Modifizierung des Grundvertrages[84].

Kipp, der eine Zuwendung von Todes wegen immer dann annimmt, wenn sie sich „auf den Nachlaß bezieht"[85], ist der Ansicht, der Vertrag zugunsten Dritter auf den Todesfall stelle auch hinsichtlich der Begünstigung des Dritten ein *Rechtsgeschäft unter Lebenden* dar[86], eben weil sich ein nach § 331 I geschlossener Vertrag nicht auf den Nachlaß beziehe[87]. Habe nämlich der Versprechensempfänger für das Versprechen zugunsten des Dritten nichts entrichtet, so sei der Versprechende Schenker. Gewähre der Versprechensempfänger jedoch für das Verspechen der Leistung an den Dritten dem Versprechenden ein Entgelt, beim Lebensversicherungsvertrag beispielsweise die Prämien, dann leiste er etwas aus seinem gegenwärtigen Vermögen. Dies sei dann ebenso wie bei der durch Leistung unter Lebenden vollzogenen Schenkung von Todes wegen der Grund, weshalb hier wie dort das Recht der Verfügungen unter Lebenden angewandt werde.

Die Auffassung kann jedoch ebenfalls nicht gebilligt werden. Denn vor dem Tode des Versprechensempfängers hat der Dritte ebenso wie ein Vermächtnisnehmer keine rechtlich gesicherte Position bezüglich des Anspruchs auf den Leistungsgegenstand. Die Vertragsparteien können die Drittbegünstigung contrario consensu vor dem Tod des Versprechensempfängers jederzeit aufheben. Wenn sich der Versprechensempfänger den Widerruf vorbehalten hat, ist er sogar in der Lage, die Dritt-

---

[82] *Hellwig*, 355. Zustimmend *Geister*, 39; *Giesen*, 88.

[83] *Planck-Siber*, Vorbemerkung IV 2 zum 3. Titel; *F. Leonhard*, Allgemeines Schuldrecht, 349 f.; *König*, 41 f.; *Dorow*, 30; *Fricke*, 6; *Giesen*, 70 f.

[84] *Saupe*, 8; *Giesen*, 71.

[85] Festschrift für Luitpold von Bayern, 1901, 136 f.

[86] a.a.O. 137 f. Ebenso *Strohal* I, § 23 I, S. 124 A. 5; *F. Leonhard*, A. VII zu § 2301; *Kohlbach*, 33; *Fricke*, 45.

[87] *Planck-Flad*, Vorbemerkung 1 vor den §§ 1937—1941; *Staudinger-Lehmann*, Vorbemerkungen vor § 1937, Randnr. 12; *Staudinger-Dittmann*, Randnr. 37 zu § 2301; *König*, 42 ff.; *Saupe*, 30 mit Literatur in A. 115, 34; *Schaefer*, 29 f. mit weiteren Nachweisen in A. 7; *Poischen*, 31.

berechtigung einseitig rückgängig zu machen. Insbesondere beim Lebensversicherungsvertrag kann der Versicherungsnehmer durch sein unabdingbares Kündigungsrecht (§§ 165, 178 VVG) die Begünstigung des Dritten beliebig beseitigen[88].

In dem eingangs gegebenen Beispiel handelt es sich um einen Kaufvertrag mit der Klausel, derzufolge ein Dritter (C) berechtigt sein soll, nach dem Tode des Verkäufers (A) von dem Käufer (B) die Zahlung des Kaufpreises zu verlangen. Mit *Heck*[89] läßt sich der Kaufvertrag als „Grundgeschäft", der Teil des Vertragsinhalts, durch welchen dem Dritten das Recht auf die Leistung zugewiesen wird, als „Fremdklausel" bezeichnen. Zunächst ist sofort mit Abschluß des Kaufvertrages die Kaufpreisforderung des Verkäufers (A) entstanden. Aufgrund der Fremdklausel erlangt C gemäß § 331 I mit A's Tode einen inhaltsgleichen Anspruch durch originären Erwerb. Diese Rechtsfolge, insbesondere die sofortige Entstehung des Anspruchs des Versprechensempfängers, tritt nicht nur ein, wenn die Abrede zugunsten des Dritten nach Vertragsschluß, sondern auch dann, wenn sie von den Kontrahenten sogleich getroffen wird. Die Fremdklausel bildet einen *Teil des Vertrages* zwischen Versprechensempfänger und Versprechendem[90]. Durch sie wird dem Dritten der Anspruch auf einen dem Versprechensempfänger regelmäßig nicht gehörenden Gegenstand zugewendet.

Es ist wenig anschaulich, hier von einer „indirekten" oder „mittelbaren" Zuwendung zu sprechen[91]. Denn der Dritte erwirbt das Recht auf die Leistung gerade „unmittelbar", wie es in § 328 I ausdrücklich heißt.

Den Erwerb durch den Dritten dann einen „indirekten" oder „mittelbaren" zu nennen, wenn der Leistungsgegenstand wie zumeist nicht dem Versprechensempfänger, sondern dem Versprechenden gehört, empfiehlt sich deshalb nicht, weil das keine Besonderheit beim Vertrage zugunsten Dritter darstellt und nicht geeignet ist, ihn von der Schenkung abzugrenzen. Denn auch durch eine Versprechensschenkung (§ 518) kann sich der Schenker X verpflichten, dem Beschenkten Y eine dem Z gehörende Sache zuzuwenden[92].

---

[88] *Zehner*, AcP 153, 424; *Kipp-Coing*, § 81 V 3 a, S. 360 mit A. 37.

[89] Schuldrecht, 145.

[90] *A. Stahl*, 14.

[91] Vgl. zum Beispiel *Heck*, Schuldrecht, 143, 149; *Hinz*, JuS 1965, 299 ff. passim, mit zutreffender Terminologie auf Seite 301 A. 24.

[92] Vgl. RG JW 1928, 894 mit zustimmender Anmerkung von *Oertmann;* RGZ 167, 199 (202 f.); BGH NJW 1952, 1171; *Süß*, ZAkDR 1942, 42. Entgegen der Annahme von *Hinz*, JuS 1965, 301 linke Spalte, können indessen die genannten Entscheidungen nicht zum Beweis dafür angeführt werden, daß es sich beim Vertrage zugunsten Dritter im Valutaverhältnis um eine „mittel-

Ganz abwegig ist es, bei einem Vertrage zugunsten Dritter auf den Todesfall in den Fällen von einer „mittelbaren Zuwendung“ zu sprechen, in denen zum Beispiel A dem B eine Sache verkauft, ihm den Kaufpreis stundet und mit ihm vereinbart, daß der Kaufpreis nach dem Tode des A an C zu zahlen sei[93]. Denn hier ist der Leistungsgegenstand, auf dessen Erwerb die Forderung gerichtet ist, einzig und allein die Kaufsumme, keineswegs „mittelbar“ die an B verkaufte Sache.

Von einer „indirekten“ Zuwendung beim Vertrag zugunsten Dritter aus dem Grunde zu reden, weil ein an dem Grundvertrag als Kontrahent nicht Beteiligter ein Recht erwirbt (§ 328 I), führt ebenfalls irre. Denn es ist ja gerade der Sinn des Vertrages zugunsten Dritter, daß der Dritte *unmittelbar* ein Recht erlangt, obwohl er an dem Grundvertrag nicht beteiligt ist.

Was § 331 I anlangt, so ermöglicht und bezweckt die Fremdklausel — insoweit kann *Hellwig* zugestimmt werden — eine vom Gesetz ausnahmsweise zugelassene, *besondere Art der Zuwendung von Todes wegen*[94]; denn der Rechtserwerb des Dritten, der vom Tode des Versprechensempfängers und vom Überleben des Dritten abhängt, erfolgt erst mit dem Tode des Versprechensempfängers. Um eine besondere Art einer Verfügung von Todes wegen handelt es sich deshalb, weil der Dritte den Anspruch auf den Leistungsgegenstand zwar erst mit dem Tode des Versprechensempfängers erwirbt, da für Erwerb der Augenblick des Erbfalles entscheidend ist (§ 331 I), gleichwohl aber nicht als Teil des Nachlasses des Versprechensempfängers, sondern unmittelbar aufgrund des Vertrages unter Lebenden zwischen dem Versprechensempfänger und dem Versprechenden[95]. Das Gesetz schließt mithin, was es kann, in § 331 I die Forderung auf die Leistung vom Erbgang aus.

---

bare Schenkung“ handelt. Denn in RGZ 167, 199 ff. ging es darum, ob dann, wenn jemand schenkweise einem anderen einen Geldbetrag zum Erwerb eines Grundstückes gewährt, entweder („unmittelbar“) der Geldbetrag oder („mittelbar“) das Grundstück Gegenstand der unentgeltlichen Zuwendung sei. Beim Lebensversicherungsvertrag zugunsten Dritter zum Beispiel kommen indessen die Prämien überhaupt nicht als schenkweise Zuwendung an den Dritten in Betracht. Mit ihnen will der Versprechensempfänger vielmehr *stets* nur seine Pflichten aus dem entgeltlichen Versicherungsvertrag erfüllen. Im übrigen hatte in RGZ 167, 199 ff. der Schenker *als Stellvertreter* der Beschenkten mit eigenen Mitteln ein Grundstück für die Beschenkte erworben. Der Versprechensempfänger ist jedoch niemals Vertreter des Dritten.

[93] Vgl. *Staudinger-Boehmer*, Einleitung § 27, Randnr. 16; *Oertmann*, AcP 138, 56 ff.; *Bartholomeyczik*, Erbeinsetzung, 173 f.; Erbrecht, § 59 IV 4, S. 393; *Dorow*, 39; *Giesen*, 84 f.

[94] *Hellwig*, 353; *Aberer*, 4, 12, 15; *Lederle*, 125; *Emminghaus*, LZ 1909, 454; *O. M. von Gierke*, 59 f.; *J. Lehmann*, ArchBürgR 36, 82; *von Tuhr* II 2, 76; *Oertmann*, A. 1 b und 5 zu § 331; *Brecher*, 22 f.; *Termeer*, 21; *Gieben*, 34 f.

[95] RGZ 51, 403 (405); 71, 324 (326); 80, 175 (177); 88, 137 (138); 106, 1 ff.

Schon das Reichsgericht hat in seinen Urteilen vom 8. 10. 1912[96] und 25. 2. 1915[97] zutreffend ausgeführt, die auf den Todesfall zugunsten Dritter geschlossenen Verträge kämen zwar in ihrem Endziel den Vermächtnissen nahe und verfolgten ähnliche Zwecke. Sie sind jedoch ihrer rechtlichen Struktur nach von den Vermächtnissen ganz verschieden. Sie haben nämlich die Eigentümlichkeit, daß das Recht auf die Leistung[98] mit dem Tode des Verfügenden erlischt und deshalb nicht zum Nachlaß gehört. Diese Rechtslage beruht nach Ansicht des Reichsgerichts darauf, daß schon lange vor Inkrafttreten des BGB das Bedürfnis bestanden habe, durch Vertrag unter Lebenden die Zwecke zu erreichen, die das Vermächtnis verfolge. Der Vertragspartner müsse bereits zu Lebzeiten des Erblassers Gewißheit darüber haben, wie sich ein bestimmtes Rechtsverhältnis nach dem Erbfall gestalte[99]. Der Gesetzgeber hat dementsprechend in § 331 abweichend von den sonstigen Erwerbsarten auf den Todesfall „einen unmittelbaren Erwerb von Todes wegen vorgeschrieben". Das auf solche Weise zufallende Recht gehört nicht zum Nachlaß und ist damit zum Beispiel auch dem Zugriff der Nachlaßgläubiger entzogen[100].

D. Die Formerfordernisse eines Vertrages zugunsten Dritter auf den Todesfall

Aus dem Gesetz ergibt sich ein Formerfordernis für die Verträge zugunsten Dritter weder generell noch für den Vertrag zugunsten Dritter auf den Todesfall (§ 331 I) speziell.

Die I. Kommission hat die Entscheidung der Frage, ob für die Form des Vertrages zugunsten Dritter allein das Verhältnis zwischen den Vertragsparteien (Deckungsverhältnis) oder auch das Verhältnis zu dem Dritten, „die materielle causa der Zuwendung" (Valutaverhältnis), maßgebend sei, der Rechtswissenschaft überlassen[101].

Bei der Beratung über den Vertrag zugunsten Dritter durch die II. Kommission, die den § 331 I zum ersten Male vorgeschlagen hat, wurde vor Eintritt in die Tagesordnung von einem Mitglied angeregt, die Verträge zugunsten Dritter oder wenigstens gewisse Arten dieser Verträge

---

[96] RGZ 80, 175 (178).

[97] RGZ 88, 137 (139).

[98] Das Reichsgericht verwechselt allerdings in RGZ 80, 175 (177) den Anspruch auf die Leistung mit dem Leistungsgegenstand. Zutreffend insoweit *Hoffmann*, AcP 158, 219; *Hinz*, JuS 1965, 304 rechte Spalte.

[99] RGZ 80, 175 (177).

[100] RGZ 51, 403 (405).

[101] Motive II, 270.

einer Formvorschrift zu unterstellen[102], weil beim Mangel einer Formvorschrift die unzulängliche mündliche Feststellung der oft komplizierten Verhältnisse Anlaß zu Prozessen geben und die Rechtssicherheit unter diesem Mangel leiden werde. Die Kommission war jedoch der Meinung, daß sich eine allgemeine Formalisierung der Verträge zugunsten Dritter für den Verkehr nicht eigne. Man räumte einerseits zwar ein, daß die aufgeworfene Frage insbesondere für Verträge zugunsten noch nicht Geborener, für fiduziarische Schenkungen und Stiftungsgeschäfte durchaus berechtigt sei. Andererseits aber meinte man mit Recht, es könne aus dem Umstande allein, daß die Berechtigung eines Dritten den Gegenstand des Vertrages bilde, die Notwendigkeit einer besonderen Form nicht hergeleitet werden. Ein der Anregung entsprechender Antrag wurde nicht eingebracht[103].

Hellwig[104] hält diese Zurückhaltung des Gesetzgebers mit Recht für sachlich wohl gerechtfertigt. Es wäre verfehlt gewesen, die Verträge zugunsten Dritter lediglich deshalb einer Form zu unterstellen, weil die Leistung an einen Dritten erfolgen soll. Denn für die Frage der Begünstigung des Dritten sei allein das Rechtsverhältnis zwischen dem Versprechensempfänger und dem Versprechenden maßgebend, und zwar für die juristische Struktur und den Inhalt der Verpflichtung ebenso wie für die Form des Vertrages[105].

Die Literatur steht ebenfalls auf dem Standpunkt, für die *Form* des Vertrages zugunsten Dritter auf den Todesfall sei ausschließlich das Rechtsverhältnis zwischen dem Versprechenden und dem Versprechensempfänger maßgebend[106]. Auch das Reichsgericht und der Bundesgerichtshof sind dieser Ansicht[107].

---

[102] Protokolle I, 769.

[103] Protokolle a.a.O.

[104] Verträge, 67.

[105] *Hellwig*, 68 ff.

[106] *Hellwig*, 66 ff.; *Planck-Greiff*, A. 5 zu § 2301; *Cosack-Mitteis* I, 414; *Kreß*, Allgemeines Schuldrecht, 1929, 631; *Hornig* in Schlegelberger-Vogels, Randnr. 13 zu § 328; *Seyfferth*, 43 ff.; *Palandt-Danckelmann*, Einführung 4 vor § 328; *Erman-Westermann*, A. 3 zu § 328; RGRK-*Wilde*, A. 15 zu § 328; *Enneccerus-Lehmann*, 156; *A. Blomeyer*, Schuldrecht, 256; *Reimer Schmidt* in Soergel-Siebert, Vorbemerkungen vor § 328, Randnr. 15; *Reinicke*, NJW 1956, 1053 f.; *Ehard-Eder* in Soergel-Siebert, Randnr. 4 zu § 2301; *Erman-Hense*, A. 4 zu § 2301; RGRK-*Kregel*, A. 17 zu § 2301; *Kipp-Coing*, § 81 V 1 a, S. 358; *Lange*, Erbrecht, § 31 II 2 a, S. 330 A. 7; *Bartholomeyczik*, Erbrecht, § 59 IV 3, S. 393; *Brox*, Randnr. 881, S. 501; *Giesen*, 78 f.; *Wesenberg*, 143; *J. Lehmann*, ArchBürgR 36, 99 f.; *Hinz*, JuS 1965, 302; *Hoffmann*, AcP 158, 180; *Zehner*, AcP 153, 453. Demgegenüber nimmt, soweit ersichtlich, lediglich *F. Leonhard*, Allgemeines Schuldrecht, 364 f., an, auch ein entgeltlicher Vertrag zwischen dem Versprechensempfänger und dem Versprechenden bedürfe der Form des § 518 I, wenn es sich im „Zuwendungsverhältnis“ um eine Versprechensschenkung handele. Diese Ansicht beruht indessen offenbar auf der

Man könnte allerdings die Formvorschriften des Vermächtnisrechtes für anwendbar halten. Da nach dem Parteiwillen die Wirksamkeit des Forderungserwerbs durch den Dritten davon abhängt, daß er den A überlebt, der Dritte auch vorher keine rechtlich geschützte Position erlangt, liegt zwar eine Zuwendung von Todes wegen vor[108]. Sie bedarf indessen weder der Form des Testaments, da der Erwerb der Forderung durch den Dritten aufgrund des lebzeitigen Vertrages zwischen dem Versprechensempfänger und dem Versprechenden erfolgt, noch der Form des Erbvertrages, da der Vertrag zwischen Versprechensempfänger und Versprechendem schon zu Lebzeiten beider Parteien obligatorische Verpflichtungen begründet.

Handelt es sich zum Beispiel um einen Grundstückskaufvertrag zugunsten eines Dritten, so bedarf er zwar der Form des § 313 S. 1. Ist der Vertragstyp zwischen den Kontrahenten dagegen formfrei, so bleibt er es auch, wenn durch ihn ein Dritter den Anspruch auf den Leistungsgegenstand erwerben soll.

Wollte man zur Wirksamkeit der Fremdklausel die Einhaltung erbrechtlicher Formen verlangen, so käme man zu einer unnatürlichen Zersplitterung des Grundvertrages, zum Beispiel des Lebensversicherungsvertrages: Auf der einen Seite wäre er ein formfreier Vertrag mit bestimmten Wirkungen unter Lebenden, auf der anderen Seite, soweit es sich nämlich um die Begünstigung des Dritten handelt, eine formgebundene Verfügung von Todes wegen. Ein solches Ergebnis wäre rechtspolitisch unerträglich.

Gieben, der in dem Vertrag nach § 331 I eine der Vermächtnisanordnung analoge einseitige letztwillige Erklärung des Versprechensempfängers erblickt[109], erwägt zwar die Form einer letztwilligen Verfügung[110], meint jedoch, der Inhalt der Verfügungen von Todes wegen, die der Form des Testaments oder Erbvertrages bedürften, sei in den §§ 1937 bis 1941 so exklusiv geregelt, daß eine Aufnahme der in Rede stehenden „eigenartigen letztwilligen Verfügung“ unter den Inhalt der Verfügungen von Todes wegen als nicht zulässig erscheine. Aus diesem Grunde müsse eine Übertragung der Form, in der ein Vermächtnis getroffen werden kann, auf den Vertrag zugunsten Dritter auf den Todesfall „trotz

---

verfehlten Vorstellung, zwischen dem Versprechenden (Bank) und dem Dritten müsse ein Kausalverhältnis gegeben sein („Wer dem A verspricht, dem B 1000 Mark zu *schenken*“).

[107] RGZ 106, 1 (2); RG WarnRspr 1914, 341 Nr. 243; BGHZ 41, 95 (96); BGH DNotZ 1966, 496 = MDR 1965, 813 = NJW 1965, 1913.

[108] Dazu Näheres unten Seite 148 ff.

[109] Der Vertrag zugunsten Dritter in seiner Anwendung auf das mandatum post mortem, Diss. Freiburg i. Br. 1906, 48 ff., 54; ebenso *Aberer*, 15, 17.

[110] a.a.O. 55.

der zwischen den beiden Instituten bestehenden Analogie" als unstatthaft angesehen werden. *Gieben* führt unter Hinweis auf die Motive ferner aus[111], der Gesetzgeber habe den Vertrag zugunsten Dritter in Anlehnung an die frühere Rechtsprechung nicht nur von der Notwendigkeit einer Vereinbarung über den Zuwendungszweck, sondern auch von einem Formerfordernis befreit[112]. Die I. Kommission hat jedoch die Frage eines Formerfordernisses bei den Verträgen zugunsten Dritter gerade der Beantwortung durch die Wissenschaft überlassen[113], und die II. Kommission, die eine dem § 331 I entsprechende Regelung zum ersten Male einfügte, zur Struktur und zur Form des § 331 I im besonderen keine näheren Erwägungen angestellt, abgesehen von der generellen Bemerkung, es könne aus dem Umstande *allein*, daß die Berechtigung eines Dritten den Gegenstand des Vertrages bilde, die Notwendigkeit einer besonderen Form nicht hergeleitet werden[114]. Wie es sei, wenn die Berechtigung des Dritten davon abhängt, daß er den Versprechensempfänger überlebt, wurde überhaupt nicht erwogen.

Wenn *Gieben* weiter geltend macht[115], auch „aus inneren Gründen", nämlich daraus, daß das Formerfordernis bei Verfügungen von Todes wegen den Zuwendenden vor Übereilung schützen solle, ergebe sich die formlose Gültigkeit eines Vertrages nach § 331 I, so kann ihm darin zwar im Ergebnis, nicht aber in der Begründung gefolgt werden. *Gieben* meint, derjenige bedürfe nicht des Schutzes durch ein Formgebot, der sich des Zuwendungsobjektes tatsächlich begebe und sich daher der Tragweite seiner Handlung genügend bewußt sei. Dieses Argument[116] trifft indessen aus zweierlei Gründen nicht. Erstens bezweckt die Form bei den Verfügungen von Todes wegen im Gegensatz zu der bei Schenkungen nicht nur den Schutz vor Übereilung des Erblassers[117]. Denn bei der Schenkung gefährdet sich der Schenker durch die Bindung oder Verminderung seines Vermögens zu Lebzeiten selbst, während das bei Verfügungen von Todes wegen nicht der Fall ist[118]. Selbst wenn aber auch

---

[111] a.a.O. 55 mit A. 2.

[112] a.a.O. 55, 56.

[113] Motive II, 270.

[114] Protokolle I, 769.

[115] a.a.O. 56.

[116] *Gieben*, 56 A. 3 beruft sich dabei auf *Crome*, System I, 510, der dies im Zusammenhang mit der Schenkung bemerkt.

[117] *Bartholomeyczik*, Erbrecht, § 59 III 1, S. 390. Über den Sinn und Zweck der Formvorschriften im Erbrecht ferner *Endemann* III 1, § 32, S. 234 ff.; *F. von Hippel*, Formalismus und Rechtsdogmatik, 1934, passim; *Boehmer*, Grundlagen II 2, 79 ff. mit weiteren Literaturnachweisen; *Kipp-Coing*, § 19, S. 86 ff.; *Lange*, Erbrecht, § 16 IV, S. 153 ff.

[118] *Bartholomeyczik*, Erbrecht, § 59 III 1, S. 390. Zustimmend *Wiedemann*, Übertragung, 182 A. 3.

bei Verfügungen von Todes wegen der Schutz vor Übereilungen eine Rolle spielen sollte, so wäre, und das ist die zweite Erwägung, die gegen *Giebens* Ansicht spricht, der Schutz des Versprechensempfängers ebenso erforderlich wie der eines jeden anderen Erblassers, da ja der Dritte das Recht auf die Leistung erst mit dem Tode des Versprechensempfängers erwirbt, ebenso wie der Bedachte die Vermächtnisforderung oder der Erbe den Nachlaß.

Der Vertrag zugunsten Dritter auf den Todesfall enthält daher, soweit es sich um die Begünstigung des Dritten handelt (Fremdklausel), eine formlose Zuwendung von Todes wegen. Daß ein Rechtsgeschäft aus lebzeitigen und erbrechtlichen Elementen zusammengesetzt sein kann, zeigt § 2295 am Beispiel des Verpfründungsvertrages.

E. Das Verhältnis zwischen dem Versprechensempfänger und dem Dritten

Was die Rechtsbeziehungen zwischen dem Versprechensempfänger und dem Dritten bei einem Vertrage zugunsten Dritter auf den Todesfall anlangt, so gibt das Gesetz hierüber keine Auskunft.

Der Bundesgerichtshof hat in seinem Urteil vom 29. 1. 1964[119] die Auffassung vertreten, durch Vertrag zugunsten Dritter könne ohne Einhaltung der für Schenkungen von Todes wegen erforderlichen Form dem Dritten ein schuldrechtlicher Anspruch auch dann zugewendet werden, wenn es sich im Verhältnis zwischen dem Versprechensempfänger und dem Dritten um eine unentgeltliche Zuwendung handele und der Anspruchserwerb des Dritten gemäß § 331 I erst mit dem Tode des Versprechensempfängers eintreten solle[120]. Gegenstand der Zuwendung sei ein schuldrechtlicher Anspruch, den der Dritte von selbst mit dem Tode des Versprechensempfängers gegen den Versprechenden erwerbe. Zu seiner Erfüllung bedürfe es eines dinglichen Verfügungsgeschäfts, zu dessen Vornahme der Versprechende gegenüber dem Dritten aus dem Rechtsverhältnis zum Versprechensempfänger verpflichtet sei.

Der Bundesgerichtshof fährt dann fort[121]: Ob die Erben des Versprechensempfängers die durch das Vollzugsgeschäft eintretende dingliche

[119] BGHZ 41, 95 f. = NJW 1964, 1124 (mit Anmerkung von *Büsselberg*, NJW 1964, 1952) = JZ 1964, 425 = JuS 1964, 328 Nr. 4 = LM Nr. 2 zu § 2301 (Leitsatz) mit zustimmender Anmerkung von *Mattern*. Zu diesem Urteil ausführlich *Hinz*, JuS 1965, 299 ff.

[120] Ebenso auch BGH NJW 1965, 1913 = MDR 1965, 812 = DNotZ 1966, 496 (zu diesem Urteil *Eike von Hippel*, NJW 1966 ,867 f.); BGHZ 46, 198 ff. = NJW 1967, 101 f. = JZ 1967, 26 f. = MDR 1967, 39 f.

[121] BGHZ 41, 95 (97).

Rechtsverschiebung endgültig hinnehmen müßten, hänge davon ab, ob und welche Rechtsbeziehungen zwischen ihrem Erblasser und dem Dritten bestanden. Wollte jener dem Dritten eine unentgeltliche Zuwendung machen, so hätte dies entweder durch unmittelbaren Abschluß eines *Schenkungsversprechens* zwischen ihm und dem Dritten geschehen können oder dadurch, daß der Versprechensempfänger zugleich mit dem Abschluß des Vertrages zugunsten des Dritten das Angebot eines Schenkungsversprechens gegenüber dem Vertragspartner (Versprechendem) zur Weiterleitung an den Dritten erklärt und dieser es entsprechend dem Willen des Erblassers stillschweigend annimmt. Dabei werde ein etwa vorhandener Formmangel des Schenkungsversprechens durch Erfüllung geheilt (§ 518), und der Dritte sei auch im Verhältnis zu den Erben des Versprechensempfängers zum Empfangen und Behalten der ihm von der Bank geschuldeten Leistung berechtigt.

Der Bundesgerichtshof unterscheidet also 1., ob und welchen Gegenstand der Dritte aufgrund der Rechtsbeziehungen zwischen dem Versprechensempfänger und dem Versprechenden erwirbt, und 2., ob die Erben des Versprechensempfängers den Erwerb durch den Dritten endgültig hinnehmen müssen, was nach dem Rechtsverhältnis zwischen dem Versprechensempfänger und dem Dritten zu beurteilen sei.

Nach dem Leitsatz des erwähnten Urteils des Bundesgerichtshofs[122], der übrigens nur konkret formuliert, was § 331 I abstrakt sagt, wird ausdrücklich die Entscheidung RGZ 106, 1 ff. (Urteil vom 8. 2. 1923) fortgeführt. Das Urteil des BGH weicht jedoch in der entscheidenden Rechtsfrage von *dieser* Auffassung des Reichsgerichts ab. In dem genannten Urteil hatte das Reichsgericht nämlich einen Anspruch des Erben des Versprechensempfängers gegen den Dritten auf Herausgabe eines Sparguthabens allein im Hinblick auf den wirksamen Vertrag zwischen dem Erblasser und dem Versprechenden (Bank) verneint. Durch den Vertrag zwischen Erblasser und Bank sei der Dritte, so meinte das Reichsgericht mit Recht, Gläubiger des Sparguthabens geworden. Das Abkommen habe die Abtretung des Sparguthabens ersetzt. Die Einhaltung besonderer Formvorschriften sei nicht erforderlich gewesen, auch wenn die Leistung an den Dritten unentgeltlich erfolgen sollte. Denn bei Verträgen zugunsten Dritter könne für die Frage einer etwa in Betracht kommenden Formvorschrift *immer* nur das Verhältnis zwischen dem Versprechenden und dem Versprechensempfänger von Bedeutung sein[123].

Der Bundesgerichtshof knüpft vielmehr an die Entscheidung des Reichsgerichts vom 25. 3. 1930[124] an. Dort ging es um einen Lebensver-

---

[122] BGHZ 41, 95.

[123] Ebenso RG WarnRspr. 1914, 341 Nr. 243; *Schlesinger*, 39 ff.

[124] RGZ 128, 187 (189). Das Gericht hält hier fälschlich den Anspruch auf

sicherungsvertrag zugunsten der Klägerin. Zu den Rechtsbeziehungen zwischen ihr und dem Erblasser meinte das Reichsgericht: Die für die Schenkung erforderliche Einigung über die Unentgeltlichkeit der Zuwendung liege darin, daß der Versicherungsnehmer (Erblasser) mit dem Abschluß des Vertrages zugunsten des Dritten (Klägerin) zugleich diesem das Angebot mache, er solle nach dem Tode des Versicherungsnehmers die ihm aus dem Vertrage zugedachten unentgeltlichen Vorteile ziehen, daß dem Dritten dieses Angebot mit seiner Kenntnisnahme von der Bezugsberechtigung zugehe, gleichviel wie es im einzelnen Falle zu seiner Kenntnis komme, und daß er dann entsprechend dem Willen des Versicherungsnehmers die Versicherungssumme nach dessen Tode in Anspruch nehme. Eine Annahmeerklärung des Bezugsberechtigten gegenüber dem Versicherungsnehmer selbst oder gegenüber seinen Erben werde nach allgemeiner Lebenserfahrung vom Versicherungsnehmer nicht erwartet und sei daher für das Zustandekommen der Einigung nicht zu verlangen (§ 151).

Ganz genauso konstruiert der Bundesgerichtshof[125]: Der Versprechensempfänger erkläre zugleich mit dem Abschluß des Vertrages im Dekkungsverhältnis dem Versprechenden das Angebot zum Abschluß einer Versprechensschenkung mit dem Dritten und zum Zwecke der „Weiterleitung“[126] an diesen. Der Dritte nehme dieses Angebot — offenbar dann, wenn er aufgrund seines Anspruchs die Leistung vom Versprechenden verlangt — „stillschweigend“ an (§ 151), ohne daß dem Versprechensempfänger die Annahmeerklärung zuzugehen brauche[127]. Dabei werde ein etwa vorhandener Formmangel des Schenkungsversprechens durch Erfüllung geheilt. Da nämlich den Gegenstand der Zuwendung der Anspruch gegen den Versprechenden bilde und dieser Anspruch von dem Dritten gemäß § 331 I mit dem Tode des Versprechensempfängers unmittelbar erworben werde, sei damit die dem Dritten zugedachte Leistung bereits bewirkt. Im übrigen bleibe es unerheblich, ob man in der

---

die Leistung für den Leistungsgegenstand selbst, indem es ausführt, der Anspruch auf die Leistung stelle den Gegenstand der Zuwendung dar, die mit dem Tode des Erblassers vollzogen und damit ein etwaiger Formmangel der Schenkung geheilt sei. Dem Reichsgericht zustimmend *Bartholomeyczik*, Erbeinsetzung, 185 f. mit A. 4. Vgl. ferner *Matthiesen*, 46 ff., 59 ff.; *Giesen*, 93 ff., 102 ff.

[125] BGHZ 41, 95 (97); BGH NJW 1965, 1913; BGHZ 46, 198 (203 f.).

[126] Ungesagt bleibt, ob es sich um eine Weiterleitung durch einen Boten oder einen Stellvertreter handelt, was hätte gesagt werden müssen. Zur Konstruktion vgl. *Hellwig*, 343 f.; *Gieben*, 30 f.; *Bartholomeyczik* a.a.O. 179 f. mit A. 4. Im sogenannten „Bonifazius“-Fall (RGZ 83, 223 ff.) handelte es sich um ein Botengeschäft, nur blieben dort die Vorschriften der §§ 328 ff. zu Unrecht gänzlich unerwähnt. Zu den „Zuwendungen auf den Todesfall durch Hilfspersonen“ siehe *Boller*, 79 ff.

[127] BGH a.a.O.

Begünstigungserklärung zunächst nur ein Schenkungsversprechen[128] oder bereits eine auflösend oder aufschiebend vollzogene Schenkung erblicken wolle. Denn auch im ersten Falle sei ein etwa vorhandener Mangel der „Form des § 516“[129] durch Erfüllung geheilt worden.

Die Auffassung, daß es bei einem Vertrage zugunsten Dritter auf den Todesfall zur kausalen Rechtfertigung des Drittbegünstigten einer vertraglichen Vereinbarung zwischen dem Versprechensempfänger und dem Dritten bedürfe[130], trifft nicht zu. Zwar war die II. Kommission[131] der Ansicht, das Versprechen zugunsten eines Dritten habe seinen Rechtsgrund in dem Verhältnis des Versprechensempfängers zum Dritten. Dieses „Verhältnis“ braucht indessen nicht in allen Fällen des Vertrages zugunsten Dritter ein Vertrag zu sein[132]. Bei einem Vertrag zugunsten Dritter auf den Todesfall (§ 331 I) — und nur solche sind hier zu untersuchen — liegt im sogenannten Valutaverhältnis ein Vertrag nicht vor.

Die Konstruktion des Bundesgerichtshofs, von der *Mattern* mit Recht sagt[133], sie dürfte vom logischen Standpunkt aus keineswegs perfekt sein, ist in der Tat in mehrfacher Hinsicht verfehlt[134]. Zunächst einmal läuft es auf eine reine Fiktion hinaus anzunehmen, der Versprechensempfänger gebe dem Versprechenden gegenüber bei der „Vereinbarung“ über die Begünstigung des Dritten eine „Schenkungsofferte“ zur Weiterleitung an den Dritten ab. In praktisch allen Fällen des Vertrages zugunsten Dritter auf den Todesfall[135] erklärt der Versprechensempfänger bei einer Abrede im Sinne des § 331 I dem Versprechenden lediglich, daß der Dritte den Anspruch auf die Leistung mit dem Tode des Versprechensempfängers erwerben, nicht aber, warum dies so geschehen soll.

---

[128] So offenbar RGZ 128, 187 (189).

[129] So BGH NJW 1965, 1913 (1914).

[130] *Enneccerus-Lehmann*, § 35 V 2, S. 156; *Erman-Westermann*, A. 4 zu § 331; *Kipp-Coing*, § 81 V, S. 358 ff.; ebenso bereits *Heldrich*, IherJahrb. 79, 344 A. 4; *Josef*, GruchBeitr. 57, 570 ff.; *Emminghaus*, LZ 1909, 454; *Dette*, 30 ff.; *Mook*, 31 ff.; *Boller*, 63. — Für das Schweizerische Recht ebenso BGE 69 II 305 (309) mit weiteren Nachweisen.

[131] Protokolle I, 755.

[132] Zwar mag im Recht unter Lebenden einer Person ein Vermögensvorteil durch ein obligatorisches Grundgeschäft (Kauf, Schenkung, Darlehen) nur im Wege *vertraglicher Vereinbarung* zugewendet werden können (vgl. *Hellwig*, 342 ff.). Das ist hier indessen nicht zu erörtern.

[133] BWNotZ 1965, 13.

[134] Es geht nicht an, die dogmatisch-konstruktive Frage der rechtlichen Struktur des Vertrages zugunsten Dritter auf den Todesfall im Valutaverhältnis einfach mit der Bemerkung als gelöst zu betrachten, man habe „wohl einen praktisch brauchbaren Mittelweg zwischen allzugroßer Formstrenge und ebenso bedenklicher Formvernachlässigung“ herausgefunden. So allerdings *Mattern* a.a.O.

[135] Auch in dem vom Bundesgerichtshof (BGHZ 41, 95) entschiedenen. Ebenso BGHZ 46, 198 ff.

In aller Regel erfährt der Versprechende (Bank) gar nicht, aus welchem Beweggrund heraus der Versprechensempfänger den Dritten begünstigen will, ob zum Beispiel eine Verpflichtung zur Begünstigung vorliegt oder ob sie unentgeltlich erfolgen soll. Mithin weiß der Versprechende regelmäßig überhaupt nicht, was für eine „Offerte" er an den Dritten „weiterleiten" soll[136].

Zum anderen enthält das Urteil des Bundesgerichtshofes vom 29. 1. 1964[137] einen Widerspruch. Während zunächst gesagt wird, die Bank habe nur ihre schuldrechtliche Verwahrerpflicht erfüllen wollen, gibt das Gericht wenig später dem Berufungsrichter auf zu prüfen, ob „der Kontoinhaber zugleich mit dem Abschluß des Vertrages zugunsten des Dritten das Angebot seines Schenkungsversprechens gegenüber dem Partner dieses Vertrages (Bank) zur Weiterleitung an den Bedachten erklärt" habe[138]. Es ist unverständlich, wie die Bank eine Schenkungsofferte weitergeleitet haben soll, wenn feststeht, daß sie nur ihre Verwahrerpflicht erfüllen wollte[139].

Was die Entscheidung des Reichsgerichts vom 25. 3. 1930[140] anlangt, so kann man sich des Eindrucks nicht erwehren, als sollte dort unter allen Umständen ein Pflichtteilsergänzungsanspruch gemäß § 2325 zugunsten der durch die Drittbegünstigung der Klägerin zurückgesetzten Beklagten begründet werden. Da der Pflichtteilsergänzungsanspruch eine Schenkung im Sinne der §§ 516 ff. voraussetzt[141], „konstruierte" das Reichsgericht im Verhältnis zwischen dem Versprechensempfänger und dem Dritten einfach eine solche, ohne sich dabei mit der bisherigen Rechtsprechung auseinanderzusetzen[142], wo niemals von einer Schenkung im sogenannten Valutaverhältnis die Rede war. In RGZ 88, 137 ff. und in RGZ 106, 1 ff. ist vielmehr betont worden, daß der Dritte den Anspruch auf die Leistung auch den Erben des Versprechensempfängers gegenüber

---

[136] Vgl. *Saupe*, 6. Gleichwohl bemerkt das Schweizerische Bundesgericht in seiner Entscheidung vom 11. 6. 1943 (BGE 69 II 305, 309): „La donation ne sera parfaite qu'après qu'elle aura été portée à la connaissance du donataire et acceptée par lui, et cette acceptation devra nécessairement être acquise du vivant du donateur (qu'il s'agisse d'ailleurs d'une donation entre vifs ou d'une donation à cause de mort)."

[137] BGHZ 41, 95 ff. = NJW 1964, 1124 f.

[138] BGH NJW 1964, 1125 linke Spalte oben gegenüber NJW 1964, 1125 rechte Spalte Mitte = BGHZ 41, 95 (97).

[139] Siehe auch oben Seite 145 Anm. 126.

[140] RGZ 128, 187 ff.

[141] *Strohal* I, § 58 A. 2, S. 505 f.; *Planck-Greiff*, A. 2 a zu § 2325; *Staudinger-Ferid*, Randnrn. 2—20 zu § 2325; *Kipp-Coing*, § 13 II 1, S. 64 mit A. 8; RGRK-*Johannsen*, A. 7—12 zu § 2325; *Ehard-Eder* in Soergel-Siebert, Randnr. 4 zu § 2325; *Bartholomeyczik*, Erbrecht, § 47 III 1 a, S. 308; *Lange*, Erbrecht, § 39 IX 2 a, S. 462 f. mit A. 5; *Hinz*, JuS 1965, 301; RGZ 128, 187 (188 f.); BGH NJW 1961, 604 (605).

[142] Von der *Hinz* a.a.O. meint, sie sei heute nicht mehr aufrechtzuerhalten.

allein aufgrund des gültigen Vertrages zwischen dem Versprechensempfänger und dem Versprechenden unentziehbar erwerbe und es eines weiteren Rechtsgrundes nicht bedürfe. Die stillschweigende Abweichung von der überkommenen Rechtsprechung des Reichsgerichts durch RGZ 128, 187 ff. hat der Bundesgerichtshof überhaupt nicht erwähnt, sondern sich der zuletzt genannten Entscheidung des Reichsgerichts ohne weiteres angeschlossen.

Entgegen der Ansicht des Bundesgerichtshofes kann es sich bei Verträgen zugunsten Dritter auf den Todesfall im Sinne des § 331 I im Verhältnis des Versprechensempfängers zum Dritten niemals um eine Schenkung unter Lebenden handeln, weder um eine Versprechensschenkung (§ 518)[143] noch um eine Handschenkung[144]. Denn da der Erwerb des Dritten erst mit dem Tode des Versprechensempfängers eintritt (§ 331), ist dem Tatbestand die Überlebensklausel immanent: Der Dritte erwirbt kein Recht, wenn er den Versprechensempfänger nicht überlebt[145]. Diese Rechtslage bereits deutet auf eine Zuwendung von Todes wegen hin[146].

Die bloße Überlebensklausel braucht zwar nicht notwendig das Merkmal einer Verfügung von Todes wegen zu sein, wie § 2301 II zeigt. Es könnte sich also durchaus um eine vollzogene Schenkung von Todes wegen, mithin um ein lebzeitiges Rechtsgeschäft handeln. In der Tat wird in Rechtsprechung und Literatur die Auffassung vertreten, man müsse den Erwerb des Forderungsrechts durch den Dritten als vollzogene Schenkung des Versprechensempfängers und daher gegebenenfalls als Handschenkung des Versprechensempfängers an den Dritten ansehen[147]. *Coing* ist der Ansicht, § 2301 müsse „seinem Grundgedanken nach herangezogen werden, wenn dieses Valutaverhältnis Schenkung, der Vertrag zugunsten Dritter die Zuwendung ist“[148]. Sei die Schenkung

---

[143] *Seyfferth*, 15; *Bartholomeyczik*, Erbeinsetzung, 186 f.; *Wieacker*, Festschrift für H. Lehmann I, 283; *Staudinger-Dittmann*, Randnr. 37 zu § 2301; RGRK-*Kregel*, A. 17 zu § 2301.

[144] *Seyfferth*, 12 ff.; *Ebmeyer*, 22 ff.; *Emminghaus*, LZ 1909, 454 f.; *Kirschbaum*, 9; *Aberer*, 11; *Ewers*, 20 ff.

[145] Siehe oben Seite 126.

[146] Vgl. *Hellwig*, 350 ff.; *von Tuhr* II 2, 76; Allg. Teil des Schweiz. Obligationenrechts II, 639 f.; *Dernburg-Engelmann* V, 192 A. 10; *Heck*, Schuldrecht, 299; *Weise*, 23; *Hölscher*, 11 ff.; *Ewers*, 13 ff.

[147] RGZ 106, 1 (2); 128, 187 (189); *Oertmann*, AcP 138, 62 A. 6; *Saupe*, 31, 34; *Wieacker*, Festschrift für H. Lehmann I, 283; *Esser*, Schuldrecht, § 88, 2, S. 410; *Rötelmann*, NJW 1959, 662; *Giesen*, 105. *Bartholomeyczik*, Erbeinsetzung, 186 f., nimmt eine vollzogene Schenkung der Erben des Versprechensempfängers an den Dritten an. Vgl. auch *Eckstein*, GruchBeitr. 55, 1911, 768 ff.; ZZP 41, 90 ff.

[148] *Kipp-Coing*, § 81 V 1 c, S. 359. Ebenso *Enneccerus-Lehmann*, § 35 II 2 a, S. 151 f. *Coing* zustimmend *Wiedemann*, JZ 1966, 368. Zum Verhältnis zwischen dem Vertrag zugunsten Dritter auf den Todesfall und § 2301 siehe auch *Boller*, 58 ff.

in diesem Sinne vollzogen, so beurteile sich die Rechtsbeziehung zwischen dem Versprechensempfänger und dem Dritten gemäß § 2301 II nach den Vorschriften über die Schenkung unter Lebenden. Einen Vollzug hält *Coing* für gegeben, wenn sich der Erblasser jeder Verfügungsmacht über das aus dem Vertrage zugunsten des Dritten herrührende Rechtsverhältnis sowie über den Gegenstand desselben entäußert habe. Dies sei der Fall, wenn der Vertrag zugunsten Dritter unwiderruflich und unkündbar abgeschlossen und der begünstigte Dritte endgültig bestimmt sei. Liege dagegen noch kein Vollzug der Schenkung vor, so sei das der Zuwendung zugrunde liegende Valutaverhältnis gemäß § 2301 I S. 1 nach erbrechtlichen Gesichtspunkten zu beurteilen. Dies müsse immer dann geschehen, wenn sich der Versprechensempfänger die Verfügung über den Gegenstand, auf den sich dieser Vertrag bezieht, vorbehalten habe. Die Zuwendung erlange daher nur Gültigkeit, wenn dem Begünstigten das aus dem Vertrage zugunsten Dritter entstandene Recht im Wege einer Verfügung von Todes wegen zugewendet worden sei.

Der Tatbestand des § 2301 II liegt jedoch in den Fällen des § 331 nicht vor. Seine Anwendbarkeit scheitert nicht etwa daran, daß es sich in den meisten Fällen des Vertrages zugunsten Dritter auf den Todesfall zu Lebzeiten des Versprechensempfängers nur um eine jederzeit widerrufliche und kündbare Drittbegünstigung handelt. Denn wie *Hinz*[149] an der Hand der Protokolle der II. Kommission[150] überzeugend nachgewiesen hat, kommt es für die Frage des Vollzuges im Sinne des § 2301 II auf die Widerruflichkeit oder Unwiderruflichkeit nicht an.

Die Voraussetzungen des § 2301 II liegen vielmehr deshalb nicht vor, weil es sich beim Vertrag zugunsten Dritter auf den Todesfall niemals von einer vollzogenen Schenkung sprechen läßt, wenn gemäß § 331 I nicht einmal der Anspruch auf den Leistungsgegenstand dem Dritten früher als mit dem Tode des Versprechensempfängers anfällt, dieser also gar nichts vollzogen hat, geschweige denn, da er ja tot ist, noch vollziehen kann[151].

Ist also eine vollzogene Schenkung von Todes wegen nicht gegeben, dann kann es sich im Verhältnis zwischen dem Versprechensempfänger und dem Dritten nur um ein Zuwendungsgeschäft von Todes wegen handeln. Denn da der Rechtserwerb des Dritten gemäß § 331 I davon abhängt, daß er den Versprechensempfänger überlebt, erlangt er zu dessen Lebzeiten keine rechtlich geschützte Position. Lebzeitige Rechtswirkungen bleiben aus.

---

[149] JuS 1965, 303 rechte Spalte. Siehe auch oben Seite 38 f. Zu Unrecht stellt *Boller*, 64 ff., auf das Kriterium der Widerruflichkeit ab.

[150] Protokolle V, 460.

[151] Vgl. *Heck*, Schuldrecht, 299; *Giesen*, 106; *Griesche*, 29.

Eine vertragliche Zuwendung von Todes wegen im Valutaverhältnis entfällt. Selbst wenn man nämlich einmal mit der herrschenden Meinung davon ausginge, das Schenkungsversprechen von Todes wegen erfordere einen Vertrag, und zwar einen Erbvertrag[152], so könnte, da zwischen dem Versprechensempfänger zu dessen Lebzeiten und dem Dritten regelmäßig kein vertragliches Geschäft geschlossen wird[153], eine Vereinbarung nur durch Vermittlung des Versprechenden als eines Stellvertreters oder Boten nach dem Tode des Versprechensempfängers mit Wirkung für und gegen dessen Erben zustandekommen[154]. Der Weg der juristischen Konstruktion müßte dabei über die §§ 130 II, 153 führen[155]. Er wäre jedoch nicht gangbar. Denn die §§ 130 II, 153 gelten nicht für Erbverträge, um die es sich nach Ansicht der herrschenden Meinung in Fällen des § 2301 I handelt. § 130 II findet keine Anwendung, wenn es darum geht, ein *bewußt und gewollt* postmortales Zugehen einer Willenserklärung an den überlebenden Empfänger rechtlich wirksam zu machen[156].

Daß es sich nach alledem in den Fällen des § 331 I nicht um ein vertragliches Valutaverhältnis handeln kann, darf nun allerdings nicht zu dem Schluß verleiten, der Dritte erwerbe den Anspruch und später den daraufhin geleisteten Zuwendungsgegenstand rechtsgrundlos. Gerade bei Verträgen zugunsten Dritter auf den Todesfall, an denen der Dritte weder mitwirkt noch etwas von ihnen weiß[157], würde sonst wegen eines regelmäßig fehlenden gültigen Valutavertrages[158] der vom Dritten erworbene Anspruch oder die aufgrund dessen erlangte Leistung praktisch in allen Fällen an die Erben des Versprechensempfängers herausgegeben werden müssen (§§ 1922, 812 I S. 1, 818 II). § 331 I wäre dann nichts wei-

---

[152] Dazu oben Seite 105.

[153] Mit Recht bemerkt *Hellwig*, 624, derjenige, auf dessen Tod es ankomme, verspreche nicht, sondern lasse sich versprechen; zustimmend *Seyfferth*, 18. Vgl. ferner RGZ 106, 1 (2); *Endemann* III 1, 217; *Geister*, 37; *Siebern*, 21; *Saupe*, 31 f., 34; *Termeer*, 26; *Giesen*, 105. Vgl. auch *Bartholomeyczik*, Erbeinsetzung, 186, mit anderer Begründung; *Schaefer*, 43 ff.

[154] Vgl. RGZ 83, 223 ff.; 128, 187 (189); BGHZ 41, 95 (97); *Oertmann*, A. 5 zu § 331.

[155] Vgl. RGZ 83, 223 ff.; *Ewers*, 41; *Ritter*, 103, 116 f.

[156] *Kipp-Coing*, § 81 IV 3 b, S. 357; siehe auch oben Seite 44 und 109. Das übersehen *Dorow*, 38 mit A. 58, und *Kämper*, 63 ff. Im Zusammenhang mit der Widerrufserklärung beim wechselbezüglichen gemeinschaftlichen Testament gemäß § 2271 I S. 1 ebenso RGZ 65, 270 (274); *Natter*, JZ 1954, 381 f.; *H. Dilcher*, JuS 1961, 20 f. mit weiteren Nachweisen; *Kipp-Coing*, § 35 III 3 a, S. 170. Unentschieden insoweit BGHZ 9, 233 (235) = NJW 1953, 938.

[157] Es ist ja gerade der Sinn und Zweck des Vertrages zugunsten Dritter, daß dieser ohne seine Mitwirkung und ohne seine Kenntnis von der Begünstigung einen Anspruch erwirbt. Sonst wäre auch § 333 nicht erklärlich. Deshalb stellt *Köster*, 60, 74, mit Recht für die Konstruktion auf die regelmäßig fehlende Kenntnis des Dritten ab.

[158] Vgl. *Gieben*, 38; *Aberer*, 10 f.

ter als eine rechtstechnische Spielerei, durch die ein Dritter zwar einen Anspruch erwirbt, ihn oder den Leistungsgegenstand jedoch stets an die Erben des Versprechensempfängers wieder herausgeben müßte[159].

Die Fremdklausel im Grundvertrag mit dem Versprechenden, welche die Entstehung des Rechts auf die Leistung an den Dritten herbeiführt, enthält vielmehr beim Vertrag zugunsten Dritter auf den Todesfall im Verhältnis zu dem Dritten ein *einseitiges Rechtsgeschäft* des Versprechensempfängers[160], das den kausalen Erwerbstitel für die Drittbegünstigung darstellt.

Zehner[161] und *Hoffmann*[162] halten zwar beim Vertrag zugunsten Dritter auf den Todesfall eine erbrechtliche Zuwendung ebenfalls für gegeben, glauben aber, diese Rechtserscheinung nicht anders als eine *Erbeinsetzung* des Dritten durch den Versprechensempfänger *im Wege der Singularsukzession* erklären zu können. Um eine Erbeinsetzung kann es sich jedoch deshalb nicht handeln, weil das BGB ganz eindeutig nur einen Gesamtrechtsnachfolger als Erben anerkennt (§§ 1922, 2087)[163].

Da § 331 I einen Anspruchserwerb des Dritten erst nach dem Tode des Versprechensempfängers und nur für den Fall begründet, daß der Dritte den Versprechensempfänger überlebt, könnte es sich im Hinblick auf § 2160 bei der Fremdklausel in bezug auf den Dritten um ein *Vermächtnis* handeln[164]. Beim Normaltyp des Vertrages zugunsten Dritter auf den Todesfall bewirkt die Fremdklausel die Zuwendung des Anspruchs auf Leistung eines Vermögensgegenstandes, der nicht zum Vermögen des Versprechensempfängers gehört. Der Sache nach kommt also bei

---

[159] Verfehlt ist es allerdings, wenn *Fricke*, 47, bemerkt, ein Bereicherungsanspruch könne gar nicht entstehen, weil der Dritte bis zum Tode des Versprechensempfängers noch nichts erworben und damit jener auch keinen Kondiktionsanspruch erlangt habe, der auf die Erben übergehen könnte. *Fricke* übersieht, daß es auch Ansprüche geben kann, die erstmals in der Person des Erben entstehen. Gegen *Fricke* zutreffend auch *Dorow*, 52 f.

[160] *Kipp*, Der Parteiwille unter der Herrschaft des deutschen Bürgerlichen Gesetzbuchs, Prorektoratsrede, 1899, 19 mit A. 90; *R. Stammler*, Recht der Schuldverhältnisse, 1897, 171 f.; *Hellwig*, 352 ff., 354; *Weise*, 23; *von Tuhr* II 1, 205 A. 10; II 2, 76 A. 98, 80 A. 118; Allg. Teil des Schweiz. Obligationenrechts II, 640; *Gieben*, 48 f.; *König*, 45 f.; *Ettlinger*, 44 ff.; *A. Stahl*, 14; *J. Lehmann*, ArchBürgR 36, 89 f.; *Flume*, § 11, 6 c, S. 150, erblickt in der Begünstigtenbezeichnung eine *einseitige* Schenkung; ebenso bereits *Maß*, 39; *Hoffmann*, AcP 158, 180, spricht von einem *einseitigen* Schenkungsversprechen von Todes wegen. Vgl. ferner *Oertmann*, Vorbemerkung 2 a vor § 328, A. 5 zu § 331. De lege ferenda für eine einseitige Zuwendung *Ewers*, 45 ff. Ausführlich hierzu *Köster*, 73 ff.

[161] AcP 153, 451 f.

[162] AcP 158, 180, 198.

[163] *Kühlmorgen*, 119; *O. M. von Gierke*, 59 A. 260. Vgl. ferner *Hellwig*, 262 A. 508; *Aberer*, 11; *Schaefer*, 33 f.; *Siebern*, 22; *Giesen*, 87.

[164] Dies nimmt in der Tat *Pauli*, 31 ff., an.

dieser Zuwendungsart nur ein Vermächtnis im Sinne des § 2169 III in Betracht.

Gemäß § 2169 I ist das Vermächtnis eines bestimmten, im Zeitpunkt des Erbfalls nicht zur Erbschaft gehörenden Gegenstandes zulässig und wirksam, wenn der Gegenstand dem Bedachten auch für den Fall zugewendet sein soll, daß er nicht zur Erbschaft gehört. Steht nun dem Erblasser ein Anspruch auf Leistung des vermachten fremden Gegenstandes zu, so gilt gemäß § 2169 III im Zweifel der Anspruch als vermacht.

Nach der ausdrücklichen Anordnung des Gesetzes soll bei einem Vertrage zugunsten Dritter auf den Todesfall der Dritte das Recht auf die Leistung mit dem Tode des Versprechensempfängers erwerben. Da, wie bereits bemerkt, im Regelfall der Leistungsgegenstand, auf dessen Erwerb das Recht gerichtet ist, nicht zum Vermögen des Versprechensempfängers gehört, sind insoweit zwar die Voraussetzungen des § 2169 III erfüllt.

Eine dogmatische Erklärung des Vertrages nach § 331 als eines Vermächtnisses im Sinne des § 2169 III scheitert jedoch daran[165], daß aufgrund des Gesetzes durch ein Vermächtnis für den Bedachten stets nur das Recht begründet wird, von dem Beschwerten die Leistung des vermachten Gegenstandes zu fordern (§ 2174). Nach der Bestimmung des § 2169 III bildet der Anspruch auf Leistung des fremden Gegenstandes den Inhalt des Vermächtnisses. In einem solchen Fall könnte also der Bedachte gemäß § 2174 lediglich vom Beschwerten die Abtretung dieses Anspruchs verlangen. Da außerdem nach § 2174 S. 1 mit einem Vermächtnis nur der Erbe oder ein Vermächtnisnehmer beschwert werden kann, hätte dies bei einem Vertrag zugunsten Dritter auf den Todesfall zur Folge, daß der Dritte mit dem Tode des Versprechensempfängers lediglich von dessen Erben die Abtretung des Anspruchs gegen den Versprechenden verlangen dürfte (§ 2174).

Demgegenüber sieht § 331 I jedoch vor, daß der Dritte das Recht auf die Leistung mit dem Tode des Versprechensempfängers von selbst erwirbt, ohne erst eine Abtretung dieses Anspruchs vom Erben verlangen zu müssen. Die Regelung in § 331 I steht also der in § 2174 angeordneten Wirkung eines Vermächtnisses entgegen[166]. Denn das BGB hat den unmittelbaren Anfall eines vermachten Gegenstandes, ein sogenanntes Vindikationslegat, nicht aufgenommen, wie § 2174 zeigt[167]. Der Gesetzgeber

---

[165] Gegen ein Vermächtnis auch RGZ 88, 137 (138); *Seyfferth*, 23; *Ettlinger*, 39; *Hölscher*, 15 ff.; *Ebmeyer*, 15 ff.; *Schaefer*, 35 ff.; *Hubernagel*, DNotZ 1933, 459 ff.; *Zehner*, AcP 153, 451 f.; *Hoffmann*, AcP 158, 198 f. mit A. 106.

[166] *Siebern*, 21.

[167] Gleichwohl meint *Geister*, 40, man habe es hier „mit einer modernen Art des Vindikationslegats zu tun".

hat sich nach ausführlicher Beratung bereits in der I. Kommission vielmehr lediglich für das sogenannte Damnationslegat entschieden[168].

Handelt es sich um einen Vertrag zugunsten Dritter auf den Todesfall, bei dem der Leistungsgegenstand dem Versprechensempfänger selbst gehört[169], dann liegt durchaus die Annahme eines gewöhnlichen Vermächtnisses des Versprechensempfängers an den Dritten nahe. Denn ebenso wie durch das Vermächtnis mit dem Tode des Erblassers für den Bedachten das Recht begründet wird, von dem Beschwerten die Leistung des vermachten Gegenstandes zu fordern (§§ 2174, 2176), so entsteht auch bei einem Vertrag zugunsten Dritter der genannten Art das Recht des Dritten auf die Leistung mit dem Tode des Versprechensempfängers zum ersten Mal in der Person des Dritten[170]. Die Erklärung der rechtlichen Struktur der Fremdklausel als einer Vermächtnisanordnung scheitert hier indessen daran, daß gemäß § 2147 S. 1 mit einem Vermächtnis nur der Erbe oder ein Vermächtnisnehmer beschwert sein und gemäß § 2174 nur vom Beschwerten die Leistung gefordert werden kann. Der Anspruch des Dritten aus einem Vertrage im Sinne des § 331 I richtet sich dagegen begriffsnotwendig gegen den Versprechenden, nicht aber gegen den Erben des Versprechensempfängers oder einen von diesem bedachten Vermächtnisnehmer[171].

Ein — einseitiges — Schenkungsversprechen mit Überlebensbedingung im Sinne des § 2301 I entfällt deshalb, weil der Versprechensempfänger (Erblasser) dem Dritten nichts verspricht, sondern sich — wie schon seine Bezeichnung zutreffend zum Ausdruck bringt — vom Versprechenden versprechen läßt.

---

[168] Von der I. Kommission wurde außer den Bedenken wegen fehlender Offenkundigkeit beim Eigentumsübergang von beweglichen Sachen (Übergabe) und von Grundstücken (Eintragung) als Hauptargument gegen die Zulassung eines Vindikationslegats geltend gemacht, daß der Erbe, der für die Nachlaßverbindlichkeiten hafte sowie berechtigt und verpflichtet sei, den Nachlaß zu liquidieren, in der Lage sein müsse, erforderlichenfalls auch über die vermachten Gegenstände zu verfügen (Motive V, 134 f.). Gehe der vermachte Gegenstand dagegen unmittelbar auf den Bedachten über, so werde dem Erben nicht nur diese Befugnis entzogen, sondern er laufe sogar Gefahr, in den Fällen, in denen der vermachte Gegenstand zur Schuldentilgung herangezogen werden müsse, lediglich auf einen Ersatzanspruch gegen den Vermächtnisnehmer beschränkt zu sein. Ein solcher Ersatzanspruch sei möglicherweise sogar wertlos, wenn der Vermächtnisnehmer bereits über den Gegenstand verfügt habe. Mittelbar würden in einem solchen Falle auch die Nachlaßgläubiger betroffen. Die II. Kommission hat sich dieser Argumentation angeschlossen (Protokolle V, 201 ff. Dazu kritisch *Staudinger-Boehmer*, Randnrn. 240—243 zu § 1922.).

[169] Dazu oben Seite 133 f.

[170] Siehe oben Seite 129 f.

[171] Dazu ausführlich *Seyfferth*, 15 ff.

Liegt nach alledem im Verhältnis zu dem Dritten als kausaler Erwerbsgrund weder eine Erbeinsetzung noch eine Vermächtnisordnung noch ein Schenkungsversprechen von Todes wegen (§ 2301 I), wohl aber eine einseitige Zuwendung von Todes wegen vor, so stellt die Fremdklausel eine *einseitige Zuwendung von Todes wegen besonderer Art*[172] dar, die den Rechtserwerb des Dritten nicht nur herbeiführt, sondern auch kausal rechtfertigt.

Zwar mag im Recht unter Lebenden einer Person ein Vermögensvorteil durch ein obligatorisches Kausalgeschäft nur im Wege vertraglicher Vereinbarung (Kauf, Schenkung, Darlehen) zugewendet werden können[173]. Soll ein Dritter jedoch den Anspruch auf den Leistungsgegenstand nach dem Willen des Versprechensempfängers erst mit dessen Tode erlangen (§ 331 I), dann handelt es sich um eine Zuwendung von Todes wegen. Denn vor dem Erbfall steht dem Dritten in gleicher Weise wie einem erbrechtlich Bedachten noch keine rechtlich geschützte Stellung hinsichtlich des Rechts auf die Leistung zu. Zuwendungen von Todes wegen indessen sind, wie die testamentarischen Anordnungen zeigen, auch durch einseitige Kausalgeschäfte zulässig und wirksam[174]. Ob sich dadurch der Vertrag zugunsten Dritter auf den Todesfall von den Verträgen zugunsten Dritter unter Lebenden unterscheidet, ist hier nicht näher zu untersuchen. Bemerkt sei lediglich, daß die II. Kommission zwar für den *Vertrag zugunsten Dritter unter Lebenden* der Ansicht war, das Versprechen zugunsten des Dritten habe seinen Rechtsgrund in dem „Verhältnis" des Versprechensempfängers zu dem Dritten[175]. Selbst

---

[172] *Hellwig*, 350 ff.; *von Tuhr* II 2, 76; Allg. Teil des Schweiz. Obligationenrechts II, 639 f.; KritVSchr. 43, 569 („negotium mortis causa, welches in eine Linie mit Testament und Erbvertrag zu stellen ist"), 576; *Dernburg-Engelmann* V, 192 A. 10; *Heck*, Schuldrecht, 299; *Endemann* III 1, 216; *Weise*, 24 f.; *Hölscher*, 23 ff.; *Grünmann*, 24 f.; *Ewers*, 34 ff.; *Haas*, 17 ff., 19, 20; *Griesche*, 29 f.; *Geginat*, 19, 24; *Kirschbaum*, 13; *von Spindler*, 56 ff., 61; *Baxmann*, 14 ff., 17; *Melsheimer*, 54; *Gieben*, 39 f.; *Pauli*, 34 f.; *Bartetzko*, 23; *Seyfferth*, 28; *Emminghaus*, LZ 1909, 455 („Zuwendung sui iuris"); *Eule*, 53; *Geister*, 35. Dagegen *Bartholomeyczik*, Erbeinsetzung, 185; *Hinz*, JuS 1965, 301 A. 15. Unklar *Knoch*, 68; verfehlt *Rückbeil*, 35: „Rechtsgeschäft unter Lebenden mit den Wirkungen einer Verfügung von Todes wegen". Vgl. auch *Strohal* I, § 23 III 2, S. 129. *Papenheim*, 11 ff., nimmt „ein selbständiges Rechtsinstitut des BGB" an, verlangt jedoch zusätzlich als kausalen Erwerbstitel eine vertragliche Kausa zwischen dem Dritten und dem Versprechensempfänger oder dessen Erben.

[173] Vgl. *Hellwig*, 342 ff.

[174] Es ist kein Widerspruch, sondern der Sache nach durchaus gerechtfertigt, wenn *Hellwig*, 342, bei lebzeitig wirkenden Verträgen zugunsten Dritter im Verhältnis zwischen Versprechensempfänger und Drittem eine vertragliche Kausa verlangt, bei Verträgen zugunsten Dritter auf den Todesfall dagegen ein einseitiges Rechtsgeschäft als kausalen Erwerbstitel für gegeben und ausreichend erachtet (a.a.O. 354 f.). In diesem Sinne ist auch *Oertmann*, Vorbemerkung 2 a vor § 328 (am Ende, S. 304), A. 5 zu § 331, zu verstehen.

[175] Protokolle I, 755.

wenn man einmal davon ausgehen würde, daß unter dem Begriff „Verhältnis“ ein Vertrag gemeint sein sollte, was keineswegs sicher ist[176], so hat sich doch die Kommission überhaupt nicht mit der Frage befaßt, ob dieser Grundsatz auch für die Fälle des *Vertrages zugunsten Dritter auf den Todesfall* gelte. Denn in den Protokollen heißt es zu den mit § 331 I zusammenhängenden Problemen lediglich, man habe beschlossen, die dem § 331 I entsprechenden Anträge anzunehmen, da „von keiner Seite Widerspruch erhoben“ sei[177]. Die Kommissionsmitglieder waren vielmehr „allseitig einverstanden, daß die beantragte Vorschrift eine zweckentsprechende Auslegungsregel enthalte, deren Inhalt in der überwiegenden Mehrzahl der Fälle dem vermutlichen Willen der Vertragschließenden entspreche“[178]. Erwägungen über die besondere rechtliche Struktur gerade des § 331 I sind in den Materialien nicht vorhanden.

Bisher ist zur Begründung dafür, daß es sich bei der Kausa um ein einseitiges Rechtsgeschäft handelt, unter anderem auf die regelmäßig fehlende Mitwirkung und Kenntnis des Dritten abgestellt worden. Es sind jedoch durchaus Fälle denkbar, in denen der Dritte zu Lebzeiten des Versprechensempfängers durch dessen Mitteilung oder durch Mitteilung des Versprechenden auf Weisung des Versprechensempfängers von der Drittbegünstigung Kenntnis erlangt und sich mit dem Erwerb auf den Todesfall einverstanden erklärt. Findet diese Absprache mit dem Dritten statt, bevor der Versprechensempfänger im Grundvertrag die Drittberechtigung erklärt, dann läßt sich darin eine durch Abtretung vollzogene Schenkung von Todes wegen (§ 2301 II) erblicken. Die nachfolgende Drittbegünstigung wäre dann, weil sie auf eine objektiv unmögliche Leistung gerichtet wäre, nichtig, und ein Vertrag zugunsten des Dritten läge gar nicht vor.

Erfolgt dagegen die Mitteilung an den Dritten durch den Versprechensempfänger oder auf dessen Weisung durch den Versprechenden, nachdem im Grundverhältnis die Fremdbegünstigung erklärt worden ist, so wäre eine solche Mitteilung rechtlich ebenso bedeutungslos wie die Erklärung des Erblassers gegenüber einer Person, er habe sie testamentarisch mit einem Vermächtnis bedacht[179].

Fehlt wie in der Regel jegliche Kenntnis des Dritten, dann erwirbt er nach den bisherigen Erörterungen im Falle des § 331 I den Anspruch auf die Leistung auch den Erben des Versprechensempfängers gegenüber unentziehbar[180]. Eines zusätzlichen Rechtsgrundes, etwa durch

---

[176] Siehe oben Seite 146.

[177] Protokolle I, 759.

[178] Protokolle a.a.O.

[179] *Hellwig*, 353 A. 714; *Geister*, 22, 34.

[180] *Saupe*, 26 mit Literatur in A. 93; *O. M. von Gierke*, 60 A. 265. Für den

einen Vertrag zwischen dem Versprechensempfänger oder dessen Erben und dem Dritten, bedarf es deshalb hier nicht[181]. Das kausale Zuwendungselement bildet bereits die Erklärung des Versprechensempfängers im Vertrage mit dem Versprechenden, wonach der Dritte das Recht auf die Leistung erlangen soll, wenn er den Versprechensempfänger überlebt. Beim Vertrag zugunsten Dritter auf den Todesfall enthält also die Vereinbarung zwischen dem Versprechensempfänger (Erblasser) und dem Versprechenden nicht nur den Entstehungstatbestand, sondern auch das materielle Kausalgeschäft[182].

§ 331 I nimmt zwar zu dieser Frage keine Stellung. Auch die II. Kommission, die den § 331 I einführte, hat sich, wie die Protokolle zeigen[183], über die rechtliche Struktur des § 331 I überhaupt keine Gedanken gemacht. Es war jedoch schon im Gemeinen Recht ein in Literatur und Rechtsprechung feststehender Grundsatz, daß mit dem Tode des Versicherungsnehmers oder des Gutsübergebers dem Bedachten das Recht auf die ausbedungene Leistung zustehe und es einer Vereinbarung zwischen dem Erben und dem Dritten nicht bedürfe[184].

Dadurch, daß der Versprechensempfänger im Grundvertrag mit dem Versprechenden erklärt hat, der Dritte solle den Anspruch mit dem Tod des Versprechensempfängers erwerben, was voraussetzt, daß er diesen überlebt, ist auch in der Fremdklausel als Bestandteil des Grundvertrages ein kausaler Erwerbstitel für das Recht des Dritten wirksam begründet worden[185]. Es wäre geradezu unsinnig, wenn der Versprechensempfänger *dasselbe* mit dem Dritten noch einmal vereinbaren müßte, da ja § 331 I die Mitwirkung des Dritten gerade erspart. Sonst läge ja eine doppelte Kausa vor. Es ist auch nicht erforderlich, daß der Versprechensempfänger mit dem Dritten zusätzliche Abreden, etwa über die Unentgeltlichkeit der Zuwendung, trifft. Denn eine Zuwendung von Todes

---

Lebensversicherungsvertrag weist *O. M. von Gierke*, 61 zutreffend darauf hin, daß es gerade dort der angestrebte Zweck sei, dem Dritten mit dem Tode des Versicherten ein unentziehbares Recht zu verschaffen.

[181] *Hellwig*, 354; *Kipp*, Festschrift für Luitpold von Bayern, 141.

[182] Vgl. *Esser*, Schuldrecht, § 87, 2 b, S. 407. Er bezeichnet allerdings das Verhältnis zwischen dem Versprechensempfänger und dem Dritten recht unklar als „Motiv" oder „ferneren Rechtsgrund" (siehe auch *Esser* a.a.O. § 88, 2, S. 410).

[183] I, 759.

[184] *Hellwig*, 354 mit Nachweisen in A. 718; *Gieben*, 41.

[185] *O. M. von Gierke*, 60 meint offenbar dasselbe, wenn er in recht dunkler Formulierung darlegt, aus dem mit dem Tode unwiderruflichen Rechtserwerb des Dritten folge, „daß eine Rechtsgrundlage dieses Erwerbes in der Regel vorhanden sein wird". Andernfalls wäre stets ein Kondiktionsanspruch der Erben des Versicherungsnehmers gegeben, was dem Sinn des Lebensversicherungsvertrages indessen widersprechen würde.

wegen benötigt keine außerhalb ihrer selbst liegende zusätzliche Kausa[186].

Der Bundesgerichtshof[187] ist daher zu Unrecht der Meinung, daß die Frage, ob die Erben des Versprechensempfängers durch das „Vollzugsgeschäft" eintretende dingliche Rechtsverschiebung endgültig hinnehmen müssen, davon abhänge, ob und welche Rechtsbeziehungen zwischen ihrem Erblasser und dem Dritten bestanden (Valutaverhältnis). Es muß vielmehr an der früheren Rechtsprechung des Reichsgerichts[188] festgehalten werden, wonach der Dritte das Recht auf die Leistung „unentziehbar" erwirbt und auch für eine in Betracht kommende Formvorschrift „immer nur" das Verhältnis zwischen dem Versprechenden und dem Vesprechensempfänger von Bedeutung sei.

Durch die in der Vereinbarung mit dem Versprechenden liegende Begünstigung des Dritten muß zwar der Wille des Versprechensempfängers, dem Dritten eine Zuwendung von Todes wegen zu machen, zum Ausdruck gelangen[189]. Dann aber erwirbt der Dritte mit dem Tode des Versprechensempfängers direkt und unentziehbar das Recht auf die Leistung, und zwar nicht nur gegenüber dem Versprechenden, sondern auch unentziehbar[190] gegenüber den Erben des Versprechensempfängers. Eines weiteren Rechtsgrundes als des durch die Vereinbarung mit dem Versprechenden geäußerten Willens des Versprechnsempfängers bedarf die Zuwendung nach § 331 I nicht, ebensowenig wie eine solche, die durch eine Vermächtnisverfügung angeordnet worden ist[191].

F. Der Vertrag zugunsten Dritter auf den Todesfall als Umgehung des Erbrechts

Friedrich Endemann[192] hat gegen die gesetzliche Zulassung von Verträgen zugunsten Dritter auf den Todesfall starke Bedenken geäußert, weil auf diese Weise der Nachlaß ausgehöhlt und die Erbfolge nahezu vereitelt werden könne, zumal für solche Verträge keine besonderen Formerfordernisse aufgestellt seien. § 331 ermögliche es nämlich, den gleichen Rechtserfolg herbeizuführen, der den typischen erbrechtlichen Rechtsgeschäften vorbehalten ist. Durch § 331 könne jedes Vermögens-

[186] *Hellwig*, 353 ff.

[187] BGHZ 41, 95 (96). Zustimmend *Hinz*, JuS 1965, 301 linke Spalte.

[188] RGZ 88, 137 (138); 106, 1 (2); RG WarnRspr 1914, 341 Nr. 243.

[189] *Hellwig*, 353.

[190] RGZ 88, 137 (138).

[191] *Hellwig*, 354 f.; *Kipp*, Festschrift für Luitpold von Bayern, 137, 141; *Kühlmorgen*, 123; *Gieben*, 41.

[192] III 1, 215 ff.

recht einem Dritten verschafft werden, soweit es überhaupt den Gegenstand eines Forderungsrechts zu bilden vermag. Es sei zulässig, das gesamte Vermögen für eine Rentenversicherung auf Lebenszeit oder alle Einkünfte für eine Kapitalversicherung auf den Todesfall zugunsten eines beliebigen Dritten aufzuwenden. Das Gesetz erlaube, daß jemand sämtliche Vermögensgüter verkauft und etwa unter Vorbehalt eines Nießbrauchs veräußert und zugleich vereinbart, das Recht auf die Gegenleistung solle mit seinem Tode einem Dritten zufallen.

Auf diese Weise, so führt *Endemann* weiter aus, werde unter Ausschaltung der Erbfolge das „Recht" der gesetzlich berufenen Erben vereitelt. Alle Vorschriften, die den Erbgang sichern und ordnen sollen, blieben unberücksichtigt. Auch sei zweifelhaft, ob die Pflichtteilsberechtigten gemäß § 2327 von dem Dritten die Herausgabe des „Geschenks" wenigstens insoweit verlangen könnten, wie es zur Deckung und Ergänzung des Pflichtteilsanspruchs erforderlich ist. Denn die Schenkung setze einen Vertrag zwischen Schenker und Beschenktem voraus, der begünstigte Dritte stehe aber in keinem Vertragsverhältnis zum Erblasser, da sich beide über die Unentgeltlichkeit der Zuwendung nicht geeinigt hätten. Auch sei die Rechtslage der übrigen Nachlaßgläubiger wesentlich verschlechtert, da sie die zu ihrer Befriedigung dienenden Vermögenswerte nicht im Nachlaß vorfänden, sondern darauf angewiesen seien, einen mit vielen Schwierigkeiten und Gefahren verbundenen Anfechtungsprozeß zu führen[193].

Gleichwohl sieht *Endemann* keine Möglichkeit, das Anwendungsgebiet des § 331 einzuschränken. Er gibt zwar zu[194], der „materielle Erfolg" eines Vertrages zugunsten Dritter sei derselbe, wie wenn dem Dritten ein Vermächtnis zugewendet wäre (§ 2176). Das zeige sich nicht nur darin, daß der Versprechensempfänger zu seinen Lebzeiten befugt bleibe, mit dem Vertragsgegner den Vertrag zugunsten des Dritten wieder aufzuheben, sondern auch darin, daß er sich im Vertrage sowohl das freie Rücktrittsrecht (§ 346) als auch das Recht vorbehalten darf, selbst durch eine einseitige Verfügung von Todes wegen an die Stelle des begünstigten Dritten eine andere Person zu setzen (§ 332)[195]. Auch der Umstand

---

[193] Eine Anfechtungsmöglichkeit ergebe sich danach außerhalb des Konkurses aus den §§ 3, 11 AnfG, innerhalb des Konkurses aus § 32 KO. — Dazu *Constam*, 24 ff., 44 ff.

[194] a.a.O. 216.

[195] Für den Lebensversicherungsvertrag weist *Zehner*, AcP 153, 432 ff., zutreffend darauf hin, daß sich aus dem Kündigungsrecht des Versicherungsnehmers gemäß § 165 in Verbindung mit § 178 I VVG das freie Verfügungsrecht über den Anspruch auf die Versicherungssumme ergebe. Ebenso wie bei erbrechtlichen Zuwendungen hat also der begünstigte Dritte ein unentziehbares Recht erst mit dem Tode des Versicherungsnehmers erworben (*Zehner* a.a.O. 437).

daß das Recht des Dritten erst mit dem Tode des Versprechensempfängers entstehe, bis dahin weder ein bedingtes Recht noch eine Anwartschaft, sondern nur eine bloße Aussicht auf den Erwerb des Rechts begründet werde, zeige die volle Analogie mit der Zuwendung durch Vermächtnis[196], zumal der Anfall des Rechts davon abhänge, daß der Dritte den Todesfall erlebe.

Trotz alledem bezeichnet *Endemann* mit Recht die Behauptung, § 331 stelle eine Umgehung der Erbfolgeordnung oder eine versteckte letztwillige Verfügung dar[197], als verfehlt. Unsere Rechtsordnung enthält keinen Rechtssatz des Inhalts, daß eine Zuwendung auf den Todesfall auschließlich in den typischen Formen der Verfügungen von Todes wegen bewirkt werden dürfe. Die Ordnung des Erbrechts hat in der Tat keine exklusive Geltung[198]. Die in ihr verordneten Rechtsfolgen können auch auf anderem Wege erreicht werden. Die Vorschrift des § 331, die dieses gestattet, mag übereilt und verbesserungsbedürftig sein. Wer sie ausnutzt, setzt sich niemals dem Vorwurf einer Umgehung gesetzlicher Verbotsnormen aus. Ein Prinzip, wonach ein den Geschäften von Todes wegen adäquater wirtschaftlicher Zweck oder rechtlicher Erfolg durch Rechtsgeschäfte außerhalb des Erbrechts nicht erreicht werden dürfte, fehlt eben unserem Recht.

Gustav Boehmer, der wiederholt ausführlich auf die an § 331 anknüpfenden Rechtsfragen eingegangen ist, hat die hier für zutreffend gehaltene Rechtsprechung des Reichsgerichts scharf kritisiert und als „logisch völlig verfehlte Konstruktion" bezeichnet[199], die es dem Erblasser ermögliche, beliebige Gegenstände, ja sogar sein gesamtes Vermögen durch einfachen formlosen Vertrag mit einem Fremden rechtlich aus seinem Vermögen zu entfernen und dadurch allen gesetzlichen Anwärtern auf seinen Nachlaß (Erben, Pflichtteilsberechtigten, Nachlaßgläubigern) unanfechtbar zu entziehen. Dies widerspreche so kraß allen grundlegenden Regeln über den Vermögensverkehr unter Lebenden, daß sich jede Widerlegung erübrige[200]. Zwar hatte das Reichsgericht in der Entscheidung

---

[196] Ebenso *Zehner*, AcP 153, 437, 438 ff.

[197] So *J. Lehmann*, ArchBürgR 36, 88, und ein von *Gieben*, 66 ff., mitgeteiltes, von diesem allerdings bekämpftes Urteil des OLG Köln aus dem Jahre 1904.

[198] Ebenso RGZ 80, 175 (177); 88, 137 (138); *Boehmer*, Grundlagen II 2, 83; *Hinz*, JuS 1965, 304; *Lange*, § 31 I 6 a, S. 325. An anderer Stelle (*Staudinger-Boehmer*, Einleitung § 26, Randnr. 1) meint *Boehmer* allerdings zutreffend, eine solche Behauptung stehe, in dieser Allgemeinheit ausgesprochen, mit den gesetzlichen Motiven nicht im Einklang.

[199] Reichsgerichtspraxis III, 311 ff.; *Staudinger-Boehmer*, Einleitung § 27, Randnr. 3; *Boehmer*, Grundlagen II 2, 90 ff.

[200] Grundlagen II 2, 92.

vom 29. 3. 1920[201] Bedenken dagegen angemeldet, daß jemand ohne Beobachtung einer Form Verfügungen für die Zeit nach seinem Tode trifft. Denn auf diese Weise könne jemand unter Beiseiteschiebung aller der Sicherheitsmaßnahmen, mit welchen der Gesetzgeber die über den Tod hinaus wirksamen Verfügungen zu umgeben für nötig befunden hat, über sein gesamtes Vermögen für die Zeit nach seinem Ableben ohne jede Form, also auch mündlich, Verfügungen treffen. Endlich könnten auch die Vorschriften über die Haftung der Erben für die Nachlaßschulden auf solche Weise, nämlich durch Ausschlagung der Erbschaft seitens des auf dem Wege des § 328 bedachten Erben, wirkungslos gemacht werden[202]. Diese Bemerkung, so stellt *Boehmer* fest[203], sei jedoch für die Rechtsprechung „die Stimme eines Predigers in der Wüste" geblieben.

Boehmer meint, daß § 331 eine dem Grundsatz des § 2301 in doppelter Hinsicht widersprechende Anomalie enthalte[204]. § 331 ermögliche es nämlich im Gegensatz zu § 2301 I nicht nur, unentgeltliche Zuwendungen, die für den Überlebensfall des Bedachten vollzogen werden sollen, den förmlichen und sachlichen Beschränkungen der Verfügungen von Todes wegen zu entziehen, sondern schalte auch § 2301 II aus. Denn wenn § 331 die Kraft habe, die dem Bedachten zugewendeten Gegenstände gleichzeitig mit dem Tode aus dem Nachlaß auszusondern, so müßte doch zumindest die Vorschrift eingreifen, die vollzogene Schenkungen auf den Todesfall dem lebzeitigen Schenkungsrecht unterstellt.

Boehmer ist der Ansicht[205], die Rechtsfigur des § 331 sei nichts anderes als ein „neues Mittel zur Verwirklichung des letzten Willens"[206], ein Mittel zur Umgehung der erbrechtlichen Formvorschriften, zur Aushöhlung und Vereitelung der Erbfolge, zur Prellung der Nachlaßgläubiger, zur Kürzung oder Entziehung der Pflichtteilsrechte[207]. Denn § 331 verschaffe dem Erblasser die Macht, Vermögenswerte, die erst mit seinem Tode einem Dritten zufallen sollen, durch formlose Geschäfte unter Lebenden aus seinem Nachlasse auszuscheiden und sie damit sowohl der Erbfolge als auch dem Zugriff der Nachlaßgläubiger und Pflichtteilsberechtigten zu entziehen. Immerhin sei zu berücksichtigen, daß die Zu-

---

[201] RGZ 98, 279 (281). Das Reichsgericht bemerkte allerdings später (RGZ 106, 1, 3), daß diesen Bedenken „bei wiederholter Nachprüfung ein entscheidendes Gewicht nicht beigelegt werden könne".

[202] Vgl. auch *J. Lehmann* a.a.O. 91.

[203] Grundlagen II 2, 91.

[204] Reichsgerichtspraxis III, 311; *Staudinger-Boehmer*, Einleitung § 27, Randnr. 1.

[205] Im Anschluß an *Gieben*.

[206] Ebenso *Aberer*, 10; *Köster*, 15 (geeignetes Mittel, „die formgebundenen Verfügungen von Todes wegen durch ein schuldrechtliches Geschäft unter Lebenden zu ersetzen").

[207] Ebenso *J. Lehmann*, ArchBürgR 36, 81 ff.

wendung in der Regel nicht unmittelbar aus dem Nachlaß erfolge, zum Beispiel dann, wenn die Leistung, die beim Tode des Versprechensempfängers an den Dritten erbracht werden soll, nicht mit derjenigen identisch ist, die der Versprechensempfänger seinerseits dem Versprechenden gemacht hat, sondern mit der Gegenleistung, die dieser aus seinem Vermögen bewirken soll. Als Beispiele nennt *Boehmer*[208] den Fall, in dem der Erblasser Vermögensgegenstände verkauft mit der Maßgabe, daß der Kaufpreis bei oder nach seinem Tode an einen Dritten zu zahlen sei[209]; wenn in einem Gutsüberlassungsvertrage Abfindungen zugunsten von Geschwistern vereinbart werden, die nicht nur mit dem Tode des Überlassenden erst fällig werden, sondern überhaupt nur für den Fall des Überlebens der Abzufindenden gezahlt werden sollen[210]; wenn ferner bei einer Lebensversicherung als „Gegenleistung" für die Prämien eine Geldsumme an den Dritten zu zahlen sei; wenn schließlich der Erblasser mit seiner Bank vereinbart, sie solle bei seinem Tode von seinem Guthaben eine bestimmte Summe an einen Dritten zahlen[211]. In solchen Fällen, so meint *Boehmer*, seien die zugewendeten Vermögenswerte zwar „wirtschaftlich" aus dem Vermögen des Erblassers geschöpft, stammten aber „rechtlich" aus dem Vermögen des Versprechenden.

„Anders" sei die Rechtslage dann, wenn der Versprechende sich verpflichtet, genau dieselben Gegenstände, die der Erblasser ihm, sei es zu fiduziarischem Eigentum, sei es zur Verwahrung oder ins Depot, sei es als Gesellschaftsanteil in sein Geschäft gegeben hat[212], beim Tode des Erblassers dem Bedachten herauszugeben. Denn in diesen Fällen gehörten die Gegenstände als solche bis zum Erbfall dinglich zum Vermögen des Erblassers[213]. Erst „kraft der Zauberwirkung des § 331" würden sie beim Tode des Erblassers aus seinem Vermögen ausgesondert und so behandelt, als ob sie nicht zum Nachlaß gehörten. Denn sie bildeten ja den Gegenstand der erst mit dem Tode originär entstehenden Forderung des Bedachten, die diesem nicht kraft Erbfolge, sondern kraft des Vertrages unter Lebenden zufalle. Das sei dann aber tatsächlich nichts anderes als ein Vermächtnis bestimmter individueller Gegenstände aus dem Vermögen des Erblassers, zudem noch mit dem doppelten Privileg, nicht nur von den erbrechtlichen Formvorschriften befreit zu sein, sondern auch

---

[208] Reichsgerichtspraxis III, 313.

[209] Vgl. auch *Endemann* III 1, 216.

[210] Dies wird allerdings selten vorkommen; *Planck-Siber*, A. I d zu § 331; *Boehmer* a.a.O.; a. A. *Hellwig*, 217.

[211] Vgl. RGZ 88, 137 ff.

[212] Vgl. RGZ 80, 175 ff.

[213] Das ist allerdings hinsichtlich der in die Gesellschaft eingebrachten oder in ein Bankdepot gegebenen Gegenstände regelmäßig nicht der Fall. Vgl. BGHZ 41, 95 f. = NJW 1964, 1124 f. mit Anmerkung von *Büsselberg*, NJW 1964, 1952.

im Gegensatz zu den üblichen Vermächtnisansprüchen, die gegenüber allen anderen Nachlaßverbindlichkeiten zurückgesetzt sind, die absolute Priorität vor allen Erben, Pflichtteilsberechtigten und Nachlaßgläubigern zu genießen.

Boehmer[214] hält es vom „rechtsteleologischen Standpunkt" aus für nicht gerechtfertigt, Verträge nach § 331 verschieden zu behandeln, je nachdem ob der Zuwendungsgegenstand zum Vermögen des Erblassers gehört oder sich in dem des Versprechenden befindet. Für ihn besteht allerdings nur die Alternative, sich dem § 331 zu beugen und alle Zuwendungen dieser Art als zu Lebzeiten vollzogen „geltende" zu behandeln, um auf diese Weise die Erfordernisse des § 2301 I zu ersparen, oder aber den Mut aufzubringen, alle Verträge zugunsten Dritter, *da sie materiell nichts anderes seien als Verfügungen von Todes wegen,* als Umgehungen des § 2301 I der Nichtigkeit preiszugeben[215]. Er selbst schließt sich der Ansicht *Endemanns*[216] an, daß gegen die Regelung in § 331 I de lege lata „nichts zu machen" sei, so verfehlt sie rechtspolitisch auch erscheinen möge. Das BGB sei nun einmal in der rechtstechnischen Formung der Verträge zugunsten Dritter der verhängnisvoll wirkenden Konstruktion zum Opfer gefallen, daß die dem Dritten zufallende Forderung nicht mit der des Versprechensempfängers gegen den Versprechenden identisch sei, sondern originär für den Dritten entstehe, daß ferner im Falle des § 331 der Anspruch des Bedachten erst mit dem Tode des Versprechensempfängers existent werde und daher nicht aus dessen Vermögen stamme, daß schließlich auch demgemäß die Leistungsobjekte, auf die er sich richte, aus diesem Vermögen so ausgesondert würden, daß sie im Augenblick der Entstehung des Anspruchs, also beim Erbfall, nicht zum Naßlaß gehörten.

Das einzige Mittel, die Gefahren der Ausschaltung der erbrechtlichen Formvorschriften und der Aushöhlung der erbrechtlichen Wirkungen durch den Vertrag zugunsten Dritter auf den Todesfall soweit wie möglich unschädlich zu machen, sieht *Boehmer*[217] in einer restriktiven Interpretation solcher Zuwendungen und einer möglichst umfangreichen Einschränkung der berechtigenden Verträge zugunsten Dritter. Er will deshalb den Anwendungsbereich des § 331 auf die Fälle beschränken, in denen ein „berechtigtes, von Gesetz oder Volkssitte anerkanntes Bedürfnis" bestehe. Dazu gehörten die sogenannten „antizipierten Erbverträge" durch *Vermögens- oder Gutsüberlassung* unter Lebenden, die regel-

---

[214] a.a.O. 314.

[215] *Staudinger-Boehmer,* Einleitung § 27 Randnr. 5.

[216] III 1, 217.

[217] a.a.O. 315. Siehe auch *Müller-Freienfels,* 323.

mäßig mit einer Vereinbarung einer Abfindung der anderen Erben verbunden sind, und die *Versicherungsverträge auf den Todesfall*[218].

Heinrich Lehmann[219] hält die von *Boehmer* geäußerten Bedenken für nicht unbegründet. Er meint, die Figur des Vertrages zugunsten Dritter dürfe nicht als Umgehungsform der erbrechtlichen Schutzvorschriften ausgebaut werden. Es müsse eine Grenzlinie aufgrund sachlicher Wertung der Interessenlage gezogen werden. Das Eigenartige einer Zuwendung von Todes wegen[220] liege darin, daß der Verfügende von ihr nicht betroffen werde, während er bei lebzeitigen Verfügungen ihre Folgen am eigenen Vermögen zu spüren bekomme. Deshalb sollte man, so fordert *Lehmann*, eine unentgeltliche Zuwendung durch Vertrag zugunsten Dritter nur dann als von den erbrechtlichen Schutzvorschriften befreit anerkennen, wenn der Versprechensempfäger die Zuwendung durch ein Vermögensopfer erkauft, das schon zu seinen Lebzeiten fühlbar wird und in seiner Tragweite nicht nur den Nachlaß berührt. So fehle zum Beispiel auf seiten des Versprechensempfängers jedes Opfer, und es liege eine glatte Umgehung der erbrechtlichen Vorschriften vor, wenn[221] jemand ein Sparguthaben mit der Bestimmung einzahle, es solle nach seinem Tode einem Dritten ausgezahlt werden, sofern sich der Sparer zu Lebzeiten die Befugnis vorbehalte, Kapital und Zinsen ohne Zustimmung des Bedachten abzuheben und darüber zu verfügen. Eine Umgehung sei erst recht dann anzunehmen, wenn[222] der Vertragsgegner lediglich als Bote nach dem Tode des Versprechensempfängers einem Dritten Wertpapiere überbringen soll, die dem Boten zwar ausgehändigt, aber nicht übereignet worden sind.

Demgegenüber liege kein Grund vor, bei einem Lebensversicherungsvertrag auf den Todesfall die Beachtung erbrechtlicher Vorschriften zu verlangen. Denn der Versicherungsnehmer müsse sich den Anspruch auf die Versicherungssumme mit lebzeitigen Vermögensopfern erkaufen. Die gleiche Situation sei gegeben, wenn sich jemand von seiner Bank versprechen läßt, nach seinem Tode einem Dritten eine bestimmte Geldsumme zu zahlen[223], da er ja gleichzeitig für diesen Betrag belastet werde.

---

[218] *Staudinger-Boehmer*, Einleitung § 27 Randnrn. 6—12; Grundlagen II 2, 92 f. *Boehmer* plädiert zwar dafür, „kleinere Zuwendungen" auf den Todesfall formlos zuzulassen (ZAkDR 1939, 610; Grundlagen II 2, 85 f.), bezweifelt aber mit Recht selbst, daß eine solche Differenzierung de lege lata zulässig ist (dies übersieht *Köster*, 17, bei ihrer Kritik der Auffassung *Boehmers*).

[219] *Staudinger-Lehmann*, Vorbemerkungen vor § 1937, Randnr. 14.

[220] *Lehmann* spricht hier zu eng nur von letztwilliger Verfügung.

[221] Wie es in RGZ 106, 1 ff. der Fall war.

[222] Wie es im sogenannten „Bonifazius-Fall" (RGZ 83, 223 ff.) geschehen war.

[223] Vgl. RGZ 88, 137 ff.

Die Anwendbarkeit erbrechtlicher Vorschriften auf den Vertrag zugunsten Dritter auf den Todesfall kann man jedoch nicht davon abhängig machen, ob der Versprechensempfänger die Zuwendung an den Dritten durch ein Vermögensopfer erkauft. Denn einmal stellt die Begünstigung des Dritten im Falle des § 331 I eine Zuwendung von Todes wegen besonderer Art dar. Auf das Kriterium, ob der Versprechensempfänger (Erblasser) die Zuwendung „erkauft" oder unentgeltlich vornimmt, kann es mithin nicht ankommen; denn Zuwendungen von Todes wegen sind nur in der Regel, nicht aber notwendigerweise unentgeltlich. Außerdem ist es nicht richtig, bei einer Lebensversicherung die Prämien als das lebzeitige „Vermögensopfer" des Versprechensempfängers anzusehen, durch das dieser die Begünstigung des Dritten „erkauft". Denn der Versicherungsnehmer ist zur Prämienzahlung auch dann verpflichtet, wenn er jegliche Drittbegünstigung unterläßt. Abgesehen davon fehlt es auch hinsichtlich der Zuwendung des Anspruches auf die Versicherungssumme im Wege des Vertrages zugunsten Dritter auf den Todesfall an einem „Vermögensopfer" des Versprechensempfängers zu Lebzeiten. Denn der Dritte erwirbt den besagten Anspruch gemäß § 331 I erst mit dem Tode des Versprechensempfängers, und außerdem kann dieser die Begünstigung des Dritten jederzeit rückgängig machen (§ 166 I VVG).

Man kann im übrigen den Vertrag zugunsten Dritter auf den Todesfall (§ 331 I) nicht als Umgehung der Formvorschriften der §§ 518 I, 2301 bezeichnen, weil das Gesetz ihn ja ausdrücklich zuläßt[224]. Das Gesetz umgeht sich nicht selbst.

G. Die analoge Anwendung von Vorschriften über das Vermächtnis auf die Begünstigung des Dritten

Dogmatisch ist, wie schon bemerkt, in der Fremdklausel bei einem Vertrag nach § 331 I eine Zuwendungsform von Todes wegen besonderer Art zu sehen[225]. Gleichwohl hat das Gesetz die Zuwendung nicht den Re-

---

[224] RGZ 80, 175 (177); 88, 137 (138); 106, 1 (2) unter Aufgeben der in RGZ 98, 278 (281) geäußerten Bedenken; BGHZ 8, 23 (31 f.); BGH NJW 1965, 1913 (1914); BGHZ 46, 198 (201 f.); *Eike von Hippel*, NJW 1966, 867 f. (analoge Anwendung der §§ 2078, 2079). Ebenso *Endemann* III 1, 218; *Oertmann*, A. 5 zu § 331; *Bartholomeyczik*, Erbeinsetzung, 188 ff. mit ausführlicher Begründung; *König*, 50 A. 50; *von Ahlefeldt*, 30 f.; *Gieben*, 68; *Giesen*, 118 f.; *Wieacker*, Festschrift für H. Lehmann I, 272; *Esser*, § 88, 2, S. 410; *Boller*, 99 ff.

[225] Die Typenzahl der *Zuwendungen* von Todes wegen ist also angesichts des § 331 I nicht, wie bisweilen behauptet wird (*Planck-Flad*, Vorbemerkung IX 1 vor § 104; *Kühlmorgen*, 118 f.; *O. M. von Gierke*, 59 A. 261), auf Erbeinsetzungen und Vermächtnisse in der Form des Testaments oder Erbvertrages beschränkt.

geln des Erbrechts unterstellt. Diese Entscheidung des Gesetzgebers mag zwar systemwidrig sein und die Harmonie des Ganzen stören. Die Wissenschaft ist jedoch an die Rechtsfolgeanordnungen des Gesetzes gebunden und hat die Erfordernisse zu respektieren, die das Gesetz an die Wirksamkeit eines Tatbestandes stellt.

Das hindert Wissenschaft und Praxis jedoch nicht, einzelne Vorschriften des Vermächtnisrechts auf die Drittbegünstigung nach § 331 I *analog* anzuwenden[226]. Denn es hat sich herausgestellt, daß die Begünstigung des Dritten bei Verträgen nach § 331 I vieles mit dem Vermächtnis, insbesondere mit einem Vermächtnis der in § 2169 III geregelten Art, gemeinsam hat. Das Recht des Dritten auf die Leistung entsteht ebenso wie die Vermächtnisforderung erst mit dem Tod des Erblassers, wenn der Bedachte dann noch lebt (§ 331 I; §§ 2160, 2176). In beiden Fällen ist der Rechtserwerb von einer Mitwirkung, ja selbst vom Wissen des Begünstigten unabhängig. Ebenso wie der Vermächtnisnehmer zur Ausschlagung berechtigt ist (§§ 2180, 1953 I), kann der begünstigte Dritte den Rechtserwerb zurückweisen (§ 333). In beiden Fällen braucht die begünstigte Person beim Erbfall noch nicht geboren, sogar nicht einmal erzeugt zu sein (§ 331 II; §§ 2177—2179)[227].

Auch der Umstand, daß beim Vertrage zugunsten Dritter der Leistungsgegenstand regelmäßig nicht zum Vermögen des Versprechensempfängers gehört, begründet angesichts des § 2169 III keinen Unterschied zum Vermächtnis[228].

Da das Gesetz jedoch trotz der Gleichheit der Rechtslage mit dem Vermächtnis auf die Fremdklausel die Anwendung erbrechtlicher Vorschriften nicht angeordnet hat, liegt eine durch Rechtsanalogie auszufüllende Lücke vor[229]. Diese Lücke muß in der Weise geschlossen werden, daß man die Forderung auf den Leistungsgegenstand, die der Dritte mit dem Erbfall gemäß § 331 I außerhalb des Erbrechts erwirbt, dem Nachlaß hinzurechnet, sie dem Zugriff der Gläubiger im Wege der Singular- oder

---

226 *Hellwig*, 357 ff.; *von Tuhr*, KritVSchr. 43, 569 f.; *Bartholomeyczik* a.a.O. 193 f.; *Schaefer*, 48 ff.; *Boller*, 112 ff.; *Bartetzko*, 24; *F. Leonhard*, A. I B zu § 2147, A. VII zu § 2301, will die analoge Anwendung von Vermächtnisregeln auf den Vertrag zugunsten Dritter auf den Todesfall „auf die Personen und den Umfang der Zuwendung beziehen", insbesondere auf die Auslegungsregeln der §§ 2066 ff., 2077. Gegen analoge Anwendung von Erbrechtsregeln *Breetzke*, 70 ff.

227 Zur Übereinstimmung von Drittbegünstigung und Vermächtnis vgl. *Hellwig*, 261 f.; *Boehmer*, Reichsgerichtspraxis II, 312; *Kühlmorgen*, 119 ff.

228 Das verkennt *Giesen*, 89.

229 Vgl. *Heck*, Schuldrecht, 299. Zu den Voraussetzungen der Rechtsanalogie *Enneccerus-Nipperdey*, § 58 I und II, S. 336 ff. — Obwohl die Fremdklausel eine Zuwendung von Todes wegen darstellt, scheidet eine direkte Anwendung des § 3 a AnfG, § 222 KO aus; denn es handelt sich um eine einseitige Zuwendung von Todes wegen *besonderer Art*.

Universalvollstreckung zugänglich macht und dem Pflichtteilsrecht unterstellt[230]. Der andere Weg, die Drittbegünstigung der Gläubigeranfechtung bei Rechtsgeschäften unter Lebenden (§ 3 Anfechtungsgesetz, §§ 29 ff. KO) zu unterwerfen[231], ist nur dann zu beschreiten, wenn die Voraussetzungen für eine solche Anfechtung im *Grundvertrag* gegeben sind. Denn die Fremdklausel ist dessen *Bestandteil* und nimmt insoweit an dessen rechtlichem Schicksal teil. Bei einem Lebensversicherungs-, Gutsübernahme- oder Kaufvertrag zugunsten Dritter nach § 331 I werden die Erfordernisse für eine Gläubigeranfechtung nur selten vorliegen. Es kommt vielmehr lediglich eine Gläubigeranfechtung in analoger Anwendung des § 3a AnfG, § 222 KO in Betracht. Denn wenn eine Anfechtung dann eingreift, falls der Erbe vor Eröffnung des Konkursverfahrens Vermächtnisse erfüllt, so muß sie umsomehr zugelassen werden, wenn der Begünstigte — anders als im Falle des § 2169 III — die Forderung auf den fremden Leistungsgegenstand ohne eine Abtretung durch den Erben mit dem Tode des Versprechensempfängers von selbst erwirbt.

---

230 *Heck* a.a.O.

231 Vgl. *Hellwig*, 366 ff.; *Josef*, IherJahrb. 66, 36 ff.; *Bartholomeyczik*, Erbrecht, § 59 IV 4, S. 393; *Erman-Hense*, A. 4 zu § 2301; *Palandt-Keidel*, A. 4 a zu § 2301; *Staudinger-Boehmer*, Einleitung § 27, Randnr. 11; *Wussow*, NJW 1964, 1259 ff.; *Hinz*, JuS 1965, 300 ff.

Zusammenfassung

Am Ende dieser Studie angelangt, bleibt nunmehr die eingangs aufgeworfene Frage zu beantworten, ob nach der Systematik des Bürgerlichen Gesetzbuches überhaupt Raum ist für eine eigenständige Zuwendungsart, die man im allgemeinen mit dem den Titel dieser Schrift bildenden Ausdruck zu bezeichnen pflegt. Die Frage muß verneint werden. Sowohl die Schenkung von Todes wegen als auch der Vertrag zugunsten Dritter auf den Todesfall gehören ihrer rechtlichen Struktur nach entweder zu den Geschäften inter vivos oder zu denen mortis causa. Tertium non datur. Wie sich herausgestellt hat, bildet die donandi causa vollzogene Handschenkung unter der Bedingung, daß der Beschenkte den Schenker überlebt (§ 2301 II), eine Zuwendung unter Lebenden. Der Tatbestand des § 2301 I dagegen weist de lege lata aufgrund der durch das Gesetz selbst vorgenommenen Umdeutung den Charakter einer Zuwendung von Todes wegen auf, und zwar entweder den einer Erbeinsetzung oder den eines Vermächtnisses. Auch bei dem Vertrag zugunsten Dritter auf den Todesfall (§ 331) handelt es sich um eine Zuwendung mortis causa. Aus Gründen, die an dieser Stelle nicht wiederholt zu werden brauchen, liegt hier allerdings eine einseitige Zuwendung von Todes wegen besonderer Art vor.

Der Begriff „Zuwendungen unter Lebenden auf den Todesfall", der den Anschein erweckt, als habe man es mit einem Rechtsinstitut zu tun, das auf der Grenze steht zwischen den negotia inter vivos und denen mortis causa, hat sich als ungenau und irreführend, wissenschaftlich mithin als wertlos erwiesen. Jedes Zuwendungsgeschäft stellt sich entweder als ein solches unter Lebenden oder von Todes wegen dar, was sich im Einzelfall stets danach bestimmt, welche Rechtsfolgen es nach dem von den Beteiligten zulässigerweise erklärten Willen nach sich ziehen soll.

Literaturverzeichnis

Aberer, Horst, Können nach heutigem Recht Verfügungen von Todes wegen ohne Beobachtung der im Bürgerlichen Gesetzbuch bestimmten Formvorschriften getroffen werden?, Diss. Köln 1929.

Aboucaya, Claude, Les différentes conceptions de la donatio mortis causa chez les romanistes médiévaux, Revue historique de droit français et étranger (RHDE) 1966, 378 ff.

— Les applications de la donatio mortis causa dans les pays de droit écrit et de coutumes du XVIe siècle aux ordonnances du Chancelier Daguesseau, Tijdschrift voor Rechtsgeschiedenis, Revue d'Histoire du Droit (Tijdschr.) 35, 1967, 1 ff.

Aeby, P., La donation à cause de mort sous forme d'une donation affectée de la clause de retour, Diss. Freiburg/Schweiz 1910.

von Ahlefeldt, Friedrich, Der Vertrag zugunsten Dritter unter besonderer Berücksichtigung der Rechtsprechung, Diss. Heidelberg 1938.

Amelotti, Mario, La ‚donatio mortis causa' in diritto romano, Milano 1953.

— Artikel „donatio mortis causa", Novissimo Digesto Italiano (NNDI), Band VI, Torino 1960, 222 ff.

— Artikel „Donazione mortis causa, a) diritto romano", Enciclopedia del diritto, Band XIII, 1964, 1000 ff.

Archi, Gian Gualberto, L'evoluzione della donazione nell' epoca postclassica, Revue internationale des Droits de l'Antiquité (RIDA) 5, 1958, 391 ff.

Arias Bonet, Juan A., Besprechung von Pascal Simonius, Die Donatio Mortis Causa im klassischen römischen Recht, Basel 1958, IVRA (Rivista internazionale di diritto romano e antico) 10, 1959, 249 ff.

Arndts R. v. Arnesberg, L., Lehrbuch der Pandekten, 14. Aufl., nach des Verfassers Tode besorgt von L. Pfaff u. F. Hofmann, Stuttgart 1889.

Bachmann, Robert, Das Recht aus einem Vertrage zugunsten Dritter und seine Zurückweisung seitens des Dritten, Diss. Rostock 1906.

Bähr, Otto, Über die Verträge zugunsten Dritter und über die Schuldübernahme, Archiv für die civilistische Praxis (AcP) 67, 1884, 157 ff.

— Urteile des Reichsgerichts mit Besprechungen, München - Leipzig 1883.

— Über die s. g. Verträge zu Gunsten Dritter, Iherings Jahrbücher 6, 1863, 131 ff.

Bärmann, Johannes, Anmerkung zum Beschluß des OLG Celle vom 7. 2. 1963, Neue Juristische Wochenschrift 1964, 53 f.

Barilleau, Des donations à cause de mort, Diss. Poitiers 1878.

Baron, J., Pandekten, 9. Auflage, Leipzig 1896.

Bartetzko, Hans, Die rechtliche Beurteilung des Lebensversicherungsvertrages zugunsten eines Dritten im Verhältnis zwischen dem Versicherungsnehmer und dem Dritten, Diss. Rostock 1906.

Bartholomeyczik, Horst, Erbeinsetzung, andere Zuwendungen und Erbschein, 5. Denkschrift des Erbrechtsausschusses der Akademie für Deutsches Recht, Tübingen 1942.

— Erbrecht, ein Studienbuch, 7. Aufl., München - Berlin 1965.

— Erläuterungen zu den §§ 1922 bis 2063, 2303 bis 2385 BGB in *Erman* (s. dort).

Baxmann, Otto, Die Bedeutung des Innenverhältnisses zwischen Versprechensempfänger und Drittem beim Vertrage zugunsten Dritter, Diss. Göttingen 1935.

Behrend, Richard, Lebensversicherung und Gläubiger, II. Die Versicherung zugunsten der Erben, Leipziger Zeitschrift für Handels-, Konkurs- und Versicherungsrecht 1907, Spalten 872 ff.; III. Der Konkurs des Versicherungsnehmers, Leipziger Zeitschrift für Handels-, Konkurs- und Versicherungsrecht 1908, Spalten 125 ff.

Bekker, Ernst Immanuel, System des heutigen Pandektenrechts, Band II, Weimar 1889.

Berliner, o. V., Die Lebensversicherung zugunsten Dritter, Leipziger Zeitschrift für Handels-, Konkurs- und Versicherungsrecht 1909, Spalten 115 ff., 198 ff., 283 ff., 366 ff.

Beseler, Gerhard, Romanistische Studien, Studi in onore di Salvatore Riccobono, Band I, Palermo 1936, 285 ff.

Binder, Julius, Erbrecht, 2. Aufl., Berlin 1930.

Biondi, Biondo, Appunti intorno alla donatio mortis causa nel diritto romano, Annali della Facoltà di giurisprudenza dell'Università di Perugia 1914, 188 ff. = Scritti giuridici, Band III, Milano 1965, 735 ff.

Blomeyer, Arwed, Allgemeines Schuldrecht, 3. Aufl., Berlin - Frankfurt am Main 1964.

— Der unbestimmte Gläubiger, Festschrift für Ernst Rabel, Band I, Tübingen 1954.

— Studien zur Bedingungslehre, zwei Bände, Berlin - Leipzig 1939.

Böhle-Stamschräder, Aloys, Erläuterungen zu den §§ 433—534, in *Erman* (s. dort).

Boehm, J., Das Erbrecht des Bürgerlichen Gesetzbuches, 2. Aufl., Hannover 1900.

Boehmer, Gustav, Einführung in das Bürgerliche Recht, 2. Aufl., Tübingen 1965.

— Einleitung zum Erbrecht und Erläuterungen zu § 1922 BGB, in *Staudinger* (s. dort).

— Entgeltliche Erbverträge, Festschrift für Heinrich Lehmann zum 80. Geburtstag, Band I, Berlin - Tübingen - Frankfurt am Main 1956.

— Grundlagen der bürgerlichen Rechtsordnung, Zweites Buch, zweite Abteilung, Tübingen 1952.

— „Schenkungen von Todes wegen“ und „Schenkungen unter Lebenden“ (§ 2301 BGB), Zeitschrift der Akademie für Deutsches Recht 1939, 610 ff.

— Der Übergang des Pflichtlebens des Erblassers auf den Erben, Reichsgerichtsfestgabe: Die Reichsgerichtspraxis im deutschen Rechtsleben, Band III, Berlin - Leipzig 1929.

Boller, Erich, Zuwendungen von Todes wegen durch Rechtsgeschäfte unter Lebenden, Diss. Köln 1958.

Bonfante, Pietro, Lucri a causa di morte, Varallo Sesia 1915.

Borgmann, Erwin, Die Lebensversicherung zugunsten Dritter als Kreditmittel, insbesondere der Widerruf der Bezugsberechtigung, Diss. Köln 1935.

Brecher, Bernhard, Die Interessenconflicte bezüglich der Lebensversicherungssumme (Separatabdruck aus der „Allgemeinen Österreichischen Gerichts-Zeitung"), Wien 1902.

Breetzke, Ernst, Die Zulässigkeit des Vertrages zugunsten Dritter von Todes wegen, Diss. Greifswald 1924.

Brinz, Alois, Lehrbuch der Pandekten, 2. Auflage, Band II, Erlangen 1879; Band III, Erlangen 1886; Band IV (nach dem Tode des Verfassers besorgt von Philipp *Lotmar*), Erlangen - Leipzig 1892.

Brode, Heinrich, Über das Verhältnis der reinen Schenkung zur Schenkung von Todeswegen und zur sogenannten remuneratorischen Schenkung, Diss. Greifswald 1897.

Brox, Hans, Erbrecht, Köln - Berlin - Bonn - München 1966.

Bruck, Eberhard Friedrich, Besprechung von Stanislao Cugia, Indagini sulla dottrina della causa del negozio giuridico: l'espressione „mortis causa", diritto romano classico e giustineaneo, Napoli 1910, Zeitschrift der Savigny-Stiftung für Rechtsgeschichte, Romanistische Abteilung (ZSSt.) 33, 1912, 569 ff.

— Zur Entwicklungsgeschichte der Testamentsvollstreckung im römischen Recht, Zeitschrift für das Privat- und Öffentliche Recht der Gegenwart (GrünhutsZ) 40, 1914, 533 ff.

— Die Schenkung auf den Todesfall im griechischen Recht bis zum Beginn der hellenistischen Epoche zugleich ein Beitrag zur Geschichte des Testaments, Breslau 1909.

Bruck, Ernst, *Dörstling*, Theodor, Das Recht des Lebensversicherungsvertrages, 2. Auflage, Mannheim - Berlin - Leipzig 1933.

Bürkner, Ernst, Die unwiderrufliche Begünstigung in der Lebensversicherung, Leipziger Zeitschrift für Handels-, Konkurs- und Versicherungsrecht 1910, Spalten 845 ff.

— Die Versicherung auf das Leben eines Dritten, Zeitschrift für die gesamte Versicherungs-Wissenschaft 1911, 808 ff.

Büsselberg, Wolfgang, Anmerkung zum Urteil des BGH vom 29. 1. 1964 (NJW 1964, 1124), Neue Juristische Wochenschrift 1964, 1952.

Bund, Elmar, Untersuchungen zur Methode Julians, Köln - Graz 1965.

Carcaterra, Antonio, Le definizioni dei giuristi romani, Napoli 1966.

Cohen, Alfred, Die Lehre des römischen Rechts von der Schenkung von Todes wegen, Diss. München 1878.

Cohen, Robert, Die Verträge zu Gunsten Dritter, Diss. Rostock 1891.

Coing, Helmut, Erläuterungen zu den §§ 1 bis 240 BGB, in *Staudinger* (s. dort).

— s. *Kipp*, Theodor.

— Die Frankfurter Reformation von 1578 und das Gemeine Recht ihrer Zeit, Weimar 1935.

Coli, Ugo, Lo sviluppo delle varie forme di legato nel diritto romano, Roma 1920.

Constam, H., Die rechtliche Stellung der Gläubiger des Versicherten im Lebensversicherungsvertrage zugunsten Dritter, Diss. Zürich 1909.

Cosack, Konrad, *Mitteis*, Heinrich, Lehrbuch des Bürgerlichen Rechts, Band I: Die allgemeinen Lehren und das Schuldrecht, 8. Auflage, Jena 1927.

Cosack, Konrad, Lehrbuch des Bürgerlichen Rechts, Band II, Abteilung II: Gemeinschaftsrecht, Familienrecht, Erbrecht, 7. u. 8. Aufl., Jena 1924.

Crome, Karl, System des Deutschen Bürgerlichen Rechts, Fünfter (Schluß-) Band, Erbrecht, Tübingen 1912.

Cugia, Stanislao, Indagini sulla dottrina della causa del negozio giuridico: l'espressione „mortis causa", diritto romano classico e giustineaneo, Napoli 1910.

Danckelmann, Bernhard, Erläuterungen zu den §§ 1 bis 432 BGB, in *Palandt*, Bürgerliches Gesetzbuch, 25. Aufl., München - Berlin 1966.

Danz, Erich, Die Auslegung der Rechtsgeschäfte, 3. Aufl., Jena 1911.

— Lebensversicherung „zugunsten der Erben", Das Recht 1905, 89 ff.

Denkschrift zum Entwurf eines Bürgerlichen Gesetzbuchs nebst drei Anlagen (ergänzt durch Hinweise auf die Beschlüsse des Reichstages sowie auf die Paragraphen des Bürgerlichen Gesetzbuchs und seiner Nebengesetze von H. Jäntsch), Berlin 1899.

Dernbach, Lothar, Die dingliche Sicherung erbrechtlicher Ansprüche, Diss. Frankfurt am Main 1954.

Dernburg, Heinrich, Das bürgerliche Recht des Deutschen Reichs und Preußens, Band I, Die allgemeinen Lehren, 3. Aufl., Halle 1906.

— Deutsches Erbrecht, 3. Aufl., bearbeitet von Arthur *Engelmann*, Halle 1911.

— Pandekten, Band II, 7. Aufl., Berlin 1903.

— Lehrbuch des Preußischen Privatrechts, Band III, 4. Aufl., Halle 1896.

— System des Römischen Rechts, Der Pandekten 8. Aufl., bearbeitet von Paul *Sokolowski*, Teil II, Berlin 1912.

Dette, Paul, Anordnung des letzten Willens in einem Vertrage zugunsten eines Dritten von Todes wegen, Diss. Erlangen 1936.

Dietz, Rolf, Erbrecht, Ein Grundriß, Bonn 1949.

Dilcher, Hermann, Der Widerruf wechselbezüglicher Verfügungen im gemeinschaftlichen Testament, Juristische Schulung 1961, 20 ff.

Dittmann, Ottmar, Erläuterungen zu den §§ 2197 bis 2228, 2265 bis 2302 BGB, in *Staudinger* (s. dort).

Dniestrzanski, Stanislaus, Die Aufträge zugunsten Dritter, Band I: Grundlegung, Leipzig 1904.

Dörstling, Theodor, Anwartschaft oder Recht des Begünstigten, Zeitschrift für Versicherungswesen 1917, 172 f.

— Zession und Begünstigung in der Lebensversicherung, Zeitschrift für Versicherungswesen 1915, 213 f.

Dorow, Georg, Letztwillige Zuwendungen durch Rechtsgeschäfte unter Lebenden (§ 2301 und § 331 BGB), Diss. Marburg 1939.

Draeger, Max, Haben bei der Lebensversicherung zugunsten eines Dritten die Nachlaßgläubiger einen Zugriff auf die Versicherungssumme?, Diss. Greifswald 1909.

Ebbecke, Verfügungen von Todes wegen, Das Recht 1916, 233 ff., 333 ff.

Ebmeyer, Kurt, Liegt bei der Lebensversicherung zugunsten eines Dritten eine Verfügung von Todes wegen oder eine Schenkung unter Lebenden vor?, Diss. Leipzig 1908.

Eckstein, Ernst, Anfechtung einer Schenkung durch Zahlung, Sicherung und Übernahme fremder Schulden und durch Verträge auf Leistung an Dritte, insbesondere durch Lebensversicherungsverträge, innerhalb und außerhalb des Konkurses, Zeitschrift für Deutschen Zivilprozeß 41, 1911, 67—114.

— Zur Auslegung des § 331 BGB. Zugleich ein Beitrag zur Lehre von den Verträgen auf Leistung an Dritte, insbesondere Lebensversicherungsverträgen auf den Todesfall. Gruchots Beiträge zur Erläuterung des Deutschen Rechts 55, 1911, 751 ff.

Ehard und *Eder*, Erläuterungen zu den §§ 1922 bis 2385 BGB, in *Soergel-Siebert* (s. dort).

Ehlers, J., Anmerkung zum Urteil des OLG Stuttgart vom 15. 6. 1949 (JR 1949, 383), Juristische Rundschau 1950, 86 f.

Ehrenberg, Victor, Über einige wichtige Fragen der Lebensversicherung, Das Recht 1911, 4 ff.

— Wichtige Probleme des Lebensversicherungsrechtes. Insbesondere der Anspruch auf die Lebensversicherungssumme. Mit Rücksicht auf das BGB erörtert. Iherings Jahrbücher 41, 1900, 341 ff.

Ehrenzweig, A., Die Schenkung auf den Todesfall, Festschrift zur Jahrhundertfeier des Allgemeinen Bürgerlichen Gesetzbuches (1. 6. 1911), Teil II, 625 ff., Wien 1911.

— System des österreichischen allgemeinen Privatrechts, Band II, 2. Hälfte: Familien- und Erbrecht, 2. Aufl., Wien 1937.

Ehrhardt, Arnold, Iusta causa traditionis, Berlin - Leipzig 1930.

Emminghaus, R., Die Ansprüche der Ehefrau an der Lebensversicherungssumme des Ehemannes im Todesfalle und im Nachlaß-Konkurs. Gibt es ein Eintrittsrecht der Frau im letzteren Falle?, Leipziger Zeitschrift für Handels-, Konkurs- und Versicherungsrecht 1907, Spalten 29 ff.

— Die Lebensversicherung zugunsten Dritter; Schenkung?, Leipziger Zeitschrift für Handels-, Konkurs- und Versicherungsrecht 1909, Spalten 454 f.

Endemann, Friedrich, Grundrisse der Rechtswissenschaft, Band 5, Erbrecht des Bürgerlichen Gesetzbuches, Berlin - Leipzig 1923.

— Lehrbuch des Bürgerlichen Rechts, 8. u. 9. Aufl., Band I, Berlin 1903; Band III: Erbrecht, 1. Hälfte, Berlin 1919; 2. Hälfte, Berlin 1920.

Engelmann, Arthur, Das Bürgerliche Recht Deutschlands, 6. Aufl., Berlin 1913.

Enneccerus, Ludwig, Allgemeiner Teil des Bürgerlichen Rechts, 15. Bearbeitung von Hans Carl *Nipperdey*, 1. Halbband, Tübingen 1959; 2. Halbband, Tübingen 1960.

— Recht der Schuldverhältnisse, 15. Bearbeitung von Heinrich *Lehmann*, Tübingen 1958.

— Rechtsgeschäft, Bedingung und Anfangstermin, Band I und II, Marburg 1888/89.

Erman, Walter, Handkommentar zum Bürgerlichen Gesetzbuch, zwei Bände, 3. Aufl., Münster/Westf. 1962.

Escher, A., Kommentar zum Schweizerischen Zivilgesetzbuch, Band III: Erbrecht, 3. Aufl., bearbeitet von Arnold Escher, Zürich 1959.

Esser, Josef, Schuldrecht, 2. Aufl., Karlsruhe 1960.

Ettlinger, Rosi, Das mandatum post mortem (Die Vornahme formell atypischer Verfügungen von Todes wegen unter Verwendung einer Hilfsperson), Diss. Hamburg 1933.

Eule, Erich, Die über den Tod des Machtgebers erteilte Vollmacht, Diss. Halle 1933.

Ewers, Heinz Werner, Der Vertrag zugunsten eines Dritten in dem Anwendungsfalle des § 331 Abs. 1 BGB: Ein Rechtsgeschäft auf den Todesfall ohne erbrechtlichen Inhalt, Diss. Erlangen 1934.

Eylenburg, Richard, Die Rechte des Versprechensempfängers aus Verträgen an Dritte, Diss. Breslau 1909.

Fabricius, Fritz, Besprechung von Kipp-Coing, Erbrecht, 12. Bearbeitung 1965, Zeitschrift für das gesamte Familienrecht 1967, 59 ff.

Ferid, Murad, s. *Staudinger*.

Fikentscher, Wolfgang, Das Schuldrecht, Berlin 1965.

Finger, Hans-Joachim, Die Umgestaltung nichtiger Rechtsgeschäfte (§ 140 BGB), Berlin 1932.

von Fischer, Beat, Die Schenkung von Todes wegen nach dem Schweizer Zivilgesetzbuch, Diss. Bern 1927.

Fischer, Kurt, Die postmortale Vollmacht, Diss. Hamburg 1949.

Fischer, Otto, Lehrbuch des preußischen Privatrechts, Berlin - Leipzig 1887.

Flad, F., Erläuterungen zu den §§ 104—185, 1922—2031, 2064—2228, in *Planck* (s. dort).

Flume, Werner, Allgemeiner Teil des Bürgerlichen Rechts, Band II: Das Rechtsgeschäft, Berlin - Heidelberg - New York 1965.

Förster, Franz, Preußisches Privatrecht, Band II, 7. Aufl. bearbeitet von M. *Eccius*, Berlin 1896.

Förtsch, Vergleichende Darstellung des Code Civil und des Bürgerlichen Gesetzbuchs für das Deutsche Reich, Berlin 1897.

Fricke, Gerhard, Das Verhältnis der Verträge nach § 331 BGB zu den Verfügungen von Todes wegen unter besonderer Berücksichtigung des Lebensversicherungsvertrages und des Depotvertrages zugunsten Dritter, Leipzig 1934.

Fuld, L., Das Bürgerliche Gesetzbuch und die Lebensversicherung zugunsten Dritter, Zeitschrift für Versicherungsrecht und -Wissenschaft 1898, 456 ff.

Gast, Ellen, Obligatorische Verträge zu Rechten Dritter, Diss. Marburg 1933.

Geginat, Kurt, Die Grenzen der sogenannten Privatautonomie bei den berechtigten Verträgen zugunsten Dritter, Diss. Heidelberg 1936.

Geister, Paul, Liegt bei der Lebensversicherung zugunsten Dritter eine Verfügung von Todes wegen oder eine Schenkung unter Lebenden vor?, Diss. Greifswald 1905.

Georgi, Rudolf, Verträge zugunsten Dritter. Ihre geschichtliche Entwicklung in der neueren Doktrin und Gesetzgebung und ihre Regelung im Bürgerlichen Gesetzbuch für das Deutsche Reich, Diss. Tübingen 1900.

Gieben, Heinrich, Der Vertrag zugunsten Dritter in seiner Anwendung auf das mandatum post mortem als neues Mittel zur Verwirklichung des letzten Willens, Diss. Freiburg i. Br. 1906.

von Gierke, Otto Max, Der Lebensversicherungsvertrag zugunsten Dritter nach deutschem und ausländischem Recht (Beiheft 7 der „Zeitschrift für das gesamte Handelsrecht und Konkursrecht"), Stuttgart 1936.

Giesen, Georg, Inwieweit können durch Rechtsgeschäfte unter Lebenden unentgeltliche Zuwendungen auf den Todesfall gemacht werden, die erst mit oder nach dem Tode des Zuwendenden wirksam werden?, Diss. Freiburg i. Br. 1950.

Glasson, E., Etudes sur le donations à cause de mort, Paris 1870.

Gössmann, Alexander, Die Bezeichnung des Bezugsberechtigten bei der Lebensversicherung auf den Todesfall, Diss. Würzburg 1909.

Gradenwitz, Otto, Wort-Verzeichnis zum Bürgerlichen Gesetzbuch, Berlin 1902.

Gramm, Hans, Erläuterungen zu den §§ 433—853, in *Palandt*, 25. Auflage (s. dort).

Greiff, M., Erläuterungen zu den §§ 2265—2385, in *Planck* (s. dort).

Griesche, Kurt, Verträge zugunsten Dritter. Bedeutung und Geltung in Rechtslehre und Praxis, Diss. Göttingen 1926.

Gruchot, J. A., Glossen zum Allgemeinen Landrecht, Gruchots Beiträge zur Erläuterung des Preußischen Rechts 13, 1869, 779 ff.

Grünmann, Paul, Die Verträge zu Rechten Dritter auf den Todesfall, insbesondere in ihrem Verhältnis zu den Gläubigern des Versprechensempfängers, Diss. Leipzig 1935.

Grützmann, Paul, Lehrbuch des Königlich Sächsischen Privatrechts, Band II, Leipzig 1889.

Guisan, François, Recherche théorique de la limite entre le contrat et l'acte à cause de mort, 1934.

Haas, Walter, Zuwendungen von Todes wegen (!) durch Vertrag zu Rechten Dritter, Diss. Marburg 1929.

Hamelbeck, Bernhard, Schenkungsanfechtung in der Lebensversicherung, Neue Juristische Wochenschrift 1965, 955.

Hammerstein, Julius, Die Schenkung auf den Todesfall nach dem BGB, Diss. Erlangen 1905.

Hartmann, Fritz, Der Vertrag zu Rechten Dritter in Abgrenzung gegenüber ähnlichen Rechtsformen, Diss. Marburg 1935.

Hasse, J. C., Über Erbvertrag, Vertrag über fremde Erbschaft, Schenkung Todes halber und wechselseitiges Testament, Rheinisches Museum für Jurisprudenz 2, 1828, 149 ff., 300 ff.

Hausmann, Die Begünstigungsklausel beim Lebensversicherungsvertrage im Lichte und Dunkel der Praxis, Zeitschrift für Versicherungswesen 1918, 291 f.

Haymann, Franz, Anmerkung zum Urteil des Reichsgerichts vom 25. 11. 1932, Juristische Wochenschrift 1933, 770 ff.

— Zur lex 42 pr. D. de mortis causa donationibus, 39, 6, Zeitschrift der Savigny-Stiftung für Rechtsgeschichte, Romanistische Abteilung (ZSSt.) 38, 1917, 209 ff.

Heck, Philipp, Anmerkung zum Urteil des Reichsgerichts vom 22. 3. 1932, Juristische Wochenschrift 1932, 2517 ff.

— Die Beseitigung der Schenkung auf den Todesfall in dem Entwurfe eines Bürgerlichen Gesetzbuchs (Vortrag), wiedergegeben im 31. Jahresbericht über die Wirksamkeit der Juristischen Gesellschaft Berlin, 1889/90, S. 69 f.

— Grundriß des Schuldrechts, Tübingen 1929.

— Interessenjurisprudenz, Gastvorlesung an der Universität Frankfurt a. M., gehalten am 15. 12. 1932, Recht und Staat, Heft 97, 1933.

— Die Lebensversicherung zugunsten Dritter — eine Schenkung auf den Todesfall, Berlin 1890.

Hefermehl, Wolfgang, Erläuterungen zu den §§ 145—163, in *Erman* (s. dort).

Heilmann, Zur Lehre vom ursprünglichen Rechtserwerb bei den Verträgen zugunsten Dritter, Zeitschrift für das Gesamte Handelsrecht und Konkursrecht 113, 1950, 87 ff.

— Zur Lehre vom Vertrage zugunsten Dritter, Zeitschrift für das Gesamte Handelsrecht und Konkursrecht 114, 1951, 15 ff.

Heimbach, Artikel: Schenkung auf den Todesfall, Todes wegen, Todes halber (mortis causa donatio), in: Rechtslexikon für Juristen aller teutschen Staaten enthaltend die gesamte Rechtswissenschaft, redigiert von Julius Weiske, Band IX, Leipzig 1855, S. 709 ff.

Heinz, Bruno, Die Vollmacht auf den Todesfall, Diss. München 1964.

Heldrich, Karl, Die Geltung der Vollmacht nach dem Tode des Vollmachtgebers, Iherings Jahrbücher 79, 1928/29, 315 ff.

Hellwig, Konrad, Die Verträge auf Leistung an Dritte, Leipzig 1899.

Hemmersbach, Anton, Die Generalvollmacht des Bürgerlichen Rechts nach dem Tode des Vollmachtgebers, Diss. Köln 1931.

Hengehold, Heinrich Felix, Die Lebensversicherung zugunsten Dritter nach bürgerlichem Recht, Diss. Leipzig 1903.

Henke, Horst-Eberhard, Bedingte Übertragungen im Rechtsverkehr und Rechtsstreit, Berlin - Köln 1959.

Henle, Rudolf, Lehrbuch des Bürgerlichen Rechts, I. Allgemeiner Teil, Berlin 1926; II. Schuldrecht, Berlin 1934.

Hense, Franz, Erläuterungen zu den §§ 2064 bis 2302 BGB, in *Erman* (s. dort).

Heusler, Andreas, Institutionen des Deutschen Privatrechts, Band II, Leipzig 1886.

Hieber, Hans, Sicherung eines erbvertraglichen Anspruchs durch Vormerkung, Deutsche Notar-Zeitschrift 1952, 432 ff.

Hinz, Manfred, Bankverträge zugunsten Dritter auf den Todesfall, Juristische Schulung 1965, 299 ff.

von Hippel, Eike, Rechtsgeschäfte unter Lebenden auf den Todesfall, Neue Juristische Wochenschrift 1966, 867 f.

von Hippel, Fritz, Formalismus und Rechtsdogmatik, Hamburg 1935.

Hölscher, Ernst, Der Vertrag zugunsten Dritter von Todes wegen, Diss. Köln 1931.

Hoffmann, Karl-Heinz, Der Vertrag (besonders der Lebensversicherungsvertrag) zugunsten Dritter von Todes wegen, eine Erbeinsetzung im Valutaverhältnis, Diss. Erlangen 1955.

— Der Vertrag zugunsten Dritter von Todes wegen, eine Erbeinsetzung im valutaverhältnis, Archiv für die civilistische Praxis 158, 1959/60, 178 ff.

Holthöfer, Sicherung des Vertragserben zu Lebzeiten des Erblassers, Juristische Rundschau 1955, 11 f.

Hornig, E., Erläuterungen zu den §§ 305—361, in *Schlegelberger-Vogels* (s. dort).

Hubernagel, Vermächtnis, Schenkung auf den Todesfall und Vertrag zugunsten Dritter, Deutsche Notar-Zeitschrift 1933, 459 ff.

Hübner, Heinz, s. *Lehmann*, Heinrich.

Hübner, R., Die donationes post obitum und die Schenkungen mit Vorbehalt des Nießbrauchs im älteren deutschen Recht, Breslau 1888.

Hübner, Rudolf, Grundzüge des Deutschen Privatrechts, 5. Auflage, Leipzig 1930.

Jörs, Paul, und *Kunkel*, Wolfgang, Römisches Privatrecht, 3. Auflage, Berlin - Göttingen - Heidelberg 1949.

Johannsen, Kurt Herbert, Erläuterungen zu den §§ 2064 bis 2146, 2265 bis 2273 BGB, in RGRK (s. dort).

Josef, Eugen, Die Anfechtung der Zuwendung bei der Lebensversicherung durch den Konkursverwalter, Iherings Jahrbücher 66, 1916, 30 ff.

— Erörterungen zu den Abfindungen bei bäuerlichen Gutsüberlassungsverträgen, Gruchots Beiträge zur Erläuterung des Deutschen Rechts 47, 1903, 481 ff.

— Lebensversicherung und Pflichtteilsergänzungsanspruch, Archiv für Bürgerliches Recht 42, 1916, 319 ff.

— Versprechen der Leistung an Dritte nach dem Tode des Versprechensempfängers, insbesondere bei der Lebensversicherung, Gruchots Beiträge zur Erläuterung des Deutschen Rechts 57, 1913, 564 ff.

Kaden, Erich-Hans, Besprechung von Pascal Simonius, Die Donatio Mortis Causa im klassischen römischen Recht, Basel 1958, Zeitschrift der Savigny-Stiftung für Rechtsgeschichte, Romanistische Abteilung (ZSSt.) 76, 1959, 621 ff.

Kämper, Emil, Der Vertrag zugunsten Dritter auf den Todesfall unter besonderer Berücksichtigung des Valutaverhältnisses, Diss. Köln 1964.

Karlowa, Otto, Das Rechtsgeschäft und seine Wirkung, Berlin 1877.

— Römische Rechtsgeschichte, Band II, Leipzig 1901.

Kaser, Max, Besprechung von Santi di Paola, Donatio mortis causa, Catania 1950, IVRA (Rivista Internazionale di diritto romano e antico) 2, 1951, 243 ff.

— Besprechung von Mario Amelotti, La ‚donatio mortis causa' in diritto romano, Milano 1953, Zeitschrift der Savigny-Stiftung für Rechtsgeschichte, Romanistische Abteilung (ZSSt) 71, 1954, 447 ff.

— Besprechung von Pascal Simonius, Die Donatio Mortis Causa im klassischen römischen Recht, Basel 1958, Tijdschrift voor Rechtsgeschiedenis, Revue d'Histoire du Droit (Tijdschr.) 27, 1959, 212 ff.

Kaser, Max, Das altrömische Ius, Göttingen 1949.

— Das römische Privatrecht, Erster Abschnitt: Das altrömische, das vorklassische und klassische Recht, München 1955; Zweiter Abschnitt: Die nachklassischen Entwicklungen, München 1959.

Keidel, Theodor, Erläuterungen zu den §§ 1922 bis 2385 BGB, in *Palandt*, 25. Aufl. (s. dort).

Kipp, Theodor, Lehrbuch des Bürgerlichen Rechts, Band V, Erbrecht, 8. Bearbeitung, Marburg 1930.

— Der Parteiwille unter der Herrschaft des deutschen Bürgerlichen Gesetzbuchs, Rede beim Antritt des Prorektorats der Friedrich-Alexander-Universität Erlangen, am 4. 11. 1899 gehalten, Erlangen 1899.

— Wer kann nach deutschem bürgerlichen Recht mit Vermächtnissen belastet werden?, Festschrift der II. Juristischen Fakultät der Universität Erlangen für Prinzregent Luitpold von Bayern, 107 ff., Erlangen 1901.

— Erbrecht, ein Lehrbuch, 12. Bearbeitung von Helmut *Coing*, Tübingen 1965.

Kirchmann, Karl, Die Lebensversicherung im Konkurse des Versicherungsnehmers, Leipziger Zeitschrift für Handels-, Konkurs- und Versicherungsrecht 1912, Spalten 614 ff.

— Wesen und Wirkung der unwiderruflichen Bezugsberechtigung beim Lebensversicherungsvertrag, Zeitschrift für die gesamte Versicherungs-Wissenschaft 1913, 449 ff.

Kirschbaum, Max, Der Vertrag zugunsten Dritter von Todes wegen, Diss. Heidelberg 1906.

Klima, J., Donatio mortis causa nach den akkadischen Rechtsurkunden aus Susa, Festschrift für J. Friedrich, 1959, 229 ff.

Kluckhohn, Wilhelm, Die Verfügungen zugunsten Dritter, München 1914.

Knoch, Armin, Die Stellung des begünstigten Dritten im Lebensversicherungsvertrag auf den Todesfall des Versicherungsnehmers, Diss. Heidelberg 1934.

Knur, Ernst, Ist die Anwendung der Vorschriften über gutgläubigen Erwerb ausgeschlossen, wenn eine Eigentumsübertragung unter Lebenden vorliegt, diese aber die Bedeutung einer vorweggenommenen Erbfolge hat?, Diss. Freiburg i. Br. 1934.

Koch, C. F., Das Preußische Erbrecht aus dem gemeinen deutschen Rechte entwickelt, Berlin 1866.

König, Johannes, Das mandatum post mortem, Diss. Bonn 1932.

Köppen, Albert, Lehrbuch des heutigen römischen Erbrechts, Würzburg 1895.

Köster, Gisela, Rechtserwerb und Kausalverhältnisse beim Vertrag zugunsten Dritter, insbesondere das Kausalverhältnis zwischen Versprechensempfänger und Drittem im Falle des § 331 Abs. 1 BGB, Diss. Köln 1961.

Kohlbach, Johannes, Rechtsgeschäfte unter Lebenden zur Erreichung letztwilliger Zuwendungen, Diss. Jena 1938.

Koschaker, Paul, Besprechung von Wilms, I: de vrouw sui iuris, Gent 1938; II: de wording van het romeinsche dominium, Gent 1939/40, Zeitschrift der Savigny-Stiftung für Rechtsgeschichte, Romanistische Abteilung (ZSSt) 63, 1943, 444 ff.

Kregel, Wilhelm, s. RGRK.

Kreller, Hans, Römisches Recht, Band II: Grundlehren des Gemeinen Rechts, Romanistische Einführung in das geltende Privatrecht, Wien 1950.

Kreß, Hugo, Lehrbuch des Allgemeinen Schuldrechts, München 1929.

Kretzschmar, Ferdinand, Das Erbrecht des Deutschen Bürgerlichen Gesetzbuchs, 2. Auflage, Leipzig 1913.

Krückmann, Paul, Institutionen des Bürgerlichen Gesetzbuchs, 5. Auflage, Berlin 1929.

Krüger-Nieland, Gerda, s. RGRK.

Kühlmorgen, Karl Wilhelm, Die Lebensversicherungsverträge zugunsten Dritter, Leipzig 1927.

Küry jun., Ernst, Lebensversicherung und Vertrag zugunsten Dritter, Basel 1932.

Kuhn, Georg, s. RGRK.

Kunkel, Wolfgang, *Thieme*, Hans, *Beyerle*, Franz, Quellen zur Neueren Privatrechtsgeschichte Deutschlands, Band I, 1. Halbband: Ältere Stadtrechtsreformationen; Band I, 2. Halbband: Landrechte des 16. Jahrhunderts, bearbeitet von Wolfgang *Kunkel*, Weimar 1936/38.

Landsberg, Ernst, Das Recht des Bürgerlichen Gesetzbuches, ein dogmatisches Lehrbuch, zweite Hälfte, Berlin 1904.

Lange, Heinrich, Die Auswirkung von Leistungsstörungen beim echten Vertrage zugunsten Dritter im Rechtsbereich des Dritten, Neue Juristische Wochenschrift 1965, 657 ff.

— BGB, Allgemeiner Teil, 8. Aufl., München - Berlin 1966.

— Bindung des Erblassers an seine Verfügungen, Neue Juristische Wochenschrift 1963, 1571 ff.

— Lehrbuch des Erbrechts, München - Berlin 1962.

Larenz, Karl, Lehrbuch des Schuldrechts, zwei Bände, 7. Aufl., München - Berlin 1964/65.

Lederle, K., Die Lebensversicherung unter besonderer Berücksichtigung ihrer rechtlichen Beziehungen zum ehelichen Güterrecht, Erb- und Konkursrecht sowie ihrer Besteuerung, Heidelberg 1913.

Lehmann, Heinrich, s. *Enneccerus*, Ludwig.

Lehmann, Heinrich, Allgemeiner Teil des Bürgerlichen Gesetzbuches, 15. Aufl., bearbeitet von Heinz *Hübner*, Berlin 1966.

— Erläuterungen zu den §§ 1923 bis 2063 BGB, in *Staudinger* (s. dort).

Lehmann, Julius, Wann untersteht ein Vertrag zugunsten Dritter den Vorschriften über die Schenkung auf den Todesfall, Archiv für Bürgerliches Recht 36, 1911, 81 ff.

Leonhard, Franz, Allgemeines Schuldrecht des BGB (Das Schuldrecht des BGB, Band I), München - Leipzig 1929.

— Erbrecht, Kommentar, 2. Aufl., Berlin 1912.

Leonhard, Rudolf, Allgemeiner Teil des BGB, Berlin 1900.

— Artikel Donatio, Paulys Realencyclopädie der classischen Altertumswissenschaft (RE), neue Bearbeitung, Band V, Teil 2 (10. Halbband), 1905, Spalten 1533 ff.

Liebisch, Arnold, Das Wesen der unentgeltlichen Zuwendungen unter Lebenden im bürgerlichen Recht und im Reichssteuerrecht, Leipzig 1927.

Loew, P., Obligations stipulées à cause de mort et droit de successions, Diss. Lausanne 1927.

von Lübtow, Ulrich, Besprechung von Rolf Dietz, Erbrecht, 1949, Juristische Rundschau 1951, 94 ff.

— Richtlinien für die Anfertigung von Übungs- und Prüfungsarbeiten im Bürgerlichen Recht, Handels- und Arbeitsrecht sowie drei Lösungen praktischer Fälle, Frankfurt am Main 1962.

— Die Struktur der Pfandrechte und Reallasten, Festschrift für H. Lehmann zum 80. Geburtstag, „Das deutsche Privatrecht in der Mitte des 20. Jahrhunderts“, Band I, Berlin - Tübingen - Frankfurt am Main 1956, 328 ff.

— Die Entwicklung des Darlehensbegriffs im römischen und im geltenden Recht, Berlin 1965.

— Die rechtliche Vereinigung des Nachlasses mit dem Privatvermögen des Erben (confusio bonorum) und ihre Wirkungen, Festschrift für Fragistas, Thessaloniki 1966, 253 ff.

Lücke, Hans, Die Berechtigung bei der Lebensversicherung, Diss. Köln 1937.

Maier, Josef, Der Fortbestand von Willenserklärungen über den Tod hinaus; zwei Probleme zur Anwendung der §§ 130 II, 153 BGB, Diss. München 1966.

Manigk, Alfred, Artikel Tatsachen, Handwörterbuch der Rechtswissenschaft, Band V, Berlin - Leipzig 1928, S. 847 ff.

— Das rechtswirksame Verhalten, Berlin 1939.

Martini, Remo, Le definizioni dei giuristi romani, Milano 1966.

Maß, Heinrich-Günther, Die Verträge zugunsten Dritter von Todes wegen unter besonderer Berücksichtigung des Bank- und Sparkassenverkehrs, Diss Greifswald 1925.

Mattern, Friedrich, Anmerkung zum Urteil des BGH vom 4. 7. 1962, Lindenmaier-Möhring (LM) Nr. 13 zu § 2271 BGB.

— Anmerkung zu dem Urteil des Bundesgerichtshofs vom 29. 1. 1964, Lindenmaier-Möhring (LM) Nr. 2 zu § 2301 BGB.

— Einzelzuweisungen auf den Todesfall, Mitteilungen für die Praxis, Zeitschrift für das Notariat in Baden-Württemberg 1965, 1 ff.

Matthiesen, Peter, Rechtsgeschäfte unter Lebenden auf den Todesfall, Diss. Kiel 1949.

Mau, Helmuth, Die Einzahlung auf ein auf fremden Namen lautendes Sparkassenbuch unter besonderer Berücksichtigung der Einzahlung des Inhabers der elterlichen Gewalt auf das Sparkassenbuch des minderjährigen Kindes, Diss. Gießen 1933.

Mehn, Ernst, Die Bezugsberechtigung des Dritten bei der Lebensversicherung, Diss. Köln 1934.

Melsheimer, Fritz, Wie kann man über den eigenen Nachlaß verfügen auf eine andere Weise als durch Verfügung von Todes wegen?, Diss. Heidelberg 1912.

Meyer, Paul, Das Erbrecht des Bürgerlichen Gesetzbuchs für das Deutsche Reich, Ein Lehrbuch, Marburg 1904—21.

Meyn, Gegenstand der Gläubigeranfechtung bei einer zugunsten eines bestimmten Dritten (Frau, Kinder usw.) auf den Todesfall genommenen Lebensversicherung, Das Recht 1906, Spalten 232 ff.

Mitteis, Heinrich, s. *Cosack*.

Mitteis, Heinrich, Deutsches Privatrecht, ein Studienbuch, neubearbeitet von Heinz *Lieberich*, 4. Auflage, Berlin 1963.

Mitteis, Ludwig, Römisches Privatrecht bis auf die Zeit Diokletians, Band I, Leipzig 1908 (Neudruck 1935).

Mohr, Die Lebensversicherung als Familiengut, Versicherungsrecht 1955, 723.

Mommsen, Friedrich, Entwurf eines Deutschen Reichsgesetzes über das Erbrecht nebst Motiven, Braunschweig 1876.

Mook, Kurt, Das mandatum post mortem als Vertrag zugunsten Dritter und als Verfügung von Todes wegen, Diss. Breslau 1913.

Moser, Walter, Über die Abgrenzung der Rechtsgeschäfte von Todes wegen von den Rechtsgeschäften unter Lebenden, Diss. Bern 1926.

Motive zu dem Entwurfe eines Bürgerlichen Gesetzbuches für das Deutsche Reich, Amtliche Ausgabe, 2. Aufl., Berlin 1896.

Motive zum Entwurfe eines Bürgerlichen Gesetzbuches für das Königreich Bayern, München 1861.

Müller, Heinrich, Die Begünstigtenbezeichnung bei der Lebensversicherung als Verfügungsgeschäft, Offenbach 1934.

Müller, Wilhelm, Über die Natur der Schenkung auf den Todesfall, Gießen 1827.

Müller - Freienfels, Wolfram, Die Vertretung beim Rechtsgeschäft, Tübingen 1955.

Müllerheim, Fritz, Der Erlaß von Todes wegen unter besonderer Berücksichtigung des mandatum post mortem, Diss. Greifswald 1910.

Mugdan, B., Die gesamten Materialien zum Bürgerlichen Gesetzbuch für das Deutsche Reich, 5 Bände, Berlin 1899.

Natter, E., Lebensversicherung zugunsten Dritter und der Pflichtteilsanspruch, Zentralblatt für die Freiwillige Gerichtsbarkeit 1908, 303 ff.

Natter, Edmund, Der Widerruf korrespektiver Verfügungen von Todes wegen bei Lebzeiten der Ehegatten, Juristenzeitung 1954, 381 ff.

Neukirchen, Norbert, Zuwendungen für die Zeit nach dem Tode in Gesellschaftsverträgen, Diss. Köln 1938.

Niewiesch, Ernst-Wilhelm, Die Zwangsvollstreckung in die Rechte aus einem Lebensversicherungsvertrag, Diss. Hamburg 1939.

Nipperdey, Hans Carl, s. *Enneccerus*, Ludwig.

Oertmann, Paul, Die über den Tod hinaus erteilte Vollmacht im Bankverkehr, Bankarchiv 1913/14, 5 ff.

— Entgeltliche Geschäfte, München 1912.

— Kommentar zum Bürgerlichen Gesetzbuch, Allgemeiner Teil, 3. Aufl., Berlin 1927; Schuldrecht, 5. Aufl., Berlin 1928.

— Mittelbare Zuwendungen, Archiv für die civilistische Praxis 138, 1934, 56 ff.

— Die Rechtsbedingung (condicio iuris), Leipzig - Erlangen 1924.

Ortloff, Hermann, Die Schenkung, Archiv für Bürgerliches Recht 21, 1902, 269 ff.

Oser, Hugo, *Schönenberger*, Wilhelm, Kommentar zum Schweizerischen Zivilgesetzbuch, Band V, Obligationenrecht, 2. Auflage, Zürich 1936.

Ostler, Fritz, s. *Staudinger*.

Palandt, Otto, Kurzkommentar zum BGB, 6. Auflage, München - Berlin 1944.

— Kurzkommentar zum BGB, 25. Auflage, München - Berlin 1966.

di Paola, Santi, Donatio mortis causa, Catania 1950.

— Sulla struttura della „donatio mortis causa", Studi in onore di Pietro de Francisci, Band IV, Milano 1956, 159 ff.

— Ancora la „donatio mortis causa", Labeo (Rassegna di diritto romano) 7, 1961, 94 ff.

Papenheim, Hugo, Die Verwirklichung des letzten Willens durch Vertrag zugunsten eines Dritten von Todes wegen, seine Zulässigkeit und Grenzen, Diss. Köln 1931.

Pauli, Carl Wilhelm, Verträge zugunsten Dritter von Todes wegen (mit Ausschluß der Erbverträge) unter besonderer Berücksichtigung von § 331 BGB, Diss. Erlangen 1905.

Pernice, Alfred, Labeo, Römisches Privatrecht im ersten Jahrhunderte der Kaiserzeit, Band III, Halle 1892.

Pikalo, Alfred, Anmerkung zum Urteil des OGHBrZ vom 27. 8. 1949 (NJW 1949, 822), Neue Juristische Wochenschrift 1950, 424.

Planck, Kommentar zum Bürgerlichen Gesetzbuch, Band I, Allgemeiner Teil, 4. Aufl., Berlin 1913; Band II, 1. Hälfte: Recht der Schuldverhältnisse, allgemeiner Teil, 4. Aufl., Leipzig 1914; Band V: Erbrecht, 4. Aufl., Berlin - Leipzig 1930.

Planitz, Hans, Deutsches Privatrecht, 3. Auflage, Wien 1948.

Poischen, Franz Joseph, Auftrag und Vollmacht auf den Todesfall, Diss. Köln 1938.

Protokolle der Kommission für die 2. Lesung des Entwurfs des Bürgerlichen Gesetzbuches, Berlin 1897/99.

Rabel, Ernst, Grundzüge des römischen Privatrechts, 2. Aufl., Darmstadt 1955.

Rabie, A., Sur l'acte juridique post mortem en droit romain; validité et fonction, Milano 1955.

Raiser, Ludwig, s. *Wolff*, Martin.

Ramin, Gustav, Das Verhältnis der Versicherung des eigenen Lebens zu fremden Gunsten zu den unentgeltlichen Zuwendungen, Diss. Würzburg 1902.

Regelsberger, Ferdinand, Über die Verträge zugunsten Dritter und über die Schuldübernahme, Archiv für die civilistische Praxis (AcP) 67, 1884, 1 ff.

Reinicke, G. und D., Lebensversicherung und Nachlaßgläubiger, Neue Juristische Wochenschrift 1956, 1053 ff.

— Zur Kollision von Gesellschaftsrecht und Erbrecht, Neue Juristische Wochenschrift 1957, 561 ff.

RGRK, Das Bürgerliche Gesetzbuch mit besonderer Berücksichtigung der Rechtsprechung des Reichsgerichts und des Bundesgerichtshofes, Kommentar, herausgegeben von Reichsgerichtsräten und Bundesrichtern, 11. Auflage, Band I, Teil 1, 1959, bearbeitet von Johannes *Denecke*, Kurt Herbert *Johannsen*, Wilhelm *Kregel*, Gerda *Krüger-Nieland*, Georg *Kuhn;* Band I,

Teil 2, 1960, bearbeitet von Robert *Fischer*, Otto *Löscher*, Karl *Nastelski*, Günther *Wilde;* Band II, Teil 1, 1959, bearbeitet von Johannes *Denecke*, Georg *Kuhn*, Erich *Pritsch*, Günther *Wilde;* Band V, Teil 1, 1960, bearbeitet von Kurt Herbert *Johannsen*, Wilhelm *Kregel;* Band V, Teil 2, 1961, bearbeitet von Kurt Herbert *Johannsen*, Wilhelm *Kregel;* Berlin.

Ritter, Karl Eugen, Der Sparvertrag auf den Namen eines Dritten, Diss. Erlangen 1960.

Robbe, Ubaldo, Diritto ereditario romano, Band I, Napoli 1962—1965.

Rötelmann, Zuwendungen unter Lebenden auf den Todesfall, Neue Juristische Wochenschrift 1959, 661 f.

von Roth, Paul, Bayerisches Civilrecht, Teil III, 1. Abteilung, 2. Aufl. bearbeitet von Heinrich *Becher*, Tübingen 1898.

Rückbeil, Werner, Die Stellung des Begünstigten bei der Lebensversicherung zugunsten Dritter, Diss. Marburg 1933.

Saupe, Herbert, Schenkung durch Vertrag zugunsten Dritter, Diss. Leipzig 1935.

von Savigny, Friedrich Carl, System des heutigen römischen Rechts, 8 Bände, Berlin 1840—49.

Schaefer, Kurt, Das Verhältnis der Verträge zugunsten Dritter zu den Verfügungen von Todes wegen, Diss. Erlangen 1935.

Scheibengraber, Eugen, Die Verträge zu Rechten Dritter von Todes wegen, Diss. Marburg 1913.

Schiffner, Ludwig, Erbverträge zugunsten Dritter nach dem BGB für das Deutsche Reich, Iherings Jahrbücher 40, 1899, 88 ff.

— Der Erbvertrag nach dem Bürgerlichen Gesetzbuch für das Deutsche Reich, Jena 1899.

Schindler, Karl-Heinz, Justinians Haltung zur Klassik, Köln - Graz 1966.

Schlegelberger, Franz, *Vogels*, Werner, Erläuterungswerk zum Bürgerlichen Gesetzbuch und zum neuen Volksrecht, 6 Bände, Berlin 1939.

Schlesinger, Edgar, Einzahlung auf ein fremdes Sparkassenbuch als Zuwendung auf den Todesfall, Diss. Leipzig 1927.

Schmid, Die Schenkung nach dem Schweizerischen Zivilgesetzbuch, Diss. Zürich 1909.

Schmidt, Bernhard Gottlob, Vorlesungen über das in dem Königreiche Sachsen geltende Privatrecht, Band II, Leipzig 1869.

Schmidt, Reimer, Erläuterungen zu den §§ 243—432, in *Soergel-Siebert* (s. dort).

Schmidt, Rudolf, Bürgerliches Recht, ein Lehrbuch seiner Grundzüge, Band V: Erbrecht, 2. Aufl., Berlin 1955.

Schönfeld, Friedrich, Die Vormerkbarkeit erbrechtlicher Ansprüche vor Eintritt des Erbfalles, Diss. Tübingen 1956.

Schulz, Fritz, Prinzipien des römischen Rechts, München - Leipzig 1934.

— Classical Roman Law, Oxford 1951.

Schulze, Max Richard, Die Schenkung auf den Todesfall nach dem Bürgerlichen Gesetzbuch für das Deutsche Reich, Diss. Leipzig 1911.

Schumann, Karl, Die Schenkung von Todes wegen, Diss. Rostock 1913.

Schwarz, Fritz, Die Grundlage der condictio im klassischen römischen Recht, Köln - Münster 1952.

Schwarz, Walter, Lebensversicherung zugunsten Dritter, insbesondere der Interessenkonflikt zwischen dem Begünstigten und den Gläubigern des Versicherungsnehmers, Berlin 1914.

Sehling, Emil, Die Schenkung auf den Todesfall nach dem sächsischen bürgerlichen Gesetzbuch, Leipzig 1886.

Seibert, Claus, Erläuterungen zu den §§ 2064—2315, in *Palandt*, 6. Auflage (s. dort).

Senn, Felix, Etudes sur le Droit des Obligations I (Etude d'un acte juridique causal: La donation à cause de mort), Paris 1914.

Seybold, Karl, s. *Staudinger*.

Seydel, Erläuterungen zu den §§ 158—163, in *Soergel-Siebert* (s. dort).

Seyfferth, Eugen, Der Vertrag zugunsten Dritter von Todes wegen (§ 331 Abs. 1 BGB) ein selbständiges Rechtsinstitut des BGB, Berlin 1913.

Siber, Heinrich, Erläuterungen zu den §§ 241—432, in *Planck* (s. dort).

— Grundrisse zu Vorlesungen über Deutsches bürgerliches Recht, Erbrecht mit Berücksichtigung des Erbschaftssteuerrechts, Leipzig 1928.

Siebenhaar, Eduard, Kommentar zum Bürgerlichen Gesetzbuche für das Königreich Sachsen, Band III, Leipzig 1865.

Siebern, Adolf, Über die Bestimmung des Gesellschaftsvertrages einer Gesellschaft mit beschränkter Haftung, daß ein Geschäftsanteil nach dem Tode eines Gesellschafters einem Dritten zufallen solle, Diss. Greifswald 1916.

Siebert, Wolfgang, Artikel Schenkung, Rechtsvergleichendes Handwörterbuch, herausgegeben von Franz Schlegelberger, Band VI, 144 ff., Berlin 1938.

Simonius, Pascal, Die Donatio Mortis Causa im klassischen römischen Recht, Basel 1958.

Soergel-Siebert, Bürgerliches Gesetzbuch, begründet von H. Th. Soergel, neu herausgegeben von Wolfgang Siebert, Band I: Einleitung, Allgemeiner Teil, Recht der Schuldverhältnisse, allgemeiner Teil, 9. Aufl., Stuttgart 1959; Band II: Einzelne Schuldverhältnisse, 9. Aufl., Stuttgart 1962; Band V: Erbrecht, Einführungsgesetz, 9. Aufl., Stuttgart 1961.

Sohm, Rudolph, Vermögensrecht, Gegenstand, Verfügung, Archiv für Bürgerliches Recht 28, 1906, 173 ff.

Solazzi, Siro, Sull'obbligazione a termini iniziale, IVRA (Rivista internazionale di diritto romano e antico) 1, 1950, 34 ff.

Spielmans, Erich, Zum mandatum post mortem, Das Recht 1924, Spalte 401 ff.

von Spindler, Hermann, Nichterbrechtlicher Erwerb von Todes wegen, Diss. Marburg 1933.

Stachels, Joseph, Anmerkung zum Urteil des OLG Stuttgart vom 15. 6. 1949 (JR 1949, 383), Juristische Rundschau 1949, 385 f.

Stahl, Albert, Wie gestaltet sich bei der Versicherung des eigenen Lebens auf den Todesfall zugunsten eines Dritten nach dem Bürgerlichen Gesetzbuch die Berechtigung des Dritten?, Diss. Freiburg 1900.

Stahl, Hermann, Die Verträge zugunsten Dritter nach dem Bürgerlichen Gesetzbuch, Diss. Bonn 1899.

Stammler, Rudolf, Das Recht der Schuldverhältnisse in seinen allgemeinen Lehren, Berlin 1897.

Stampe, Ernst, Das Causa-Problem des Zivilrechts, Greifswald 1904.

— Unsere Rechts- und Begriffsbildung, Greifswald 1907.

Staudinger, J. v. Staudingers Kommentar zum Bürgerlichen Gesetzbuch, Band I: Allgemeiner Teil (erläutert von Franz *Brändl* und Helmut *Coing*), 11. Aufl., Berlin 1957; Band II: Recht der Schuldverhältnisse, 2. Teil, §§ 433 bis 610 (erläutert von Fritz *Kiefersauer*, Fritz *Ostler* und Hermann *Riedel*), 11. Aufl., Berlin 1955; Band V: Erbrecht, 1. Teil (erläutert von Gustav *Boehmer*, Heinrich *Lehmann* und Karl *Seybold*), 11. Aufl., Berlin 1954; 2. Teil (erläutert von Ottmar *Dittmann*, Murad *Ferid*, Karl *Firsching* und Heinrich *Lehmann*), 10./11. Aufl., Berlin 1960.

Strohal, Emil, Das deutsche Erbrecht auf Grundlage des Bürgerlichen Gesetzbuchs, Band I, 3. Aufl., Berlin 1903.

Stübler, Gotthilf, Die Lebensversicherung zugunsten Dritter, Diss. Tübingen 1906.

Süß, Theodor, Zum Begriff der Schenkung, Zeitschrift der Akademie für Deutsches Recht 1942, 42 f.

Svarez, Carl Gottlieb, Amtliche Vorträge bei der Schlußrevision des Allgemeinen Landrechts, Jahrbücher für die Preußische Gesetzgebung, Rechtswissenschaft und Rechtsverwaltung 41, 1833, 1 ff.

Termeer, Hans, Die Verträge zugunsten Dritter von Todes wegen (mit Ausschluß der Erbverträge), Diss. Erlangen 1907.

von Tuhr, Andreas, Der Allgemeine Teil des Deutschen Bürgerlichen Rechts, Band II, 1. Hälfte, München - Leipzig 1914; 2. Hälfte, München - Leipzig 1918.

— Allgemeiner Teil des Schweizerischen Obligationenrechts, II. Halbband, Tübingen 1925.

— Bemerkungen zur Schenkungslehre des schweizerischen Obligationenrechts, Schweizerische Juristen-Zeitung 18, 1921/22, 201 ff.

— Besprechung von Hellwig, Verträge auf Leistung an Dritte, Kritische Vierteljahresschrift für Gesetzgebung und Rechtswissenschaft 43, 1901, 542 ff.

Tuor, Peter, Kommentar zum Schweizerischen Zivilgesetzbuch (Band III: Erbrecht), Bern 1929.

Unger, Joseph, Die Verträge zu Gunsten Dritter, Iherings Jahrbücher 10, 1871, 1 ff.

— Das österreichische Erbrecht, 4. Aufl., Leipzig 1894.

von Vangerow, Karl Adolph, Lehrbuch der Pandekten, Band II, 7. Aufl., Marburg - Leipzig 1867.

Verseck, Artur, Vertragsschluß über den Tod der erklärenden Vertragspartner hinaus, Diss. Halle 1936.

Vins, Luitbert, Kann im Gründungsvertrag einer GmbH unter Zustimmung aller Gesellschafter rechtswirksam vereinbart werden, daß der Geschäftsanteil eines Gesellschafters mit dessen Tode nicht seinen Erben, sondern Dritten zustehen soll?, Zeitschrift für das Gesamte Handelsrecht und Konkursrecht 86, 1923, 325 ff.

Vismara, G., Storia dei patti successori, 2 Bände, Milano 1941—1949.

Vitzthum von Eckstaedt, Hermann Graf, Der Lebensversicherungsvertrag und der Konkurs des Versicherten, Zeitschrift für die gesamte Versicherungs-Wissenschaft 1904, 301 ff.

Voci, Pasquale, Diritto ereditario romano, Band II, 2. Auflage, Milano 1963.

von Wächter, Carl Georg, Pandekten, herausgegeben durch O. v. Wächter, Band II, Leipzig 1881.

Wapler, Hermann Hans, Das Sparkassenbuch als Erbschaftsgegenstand, Diss. Göttingen 1931.

Weise, Adolf, Der Vertrag zu Rechten Dritter und die Schenkung von Todes wegen, Diss. Marburg 1916.

Weiß, Egon, Institutionen des römischen Privatrechts, 2. Auflage, Stuttgart 1949.

Wesenberg, Gerhard, Verträge zugunsten Dritter, Rechtsgeschichtliches und Rechtsvergleichendes, Weimar 1949.

Westermann, Harry, Erläuterungen zu den §§ 104—144, 328—432, in *Erman* (s. dort).

Wieacker, Franz, Zur lebzeitigen Zuwendung auf den Todesfall, Festschrift für Heinrich Lehmann zum 80. Geburtstag, Band I, Berlin - Tübingen - Frankfurt am Main 1956.

Wiechel, Johannes, Die Schenkung auf den Todesfall nach dem Bürgerlichen Gesetzbuch, Diss. Leipzig 1925.

Wiedemann, Herbert, Besprechung von Kipp-Coing, Erbrecht, 12. Bearbeitung, 1965, Juristenzeitung 1966, 367 f.

— Die Übertragung und Vererbung von Mitgliedschaftsrechten bei Handelsgesellschaften, München - Berlin 1965.

Wilde, Günther, s. RGRK.

Windscheid-Kipp, Lehrbuch der Pandekten, 9. Aufl., Frankfurt am Main 1906.

Wolff, Martin, *Raiser*, Ludwig, Sachenrecht. Ein Lehrbuch, 10. Bearbeitung, Tübingen 1957.

Wolff, Theodor, Die Vererblichkeit der Generalvollmacht, Das Recht 1922, Spalten 70 ff.

— Der Vertrag zugunsten eines Dritten im Bankverkehr, Bank-Archiv 21, 1921/22, 194 ff.

Wussow, Hansjoachim, Schenkungsanfechtung in der Lebensversicherung, Neue Juristische Wochenschrift 1964, 1259 ff.

Yaron, Reuven, „Donatio sola cogitatione mortalitatis“, Revue Internationale des Droits de l'Antiquité (RIDA) 13, 1966, 369 ff.

— Gifts in contemplation of death in jewish and roman law, Oxford 1960.

— Some Remarks on „Donatio Mortis Causa“, Revue Internationale des Droits de l'Antiquité (RIDA) 1956, 493 ff.

Zachariä von Lingenthal, Carl Sal., Handbuch des französischen Civilrechts, Band IV, 6. Auflage, Heidelberg 1875.

Zehner, Günter, Versicherungssumme und Nachlaßinteressenten, Diss. Frankfurt am Main 1953.

— Versicherungssumme und Nachlaßinteressenten, Archiv für die civilistische Praxis 153, 1954, 424 ff.

FSC
www.fsc.org
MIX
Papier | Fördert gute Waldnutzung
FSC® C083411

Kolibri 360 GmbH
Ferdinand-Jühlke-Straße 7
99095 Erfurt, Deutschland
produktsicherheit@kolibri360.de

Druck:
CPI Druckdienstleistungen GmbH
im Auftrag der
Kolibri 360 GmbH
Ferdinand-Jühlke-Str. 7
99095 Erfurt